中京大学総合政策研究叢書 *No.12*

近代日本鉄道会計史

国有鉄道を中心として

中村 将人［著］

HISTORY OF RAILWAY ACCOUNTING
IN MODERN JAPAN

同文舘出版

はしがき

　19世紀から20世紀にかけての近代会計理論の展開過程において，固定資産会計が大いに影響を与えたことは先学の研究によって明らかである。当時の先進資本主義国であったイギリスでは，その展開は主として鉄道業の会計において看取された。折しも，日本では明治維新が達成され，西洋の諸技術・諸制度が輸入された時代であった。会計についてもその例外ではない。しかし，日本における固定資産会計史の先行研究を紐解くと，海運業を対象としたものがほとんどである。また，数少ない日本の鉄道会計に関する先行研究では，日本の鉄道会計はイギリスの複会計システムの影響を受けたものであったと述べられ，そのために減価償却は実施されず，代わりに取替法が採用されていたと論じるものがほとんどであった。なぜ，会計史研究において日本の鉄道会計は等閑視される傾向にあったのであろうか。「日本の鉄道会計―複会計システム―取替法」という単純なシェーマは史実を適切に反映したものであろうか。本書の研究はそのような疑問から出発している。

　本書は，筆者が北海道大学へ提出した博士論文「戦前期日本における鉄道会計の史的展開に関する研究」を基にしたものであるが，書籍として出版するにあたり大幅に加筆・修正を行った。最大の変更点は，研究の主眼を国有鉄道に置いた点である。筆者が会計史研究を志して大学院修士課程に進学した際，研究対象として目をつけていたものは「南満洲鉄道（満鉄）」の会計であった。しかし，「満鉄」の設立以前に国有鉄道における会計の経験が存在することに気づき，修士課程での研究テーマを国有鉄道会計と複会計システムとの比較に変更したのである。博士後期課程に進学後，研究対象を私有鉄道や「満鉄」に広げて何とか博士論文を書いたものの，牽強付会の感は否めなかった。幸いにして，博士論文提出後の研究によって，国有鉄道の会計についてはある程度の成果を蓄積することができた（と思い込んでいるだけかもしれないが）ため，思い切って本書は国有鉄道会計の研究を主軸とし，比較のために補章として私有鉄道会計に関する研究を掲載することとした。

本年は，筆者が大学院修士課程に進学してからちょうど10年目に当たる。このように浅い研究歴の身で著書を出版することに，躊躇がなかったわけではない。しかし，「若いうちに著書を書いたほうがいいよ」というお言葉を（会計学以外の研究者も含む）幾人かの先生方から頂戴し，思い切って出版することにした。もっとも，浅学菲才に加えて怠惰な筆者のことであるから，思わぬ誤謬を犯しているかもしれない。読者諸賢のご批判を頂戴できれば幸いである。

　さて，非常に拙い本書ではあるが，一応の完成を見るまでに多くの方々のご指導・ご助力を頂いている。能う限りのお名前を挙げて，感謝の意を表したい。

　まずは，学部時代から博士後期課程に至るまで，筆者の指導教員としてご指導賜った春日部光紀先生（北海道大学大学院准教授）に感謝申し上げる。そもそも，筆者が会計学に触れた最初の機会は，学部1年次の春日部先生の講義であった。その後，身の程もわきまえず研究者になりたいと言う筆者をゼミナールに受け入れて下さり，今日に至るまで温かく指導して下さった。

　かつて，学部4年次のゼミナールにおいて，春日部先生が複会計システムについて解説されたことがあった。今思えば，先生がアメリカの鉄道会社における複会計システムの研究に着手された頃であった。その際は，「ふーん，そんなものがあったのか」という程度の感想しかもたなかったが，その後10年にわたって格闘する研究テーマの1つとなろうとは。

　春日部先生のみならず，北海道大学大学院経済学研究院会計情報専攻の諸先生には博士ゼミナール等でご指導いただいた。特に吉見宏先生（同教授）は，副指導教員および博士論文の副査として大変お世話になった。修士課程時代に受講した吉見先生の「公会計論」の講義は，国有鉄道会計制度の実態を捕捉するにあたって不可欠なものであった。

　また，同じ春日部ゼミナールの先輩である小杉雅俊先生（弘前大学准教授）には，公私ともにお世話になっている。ともすれば易きに流れる筆者にとって，小杉先生の実直な研究姿勢は見習わなければならない手本である。

さらに，日本会計史学会の諸先生にも多々お世話になっている。特に村田直樹先生（日本大学教授），佐々木重人先生（専修大学教授），澤登千恵先生（大阪産業大学教授）には，研究領域が近いこともあって，不躾な質問を幾度も繰り返した。なかでも澤登先生には，本書の入稿直前までご助言を賜った上，貴重な資料をご提供くださった。心より御礼申し上げる。

　本書は中京大学総合政策研究叢書の1つとして刊行されている。本書の出版をお認め頂いた，大森達也学部長を始めとする中京大学総合政策学部の諸先生にも感謝申し上げる。なお，本書は中京大学特定研究助成「日本の国有鉄道における固定資産会計の史的展開に関する研究（1710707）」の成果である。

　そして，本書の出版をお引き受けくださった同文舘出版株式会社の皆様にも感謝申し上げる。とりわけ，本書の編集をご担当頂いた大関温子氏には，度重なる筆者の我儘に快く対応してくださり，感謝の念に堪えない。

　最後に私事ではあるが，これまでの筆者の研究生活を経済的・精神的に支えてくれた，両親（中村勝彦・康江）と祖父母たち（中村ミキ子，蘇田武彦・トミ子）に感謝の意を表したい。また本書は，筆者の博士後期課程在学中に彼岸へと旅立った，祖父（中村勝男）と叔母（蘇田裕美子）の墓前に捧げられる。

　平成三十年霜月

名古屋・八事の研究室から北を望んで
中村　将人

凡　例

- 明治期，大正期，昭和戦前・戦中期を包括する用語として「近代（期）」という語を用いる。
- 国有鉄道の呼称について，1906（明治39）年の「鉄道国有化」以前は「官設鉄道」，国有化後第二次世界大戦終結までは「帝国鉄道」との呼称が正式であった（原田［1984］，53頁）。しかし，法令などの固有名詞を除き，両者を包摂する呼称として「国有鉄道」の語を用いる。
- 民間資本によって所有・経営される鉄道の呼称としては，「私有鉄道」の語を用いる。
- 引用元における旧字体および仮名遣いは，原則としてそのまま引用した。ただし，法規の名称，会計報告書の名称，勘定科目はその限りではない。
- 近代期の国有鉄道では，今日とは異なり以下のような会計用語を用いていた。先行研究や一般論への言及を除き，当時の用語を用いる。

国有鉄道における用語	今日の用語
資産負債表 （1907〜1909年度のみ）	貸借対照表
損益計算表	損益計算書
日記簿	仕訳帳
原簿	（総勘定）元帳
益金	利益
損金	損失
固定財産	固定資産

- 一次史料より引用した図表のうち，縦書きのものは紙幅の都合上横書きにしている。なお，参考のため，引用元の史料を巻末に掲載している（ただし，複写が許可されなかったものを除く）。

初出一覧

序章：書き下ろし。
第 1 章：中村［2014］の一部を基に大幅に加筆修正。
第 2 章：中村［2011］を基に大幅に加筆修正。
第 3 章：中村［2016］,［2018a］を基に大幅に加筆修正。
第 4 章：中村［2014］の一部を基に大幅に加筆修正。
結章：書き下ろし。
補章 1：中村［2018b］を修正。
補章 2：Nakamura［2012］；中村［2014］の一部を基に大幅に加筆修正。

近代日本鉄道会計史 ● 目　次

序　章　日本鉄道会計史研究の視座

- Ⅰ．序 ———————————————————————————— 003
- Ⅱ．日本鉄道会計史研究の意義 ————————————————— 004
  1. 会計史研究の意義　004
  2. 日本の鉄道会計を取り上げる意義　006
  3. 本書で生じうる問題点とその解消　009
- Ⅲ．伝統的方法による会計史研究 ————————————————— 011
- Ⅳ．国有鉄道会計に関する先行研究 ———————————————— 012
- Ⅴ．本書の構成 ———————————————————————— 016

第1章　複会計システムと固定資産会計

- Ⅰ．序 ———————————————————————————— 019
- Ⅱ．複会計システムの概要 ———————————————————— 019
  1. 会計報告書の体系　019
  2. 複会計システムの生成過程　022
  3. 報告・公表会計システム　024
  4. 資本的収支と収益的収支の区別　026
  5. 費用・収益の認識基準　027
  6. 固定資産の処理　032
  7. 日本への伝播　035
- Ⅲ．固定資産会計観と処理方法 —————————————————— 035
  1. 減価償却　035

  2．取替法・廃棄法　040
Ⅳ．小括 ———————————————————————————— 041

第2章　国有鉄道会計と複会計システム

Ⅰ．序 ————————————————————————————————— 045
Ⅱ．国有鉄道会計法規の変遷 ———————————————————— 045
Ⅲ．佐々木［2011］における複会計システム導入の認識 ———————— 049
Ⅳ．国有鉄道会計の概要 ————————————————————— 051
  1．二重構造―「予算執行会計」と「事業会計」―　051
  2．簿記システム　058
  3．費用・収益の認識基準　065
  4．会計報告書　066
Ⅴ．国有鉄道会計に対する複会計「思考」の影響 ———————————— 090
Ⅵ．小括 ————————————————————————————————— 092

第3章　国有鉄道における固定資産会計
―「補充費」・「改良費」を中心として―

Ⅰ．序 ————————————————————————————————— 097
Ⅱ．国有鉄道における固定資産会計観と資本維持概念 ———————— 097
Ⅲ．明治初期における「減価償戻」 ———————————————————— 099
Ⅳ．「補充費」による実体資本維持 ———————————————————— 101
  1．先行研究と問題点　101
  2．「補充費」の実態　104
  3．「補充費」の意義　112
Ⅴ．「改良費」による実体資本維持 ———————————————————— 115

1.　先行研究　115
　　2.　「改良費」の実態　116
　　3.　「改良費」の意義　122
Ⅵ．小括 ———————————————————————— 122

第4章　昭和初期における減価償却論争

Ⅰ．序 ——————————————————————————— 127
Ⅱ．減価償却論争の展開 ————————————————————— 127
Ⅲ．減価償却不要の理由 ————————————————————— 130
　　1.　取替資産と認識される固定財産　130
　　2.　益金の一般会計繰入圧力の牽制　131
Ⅳ．小括 ——————————————————————————— 133

結章　総　括

Ⅰ．本論のまとめ ———————————————————————— 137
Ⅱ．今後の展望 ————————————————————————— 140

補章1　「鉄道国有化」の会計

Ⅰ．序 ——————————————————————————— 143
Ⅱ．過大資本化の会計 —————————————————————— 145
　　1.　過大資本化の定義　145
　　2.　過大資本化の会計処理　146
　　3.　過大資本化の問題点　148

Ⅲ. 「鉄道国有法」の制定過程 ——————————————————— 149
Ⅳ. 買収価額の算定式—「私設鉄道法」と「鉄道国有法」— ——————— 151
   1. 「私設鉄道法」における買収価額規定　152
   2. 「鉄道国有法」における買収価額規定　155
Ⅴ. 鉄道国有化の実施 ——————————————————————— 158
   1. 被買収会社の対応　158
   2. 鉄道国有化による過大資本化　161
   3. 鉄道買収公債の交付　164
Ⅵ. 国有鉄道における過大資本化の問題 ——————————————— 166
   1. 固定財産維持問題　166
   2. 運賃問題　166
   3. 公債市場価格問題　168
Ⅶ. 小括 ———————————————————————————————— 170

補章2　私有鉄道における複会計システムと固定資産会計

Ⅰ. 序 ———————————————————————————————————— 175
Ⅱ. 私有鉄道会計法規の変遷 ————————————————————— 175
Ⅲ. 私有鉄道会計に関する先行研究 —————————————————— 177
Ⅳ. 会計報告書の変遷と複会計システムの影響 ————————————— 179
   1. 「私設鉄道条例」期以前—日本鉄道の会計　179
   2. 「私設鉄道株式会社会計準則」期—「四勘定制」と複会計システム　183
   3. 「地方鉄道会計規程」期の私有鉄道会計—複会計システムからの離脱　192
Ⅴ. 固定資産会計 ————————————————————————————— 192
   1. 「地方鉄道会計規程」制定まで　192
   2. 「地方鉄道会計規程」期　194
   3. 戦時期における減価償却の確立　199
Ⅵ. 小括 ———————————————————————————————————— 200

附属資料 203
参考資料一覧 239
索引 253

序 章

日本鉄道会計史研究の視座

I. 序

　固定資産会計，特に固定資産の減価に関しては，減価償却を実施することが今日一般的な会計処理である[1]。しかし，本書が対象とする近代期日本の国有鉄道では，減価償却は実施されていなかったと一般的に言われている。そしてその理由として，イギリスから伝播した「複会計システム（Double Account System）」の影響を指摘する先行研究が多々存在する。しかし，先行研究の結果には相互に齟齬があるものも多く，減価償却に代わる固定資産会計の実践については明確にはなっていない。そのため本書は，近代期日本の国有鉄道を俎上に載せ，その固定資産会計の実態について検証することを目的とする。

　本章では，具体的な論考に入る前に，まず会計史研究そのものの意義と，その対象として近代期日本の鉄道会計を取り上げる意義について論じることとする。その後，国有鉄道会計に関する先行研究を概観し，問題意識を明確にする。

---

[1] 固定資産会計には種々の論点が存在するが，本書における「固定資産会計」という語は原則として「固定資産の減価に関する会計処理」を意味する。その方法として，減価償却やその代替法である取替法・廃棄法が確立されているにもかかわらず，敢えて「固定資産会計」という大枠の語を用いた理由は，近代期日本の国有鉄道では既存の方法によらない独自の方法によって減価への対応が行われていたためである。この詳細は，第3章において論じる。

Ⅱ. 日本鉄道会計史研究の意義

1. 会計史研究の意義

　会計史研究については，その領域と深度が近年進展しているにもかかわらず，その意義を明確に述べることは当事者である会計史研究者によっても困難である。例えば，2011（平成23）年の日本会計史学会第30回大会では，「会計史学の存在意義―なぜわれわれは会計史を研究するのか―」という論題でパネルディスカッションが開催されているが（橋本[2012]，118頁），かかる論題が設定されていること自体，会計史研究の意義が自明ではないことを示している。ここでのコーディネーターであった中野常男は，会計史の意義を述べることが困難であることを認めた上で，「しかし，敢えて記すとすれば，会計史の知識は，会計人にとって，その専門的知識に対置されるべき一般的知識としての「教養」であり，「コモン・センス」ということになろう。（中略）会計史は，「会計」という人間の営む行為のアイデンティティを時間軸に沿って再確認することであり，そのことにより，未来への展望を承けて過去を再解釈することを可能とするだけでなく，現在（と未来）の問題を考察するための視点を提供するものとなろう（中野[2012]，2頁）」と述べている。ここから，会計史研究の意義として，さしあたり「過去の再解釈」と「現在および未来の問題を考察するための視点の提供」という2点が見出される。この2つの意義自体は首肯しうるものであるが，会計史研究に特有の意義であるかは疑問である[2]。

　　2　理論研究にしても実証研究にしても，その濃淡の違いはあれ，上記2つの意義を有しているると考えられる。

さらにいえば，上記の「会計史研究の意義」は，「会計史研究の社会的意義」もしくは「会計史研究の『会計学』上の意義」を意味しており，「会計史研究の『会計史』上の意義」は含意されていない。「会計史に関する先行研究の空白地帯を明らかにする」というような，いわば「『会計史』のための会計史研究」は研究の意義として認められるのであろうか。
　以上の疑問について，石川業による論考（石川［2017］）に基づいて考察を深めたい。石川は，会計史研究を「「ある時代に（およびある地域で）どのような会計事象が生じていたのか」についての探求ないし確認それ自体が究極的な目的とされる取組み（そこまでで完結する取組み）」である「歴史探求型」と，「現行ルールの意義の理解を最終的な目的にしつつ，歴史探求型の研究の典型を目指すというよりは，それらの成果を援用することをつうじて，歴史の経路をふまえようとしているにとどまる」ような「歴史援用型」の2類型に分類している（石川［2017］，152-153頁）。そして，「援用型にしても，さらには探求型にしても，過去から現在に対するインプリケーションを得ようとする志向を，程度の違いこそあり得ても共有しており，したがって互いに補完しあえる関係にある（石川［2017］，157頁）」として，「外生的な規制等の束縛が少なかった時代・状況，いいかえれば，当事者が自分たちの内生的な着想に依拠しやすかったはずの環境における実務に注目することで，彼らが本来的・自発的にどんな会計を行おうとしたのかが推知される。（中略）その成果は，応用的な条件が付加された場合を検討する際の，理論上の出発点となる（石川［2017］，167-168頁）」と述べている。さらに，「（とくに史実を追い求める探求型の）会計史研究から得られる成果も例に漏れず多くの場合，さしあたっては史実と呼ばれる以前の，歴史をめぐる個人的な解釈・見解・認識にあたるとみられる。その意味における歴史認識を，さらに史実として確認しようと試みるのなら，追加の証拠を提示したり，当該認識の意義ないし価値を説明することによって，仮説としての地位から学界等のコミュニティにおける合意・定義へとつなげる努力が必要になろう。それと同時に，または，それとは独立に，当該歴史認識を現在へとあてはめようと試みると

きにも，おおよそ類似の努力が必要になるわけだが，この場合はとくに歴史上の事象と「遠い」関係にあればあるほど，現在の事象にあてはめられる歴史認識は，仮説としての性格を強くする可能性が増幅的に高まる（石川[2017]，173-174頁）」と述べている。

本書は，石川の分類によると，「歴史探求型」の研究であり，これは前述の「『会計史』のための会計史研究」に相当するものである。そして，石川は「当事者の内生的な着想」を理論研究の出発点とすることに，「歴史援用型」研究との合流点を見出している。会計システムの本質的把握のためには，規制のない（あるいは規制の緩やかな）時代へ立ち返り，その生成・展開過程を観察する必要がある。そして，それによって得られた知見は，その研究の動機が「史実を明らかにする」というような「会計史」という狭い学問領域に限定されたものであったとしても，現在あるいは未来の会計に関する諸問題を分析する際の仮説として利用されうることになる。会計史研究の意義は以上のように整理することができるであろう。

2. 日本の鉄道会計を取り上げる意義

次に，会計史研究の対象として日本の鉄道会計を取り上げる意義について論じる。固定資産会計の生成に関する先行研究では，しばしば英米の鉄道会計が俎上に載せられて議論されてきた（中村[1991],[1994],[1997],[2005]; 金戸[1991]; 村田[1995],[2001]; 佐々木[2010]など）。その理由は，鉄道業が資本の有機的構成が高度化した産業であるという点に求められる。鉄道はそれ以前の企業とは比較にならないほどの大規模な固定資産を必要としたため，巨額の固定資本を投下しなければならなかった。ここから，固定資産の維持と固定資本の回収が問題となった。また，英米の鉄道企業は巨額の資本調達のために株式会社形態を採用したのであるが，鉄道会社の株主層は多様に分化しており，彼らの利害調整も重要な課題であった。このため19世紀イギリスの

鉄道業では，原価計算，固定資産会計（減価償却・取替法・廃棄法），資本と利益の区別など，様々な会計学上の論点が出現した。この中でも，特に固定資産会計は，発生主義に基づく期間損益計算に強く関連するものである。

　イギリスにおける鉄道会計の展開と同時期に，日本は明治維新によって資本主義国への途を歩み始め，先進資本主義諸国から諸制度を輸入した。会計もまた例外ではなく，1873（明治6）年の Alexander Allan Shand による『銀行簿記精法』を嚆矢として，複式簿記[3]に基づいた西洋式会計システムが日本に導入された[4]。特に千葉準一は，「前商法時代」の日本の会計実務に対するイギリス会計実務の影響を指摘している（Chiba[1987], pp.2-7）。

　ところで，イギリスにおいては鉄道業にて生成・展開された固定資産会計は，日本においては専ら海運業にて展開されたと認識されている。実際，日本の固定資産会計史に関する先行研究は，海運業を対象としているものが多い（高寺[1974]など）。この理由として木村和三郎は，「わが国における鉄道の普及発達がアメリカ，およびイギリスにおけるように急激でなかったこと，交通発展における海陸の役割の主導性の相違，つまり，わが国産業機構における外国貿易の比重の大きさにあるものとみて誤りないことと信ずる（木村[1965]，114頁）」と述べている。しかし，企業規模や日本資本主義における役割の比重などを鑑みるに，鉄道業の重要性は海運業に比して遜色ないものである。

---

[3] 「複式簿記」の定義は明確に定まっているとは言いがたいが，本書では，「企業その他の組織に生起する多様な経済事象のうち記録対象とされるもの（簿記ではこれを「取引」（transaction）と呼ぶ）のすべてについて，貸借の二面的記入，つまり，複式記入（double entry）が貫徹される簿記（中野[2014]，7頁，傍点は筆者）」と措定する。これは，部分的に複式記入が採用された簿記システムを「複式簿記」の範疇から排除することを意味する。例えば，日本の公会計では国庫金の出納のみに関しては複式記入による帳簿が用いられているが（亀井[2006]，222頁），これをもって日本の公会計は複式簿記を採用しているとみなすことは一般的ではないであろう。

[4] これより以前，江戸時代のオランダ商館，横須賀製鉄所，大蔵省造幣寮などで西洋式簿記が実施されている。しかし，オランダ商館の簿記は日本人が関与したものではなく，横須賀製鉄所の簿記は複式簿記ではなく，造幣寮の簿記は貨幣価値ではなく重量（オンス）によって記帳されていたために複式簿記とは言いがたい（西川[1971]，5-7,45-59,86-101頁）。

また後述するように，初期の日本の鉄道が資金調達・資材・技術の点でイギリスに依存しており，イギリス会計実務の影響を分析する意味においても日本の鉄道会計を俎上に載せることには意義があると考えられる。日本の鉄道は，1872（明治 5）年の新橋〜横浜間鉄道をもってその嚆矢とする。当該鉄道は官設によるものであったが，イギリスのオリエンタル銀行を通じて 9 分利付公債 100 万ポンド（円換算約 480 万円）を募集して資金を調達し，資材や技術もイギリスから導入された（三和［2012］，44-45 頁）。鉄道建設がイギリス資本やイギリスの技術に依っている点を鑑みるに，会計システムもイギリスから導入されることは推察しうるであろう。事実，1885（明治 18）年に神戸鉄道局会計主務権大書記官であった図師民嘉が，「英國鉄道事業上ニ於テ施行スル所ノ會計法ニ擬シ又我邦現在ノ情況ヲ酌量シ以テ其組織ヲ設立セン（日本国有鉄道（編）［1979］，90 頁）」と述べた「工部省鉄道會計條例主意書」を鉄道局長の井上勝に提出し，それに基づいて「鉄道会計条例」が制定されている（金戸［1993a］，77-81 頁）。

　ところで，上記主意書における「英國鉄道事業上ニ於テ施行スル所ノ會計法」とは，当時のイギリスにおいて施行されていた 1868 年鉄道規制法（Regulation of Railways Act）を指すものである。当該法では，「複会計システム」という報告・公表会計システムの一種が規定されており，19 世紀イギリス鉄道会計に特徴的な会計実務であった。複会計システムは，固定項目を計上する「資本勘定（Capital Account）」と流動項目を計上する「一般貸借対照表（General Balance Sheet）」とに貸借対照表が分割され，それらに加えて損益計算書に相当する「収益勘定（Revenue Account）」との 3 表によって会計報告書が構成されるという形式的特徴を有している。また，その本質的特徴は資本的支出と収益的支出とを区別し[5]，固定資産を維持して「適正な[6]」処分

---

[5] ここでの「資本的支出」・「収益的支出」は今日意味するものとはやや異なる概念である。詳細は第 1 章 II. 4. にて論じる。

[6] ここで敢えて「　」を付した理由は，会計情報を利用する利害関係者の性格によって，適正性が異なるからである。しかし，煩雑であるため，以降は「　」を付さないこととする。

可能利益の算出を企図した点にある。この複会計システムが日本に伝播したという説は諸先行研究でも指摘されている（久野[1975]，9,20頁；金戸[1993a]，87頁；村田[2001]，175頁など）。

　また，複会計システムはしばしば固定資産会計との関連において議論されてきた。かつては，「固定資産の減価償却を直接規定しないのが複会計システム特有の特徴である（Dicksee[1903a], p.129）」というのが通説であった。しかし近年の研究によって，複会計システムの下でも減価償却を実施した企業の例が存在していたことが判明している（村田[1995]，112-113頁）。固定資産減価の認識は資本の有機的構成の高度化を背景として出現し，適正な期間損益計算を実施するにあたってはこの減価を如何に各期間へ配分するかが問題となる。したがって，資本の有機的構成が高度化した鉄道業の会計においては，固定資産会計は不可避の問題となる。

　以上のことより，本書では，複会計システムの伝播と固定資産会計の展開に焦点を当てて近代期日本の鉄道会計を分析する。

3. 本書で生じうる問題点とその解消

　以上，会計史研究の意義と，その対象として日本の鉄道会計を取り上げる意義について論じたが，ここで2つの問題が生じうる。第一に，そもそも「歴史探求型」は特定の時代・地域の会計制度やその実践を分析するものではあるが，本書の研究対象はさらに狭く，国有鉄道という一企業のみである[7]。一企業の会計実践から見出された知見は仮説として機能しうるであろうか，という問題である。第二に，国有鉄道は公企業であるため，後述するようにその会計は種々の法律・勅令・省令などによって厳格に規定されていた。かか

---

[7] 比較のため，補章2において私有鉄道会計についても論じるが，本書ではあくまでも国有鉄道に主眼を置いている。

る状況は「外生的な規制等の束縛が少なかった時代・状況」とはいえず,「当事者の内生的な着想」を見出すことは困難ではないか,という問題である。

第一の問題は,歴史研究におけるケーススタディの意義に関するものである。Paul J. Miranti Jr., Daniel L. Jensen, Edward N. Coffman は会計史研究に対する経営史からの示唆について論じており,そこで歴史研究におけるケーススタディの意義として,①社会経済的環境についての一般論を展開・構築するための効果的な手段の提供（特に,その環境が少数の企業によって支配されるときに頑強なものとなりうる）,②理論とリサーチデザインが演繹的方法によって構築された場合における反証可能性のテスト,③理論による予測と大いに調和した結果を導出した特定の出来事における環境の独自性を説明することによる理論の増強を挙げている（Miranti, Jensen and Coffman[2003], pp.130-131）。本書での研究の意義は,上記のうち①,③に求められるだろう。そもそも寡占状態である日本鉄道業において,国有鉄道は最大規模の企業である。その国有鉄道の会計を検証することは,日本鉄道会計の実像を捕捉するために不可欠である。仮に国有鉄道会計の研究成果がイギリス鉄道会計や日本の私有鉄道会計を対象とした研究成果と整合性を有する場合,それは社会経済的環境や企業形態などの相違を超越したより頑強な仮説となるであろう。

第二の問題については,そもそも国有鉄道会計を規定した種々の法律・勅令・省令それ自体が「当事者の内生的な着想」の発現である,と述べることで答えとしたい。法律・勅令・省令の草案は主として官僚が作成しており,閣議・枢密院・帝国議会・天皇の裁可などを経て公布されるものの[8],こと専門性の高い会計法規は実務を担当する官僚の思考が色濃く反映されていると考えられる。また,国有鉄道は公企業であるため,公布までの審議等に加わった全ての主体を「当事者」とみなすことも可能である。

---

[8] 法律・勅令・省令の公布までの過程は,百瀬[1990],63-69頁に詳しい。

Ⅲ. 伝統的方法による会計史研究

　1990年代より，会計史研究の方法論について種々の議論が発生した。それまでの「伝統的会計史」に対して「新しい（批判的）会計史」なる方法論が提言されるようになった。「伝統的会計史」はその方法に様々な差があるものの，特徴としてはアーカイバル・リサーチを重視し，会計情報の企業の意思決定への役立ちを重視した（すなわち，功利主義的な）経済的合理主義に基づいている点が挙げられる。これに対する批判として生じたのが「新しい（批判的）会計史」であり，これにも様々な方法論が含まれるが，大きくは「労働過程説（マルクス主義）」と「フーコディアン」に大別される。「労働過程説（マルクス主義）」は特に管理会計史に用いられ，組織管理のシステムを資本が労働を搾取するための機構であるとみなす。一方，「フーコディアン」は権力と知識の相互関連性に主眼を置くものであり，権力が特定のコンテクストの中で如何に行使されるかが強調される。しかし，このような議論の後，今日では方法の多様性が高く評価されるようになっている（清水[2005]，84-91頁）。

　近年，特に海外ジャーナルへの投稿に際し，自らの拠って立つ方法を明示しなければならなくなってきたが，かかる風潮は方法論の多様性が容認されていることの証左であると考えられる。そうであるならば，研究方法を選択する際，他の方法論の短所を批判するのではなく，自らの選択した方法論の長所を強調することでその有用性を示すべきである。

　さて，本書は会計史研究の意義を「現在あるいは未来の会計に関する諸問題を分析する際の仮説」とすることに求めた以上，功利主義的性格を有する「伝統的会計史」研究に分類されることになるのであろう。しかし，かかる消極的な分類ではなく，積極的に伝統的手法を選択する理由として，その史料

の扱い・解釈に関する優位性を挙げたい。国有鉄道会計については，後述するように種々の先行研究が存在し，一定の知見が提示されている。しかし，それらで用いられた史料が網羅的なものであるかは不明である。実際，本書では，先行研究が言及しなかった史料も用いて分析を行っている。「新しい会計史」は「伝統的会計史」の史料発見に依存する傾向にあることを鑑みると（Carnegie and Napier[1996], p.8），今後「新しい会計史」による国有鉄道会計の分析が行われるとしても，「伝統的会計史」の有用性は強調されるべきである。

ただし，Garry D. Carnegie と Christopher J. Napier が「様々な「学派」の差というのは，種類というよりも程度の問題である（Carnegie and Napier[1996], p.8）」と述べたように，方法論に拘泥することが会計史研究にとってさほど有益ではないであろうことは念頭に置くべきである。

IV. 国有鉄道会計に関する先行研究

具体的な分析に先立ち，以下に近代期日本の国有鉄道会計に関する先行研究について，複会計システムの伝播と固定資産会計に焦点を当てて概観する[9]。

太田哲三は，国有鉄道の固定資産会計を俎上に載せて論じている。国有鉄道では，1885（明治18）年の鉄道会計条例の下で，鉄道財産の償却を行ってこれを国庫に納付していたとされる。時代が進み，1906（明治39）年には帝国鉄道会計法の制定によってイギリスに倣い資本勘定と収益勘定の設置が規定され，さらに1921（大正10）年にはイギリス複会計システムの形式的模

---

[9] 以下に取り上げる先行研究では，複会計システムを「複会計制」あるいは「複会計制度」と称し，また，国有鉄道を当時の呼称通り「官設鉄道」あるいは「帝国鉄道」と称しているものがある。本節におけるこれらの呼称は，参照した文献での用法にしたがっている。

倣である三勘定制（「資本勘定」・「収益勘定」・「用品勘定」によって構成）が採用された。ここでは減価償却を実施せず、廃却した固定資産は取得価格を固定資産勘定から減じ、同時に特有資本（自己資本）を減少させたとしている（太田［1951］，26-28頁）。

　黒澤清は，半発生主義の実例として旧鉄道会計（帝国鉄道会計）を取り上げている。黒澤によると，半発生主義は現金主義から発生主義への橋渡しをなした会計基準であり，費用・収益の認識が現金収支のみならず信用収支（将来の収支）によってもなされるとしている。しかし，発生主義との相違点として，債権債務が継続記録の対象となっていないこと，減価償却が実施されずに補充費・修繕費によって固定資産の維持がなされていること，会計報告書間の有機的統一関係が成立していないことが挙げられている。なお，帝国鉄道会計の三勘定制は，複会計制の退化した形態とされている（黒澤［1964］，74-80頁）。

　高寺貞男は，明治期における日本の減価償却史について論じ，その中で鉄道会計にも触れている。日本の官設鉄道では固定資産の減価は当初から認識されており，「減価償戻」なる処理が実施されていたが，1885（明治18）年の鉄道会計条例によってイギリス鉄道会計における複会計制度が導入されたために取替法が強制されて減価償却は実施されなかったとしている（高寺［1974］，71-83頁；高寺［1979b］，249-250頁）。

　西川義朗は，公企業の資本計理や減価償却の問題点を論ずるに際して国有鉄道会計に触れている。まず公企業一般について，可処分利益の算定と資本維持の観念が希薄であったために減価償却が必要とされず，また公企業会計が歳入歳出予算本位である場合には現金支出を伴わない減価償却費の計上による資金留保に難色が示されてきたと述べている。そして国有鉄道については，昭和初期に減価償却実施に関する論争が展開されたが，結果的に減価償却無用説が通り，これは国有鉄道会計が複会計制度の流れを汲んでいるためであるとしている（西川［1978］，190-193頁）。

　醍醐聰は，資産を資本そのものと観念する実物資本観や造成資本会計研究

の一環として，複会計制および国有（官設・帝国）鉄道会計を取り上げている。まず，官設鉄道では1885（明治18）年の「鉄道会計条例」において資本勘定・収益勘定からなる複会計制を導入したとしている。また，帝国鉄道では，「予算決算」と「会計決算」からなる二重決算がなされており，複会計制は予算決算の区分形式として導入され，会計決算における貸借対照表の区分形式としても連動的に適用されたとしている。なお醍醐は，会計決算における貸借対照表の水平的分割は1909（明治42）年時点で姿を消しているが，以後も貸借対照表は資本・用品勘定の項目を併合して作成されたため，実質上複会計制は存続していたと述べている（醍醐[1984]，26-37頁）。次に固定資産会計については，国有鉄道の興業費（建設費，すなわち資本的支出に相当）は一般会計からの負債を充当していたと述べた上で，1876（明治9）年の「各庁作業費区分及受払例則」および翌年の「作業費出納条例」の下で，興業費償却が実施されていたとしている。この興業費償却は，負債の償還年限と固定資産の耐用年数を一致させた上で，益金による負債償還と利益処分形式の減価償却を兼ねたものであるとしている（醍醐[1984]，93-94頁）[10]。

　杉山学は，日本での複会計思考の導入例として，旧鉄道会計（国有鉄道会計）と社会福祉法人会計を俎上に載せて論じている。まず，複会計制度について概説し，複会計制度下では減価償却の代わりに取替法を採用すると述べている。その後，旧鉄道会計の三勘定制について詳述した上で，資本勘定・収益勘定・用品勘定は予算決算上の会計区分かつ官吏の責任権限の区分であり，これらから貸借対照表と損益計算書が作成されるとしている。杉山は三勘定制と複会計制との相違点として，資本的収支と収益的収支の区別が不明瞭であることや貸借対照表が資本勘定と一般貸借対照表に分割されていないこと挙げているが，不十分ではあるにせよ資本的収支をその他の収支から分離させた点をもって複会計制の影響を指摘している。また固定資産会計については，「補充費（取替費であるが，固定資産の増加となるもの）（杉山

---

10 なお，「利益処分形式の減価償却」については，第1章Ⅲ.1において詳述する。

[1994], 111頁)」を収益勘定に計上し, 後に資本勘定に振り替えたとしている (杉山[1994], 97-112, 125-126頁)。

佐々木重人は, 国有鉄道における固定資産の維持・更新に留意した会計法規制について論じている。佐々木は, 1885 (明治18) 年の鉄道会計条例を複会計制度の部分導入, 1890 (明治23) 年の官設鉄道会計法を複会計制度の完全導入, 1906 (明治39) 年の帝国鉄道会計法を複会計制度からの離脱とみなしている。鉄道会計条例の下では, 固定資産の調達資金の出所は国庫のみとし, 純益金は全て国庫に組み入れられていたとされ, 資本勘定は国庫から受け取った金額とそれによって取得された固定資産の対照表示に用いられていたとしている。また, 官設鉄道会計法制定以降は固定資産の増加を伴う比較的軽微な工事について「補充費」なる項目で処理し, 昭和初期に減価償却実施の議論がなされたものの, かかる会計処理は1947 (昭和22) 年まで基本的に変更なく適用されたと述べている (佐々木[2011], 399-414頁)。

上記における先行研究の概観は, 以下のように要約できる。まず, 高寺・醍醐・佐々木は国有鉄道会計が複会計システムを導入していたと明確に述べている。ただし, 高寺は「鉄道会計条例」を, 醍醐は近代期の国有鉄道会計全体を, 佐々木は「官設鉄道会計法」を指して複会計システムとみなしており, 三者間での認識は異なっている。一方, 複会計システムが変化したものであるという趣旨の論述であるのは, 太田・黒澤・西川・杉山である。固定資産会計 (減価償却) に関しては, 黒澤・西川・杉山・佐々木が減価償却は実施されていなかったとしており, 太田・高寺・醍醐は明治初期に一時実施されていたが後に廃止されたとしている。最後に, 減価償却が実施されていなかった, あるいは後に廃止されたとしている先行研究のうち, それが複会計システムの影響であるとしているのは, 高寺・西川であり, 他の先行研究では言及されていない。

先行研究の要約から, 以下に掲げるような論点を見出すことができる。

1．国有鉄道会計に複会計システムは導入されたのか。
2．国有鉄道会計では減価償却が実施されたのか。
3．減価償却が実施されたのであれば，如何なる減価償却実務が展開されたのか。
4．減価償却が実施されなかったのであれば，その理由は複会計システムの影響であるのか。
5．減価償却が実施されなかったのであれば，如何にして固定資産の減価に対応していたのか。

V. 本書の構成

　以上のことを踏まえ，本書では近代期日本の国有鉄道会計について，複会計システムと固定資産会計の関係について検証する。具体的な構成は以下の通りである。
　第1章では，本書での研究の前提として，イギリス鉄道会社における複会計システムの概要について論じ，次に固定資産会計観およびその会計処理の史的変遷について概観する。第2章では国有鉄道の会計制度・実務について論じた後，国有鉄道は複会計システムを採用していたかについて検証する。第3章では国有鉄道における固定資産会計実務，特に「補充費」・「改良費」の計上による固定財産の維持について検証する。第4章では昭和初期に発生した減価償却実施の是非を巡る論争を概観することで，国有鉄道が減価償却を実施しなかった理由を明らかにする。以上の結果を結章にて総括する。
　この他，補章1を設け，1906（明治39）年より実施された「鉄道国有化」の会計処理を俎上に載せ，それに伴う過大資本化について検証する。また，補章2として，国有鉄道会計との比較のために，当時の私有鉄道会計についてやはり複会計システムと固定資産会計の観点から検証する。

第 **1** 章

複会計システムと固定資産会計

I．序

　本章では，研究の前提として，まず19世紀イギリスの鉄道会社において特徴的な「複会計システム」の概要について論じる。複会計システムは明治期に日本に伝播して鉄道会計制度として採用された，あるいは影響を及ぼしたとされるが，その検証を行うためにも，複会計システムの特徴を明確にする必要がある。

　次に，本書の主題である固定資産会計について，その会計観および方法について論じる。例えば減価償却は，期間損益計算のための原価配分手段とみなすのが今日一般的である。しかし，実務上は固定資産維持のための自己金融手段として認識されていることも事実である。かかる固定資産会計観の違いはその会計処理に影響する可能性があり，本書での研究に先立って概念整理を行う必要がある。

II．複会計システムの概要

1．会計報告書の体系

　複会計システムの最大の特徴は，その会計報告書の体系に求めることができる。一般的に複会計システムの会計報告書は，「資本勘定（Capital Account）」・「収益勘定（Revenue Account）」・「一般貸借対照表（General Balance Sheet）」によって構成される[1]。なお，同システムを初めて法制化した「1868年鉄道規制法」による会計報告書の様式では，上記の3表に「純収益勘定

(Net Revenue Account)」が加えられている（**図表 1-1**）。

　資本勘定の貸方には払込資本金や長期社債などの資本的収入が計上され，借方には固定資産などの資本的支出が計上された。通常であれば資本勘定は貸方残高を生じ，これは運転資本に相当する。この残高は一般貸借対照表に振り替えられた。

　収益勘定は，貸方に収益的収入，借方に収益的支出が計上され，通常は貸方残高を生じ，これは当期純利益を意味した。すなわち，収益勘定は損益計算書に相当するものであった。純収益勘定が存在する場合は，収益勘定では営業利益が算出されて純収益勘定貸方に振り替えられ，純収益勘定では貸方に繰越利益や財務収益，借方に財務費用が計上されて当期純利益が算出された。

　一般貸借対照表にはイギリス式のものと大陸式（一般式）のものとが存在するが，ここでは1868年鉄道規制法の形式にしたがい，イギリス式を念頭に論じる。借方には資本勘定残高（運転資本）と（純）収益勘定残高（当期純利益）が振り替えられ，さらに流動負債や利益処分の結果としての積立金が計上されている。また貸方には流動資産が計上されている。

　このように，複会計システムの形式的特徴は，貸借対照表を資本勘定と一般貸借対照表に分割している点にある。資本勘定は貸借対照表の固定項目を計上したものであり，一般貸借対照表は流動項目を計上したものである。この貸借対照表の区分に関しては，Adam Smithによる「財を調達，製造，あるいは購入し，利益を伴ってそれらを再度販売することに用いられる」流動資本と，「土地の改良あるいは有用な機械や取引の用具の購入，すなわち持ち主をかえたりさらに流動することなく収益や利益を生み出すようなものに用いられる」固定資本との区別（Smith[1976], p.279）を反映しているとされる

1　複会計システムにおける会計報告書の体系については，一般貸借対照表の存在を必須としない先行研究，あるいは後述する運河会社のように3系統の会計報告書を一度に公表しなくても複会計システムとみなす先行研究も存在する（太田[1951]，18頁; 黒澤[1964]，83-84頁; Napier[1995], p.262; 野口（訳）[1997]，347頁）。

図表 1-1　複会計システムの勘定体系

1. 原則的な勘定体系

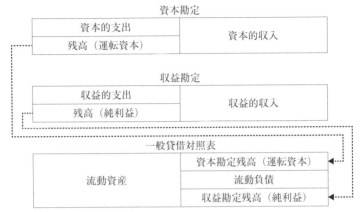

2. 1868年鉄道規制法における勘定体系

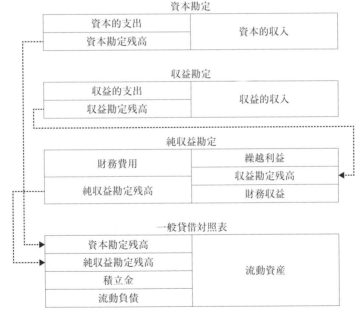

出所：春日部［2009］，59頁；中村［2011］，86頁。

(Edwards[1985], pp.29-30)。しかしながら，この特徴はあくまでも形式的なものであり，貸借対照表を流動・固定項目に区分するため事後的に分割したものではないということには留意すべきである[2]。

なお，以上述べたような複会計システムにおける会計報告書の体系は，アメリカ鉄道会社やイギリス地方公営企業の一部において変容した形態で観察される。アメリカの Atchison, Topeka and Santa Fe 鉄道・Norfolk and Western 鉄道では，貸借対照表の内部区分による複会計システムが見られる（Hatfield[1909], pp.60-61, 67; 松尾（訳）[1971], 56-57, 65頁; 春日部[2009], 63-64頁; 春日部[2011], 58頁）。また，アメリカの New York, Ontario and Western 鉄道やイギリスで1907年に公表された地方公営企業会計に対する統一的会計基準・会計報告書様式では，通常の貸借対照表の他に資本勘定を再掲していた（菊池[1977], 148頁; 春日部[2016], 43-44頁）。

2. 複会計システムの生成過程

複会計システムは18世紀イギリスの運河会社にその萌芽を見ることができる。当時イギリスにおける輸送手段の主力は運河であった。運河事業は資本の有機的構成が非常に高度化されたものであり，巨大な資本を必要とした。そのため1780年頃より，当時としてはあまり一般的ではない株式会社によって建設・運営されていた。当時のイギリスにおける株式会社は議会の個別法によって設立され，株式発行による資金調達の権利に加えて株主の有限責任制が保証されていたため，無限責任制のパートナーシップに比して資金調達がしやすい傾向にあった。その結果，株主に対して調達した資本の用途を報

---

[2] この点に関して千葉準一は，「「複会計制」は固定資産・負債と流動資産・負債との計算書類上の区分表示の制度ではない。それは極めて象徴的にいえば「元本としての資本」と「その他の資産・負債」との区分表示を可能にする制度だったのである（千葉[1991], 153頁）」と述べている。

告する責任が生じ，会計報告書が作成されるようになったのである（Edwards [1985], p.22; 村田[1995], 21頁）。

　運河事業は運河建設に始まり，運河が完成した後は通航する船舶から通航料を徴収していた。会計報告書もこの事業形態を反映していた。運河会社では，株式や社債の発行によって調達した資金は運河建設のみに用いることが個別法で定められていた。このため，運河の建設が開始されると，運河会社は資本的収支を計上した資本勘定を開示し，調達した資金の管理責任（スチュワードシップ）を明確にした。運河完成後に資本勘定は閉鎖され，最終的な資本的収支の状態が開示された。しかしその後は資本勘定が毎期の会計報告書として開示されることはなく，代わりに営業収益（通航料）・営業費用を計上した収益勘定が開示された。資本勘定の閉鎖によって資本配当の可能性を否定し，会社の存続を脅かすような配当政策に対する疑念を払拭したのである。これらの報告書は，通航料を現金で受領するという運河事業の特徴から，現金主義によって作成されていた（村田[1995], 95-96頁）。なお，Huddersfield運河・Glamorganshire運河・Kennet and Avon運河など一部の運河会社では，負債の存在によって会社の存続を憂慮した株主から，流動資産・負債を計上した一般貸借対照表の原型が公表されていた。（Edwards [1989], p.165; 岩崎（訳）[1995], 197頁; 村田[1995], 79-80, 96頁）。

　運河会社は1790年代の「運河マニア」を過ぎると斜陽化していった。代わりに証券市場において人気が集中するようになったのは，運河の代替交通手段として台頭してきた鉄道会社の株式であった。鉄道会社は運河会社と企業形態が類似していた。やはり個別法によって株式会社形態で設立され，資金調達や用地買収の権限を有し，株主は有限責任制によって保護されたために資金調達が容易であった。そのため，株主に対する調達資金のスチュワードシップが発生し，かつて運河会社で用いられていた会計システムが援用されるようになったのである。

　しかしながら，鉄道会社は運河会社と異なり，資本勘定を閉鎖することができなかった。その理由として，路線の拡張や車輌の追加購入の可能性が

あった。また，減価償却の実施による内部金融が不十分であったため[3]，固定資産の修繕・取替のための追加的な資金調達が必要であったことも資本勘定を閉鎖することができなかった理由の1つとして挙げられる[4]。とはいえ，資本勘定を閉鎖しないことは資本配当の可能性を残しておくこととなる。そのため鉄道会社は代替策として，建設に直接関係しない資産・負債を計上した一般貸借対照表を併せて公表し，そこへ資本勘定・収益勘定の残高を振り替えることで会計報告書間の整合性を図った。こうして複会計システムが確立するに至ったのである（Edwards[1985], pp.28‐29; 澤登[2015], 33‐34頁）。

その後，複会計システムは1868年鉄道規制法によって法制化され，1911年鉄道会社法（The Railway Companies Act）で改定された。さらに，ガス・水道・電気などの公益会社にも採用され，一部のアメリカ鉄道会社にも伝播している[5]。複会計システムは，第二次世界大戦後の公益会社の国有化政策が開始されるまで存続することとなる（東山[1988], 35‐37頁）。

3. 報告・公表会計システム

John Richard Edwardsは，複会計システムを会計報告書の報告・公表システ

---

[3] 1830年代から50年代にかけて，イギリス鉄道会社での減価償却は配当政策との関係で行われており，不況時には配当率維持のために減価償却を中止する鉄道会社もあった（村田[1995], 112‐113頁）。

[4] これらの背景として，鉄道株主層の分化が存在した。当時の鉄道株主層は，鉄道株を安定的かつ永続的な配当を得るための長期的投資先とみなす「永久的株主」と，高額配当とそれに伴う株価の上昇によって有利な売却を期待する「一時的株主」とに分化されていた（Lardner[1850], pp.115‐116）。資本勘定を閉鎖した場合，路線拡張や車両の追加購入に関する支出は収益的支出として収益勘定に賦課せざるを得ないため，当期の利益を圧迫して配当額が減少する。このことは一時的株主の不利益につながった。

[5] 複会計システムを採用したアメリカの鉄道会社については，本章Ⅱ.1で述べた通りである。またこの他，州際商業委員会（Interstate Commerce Commission：ICC）による1910年の会計規定が，複会計システムによる年次報告書の形式を提示している（中村[1991], 240‐243頁）。

ムと規定している（Edwards［1985］, p.19）。一方，村田直樹は，上記の運河会社における会計実務を取り上げて，運河会社内の各部門において管理目的で作成・利用された場合であっても複会計システムとみなしている（村田［2012］，155-162 頁）。これは資本勘定・収益勘定・一般貸借対照表を財務会計的側面から捕捉するか，管理会計的側面から捕捉するかの違いである。

　財務会計と管理会計の関係については，H. Thomas Johnson と Robert S. Kaplan が「多くの歴史家の示すところによれば，会計報告書は何千年も前から作成されてきている。（中略）しかし，管理会計情報―企業内部で発生する取引についての情報―への要求が生じたのはもっと最近の現象である（Johnson and Kaplan［1987］, p.6；鳥居（訳）［1992］，5 頁）」と述べたように，その生成段階から両者を別の概念と捉え，管理会計は財務会計の後に生成されたとするのが一般的である。これに対し村田は，管理・統制が会計の基本的機能であり，それを生産諸関係の側面から捉えたものが財務会計，管理の側面から捉えたものが管理会計であると述べている。さらに，初期の運河・鉄道会社では財務会計と管理会計は未分化であったが，資金調達を考慮して資本市場への財務諸表の公開と機能資本の効率的な運用が両者を分化させる重要なポイントとなったと述べている（村田・相川［2014］，336-339 頁）。

　しかし，かかる村田の主張は首肯しうるとした上で，本書では敢えて財務会計的側面に焦点を当て，企業外部への報告・公表を重視することとする。イギリスの鉄道会計およびその源流の運河会計は株式会社会計であり，そこでは株主に対するアカウンタビリティの解除が主目的とされる。このことは，運河会社における資本勘定作成の目的が「株主から調達した資本を如何に運用したかの管理責任を明示するため（村田［2012］，157 頁）」であることからもわかる。また，鉄道会社での一般貸借対照表の公表は資本勘定締切の代替であったことを考慮すると，アカウンタビリティの解除には有機的結合関係にある全ての勘定の公表が要求されるであろう。

4. 資本的収支と収益的収支の区別

　前述の通り，複会計システムが生成された19世紀イギリスの鉄道は株式会社形態を採用していた。そのため，資本と利益の区別を明確化することで，配当原資を利益に限定することが要請された。この処分可能利益を確定するにあたり，資本的支出と収益的支出の区別が重要視された。

　J.R.Edwardsは，「18世紀の企業では，資本的支出と収益的支出の区別を無視し，固定資産への資本的支出が発生すると，収益的収入に対して即時に償却（write off）することは公正で一般的な会計実務であった。さらに，19世紀の工業会計にもかかる処理の例が存在するが，そこでは資本的支出が総営業費用中の比較的小さな割合でしかなかったため，おそらく害のある影響はほとんど生み出さなかっただろう（Edwards[1985], p.29）」と述べている。しかし，資本の有機的構成が高度化した鉄道会社においてかかる会計処理を行うことは，資本と利益の混同につながり，資本配当が実施される恐れがある。この件は，1840年代の「鉄道王」George Hudsonのスキャンダルによって問題が顕在化し，1849年のイギリス貴族院における鉄道監査委員会（Audit of Railway Accounts, Select Committee of House of Lord）の第一回報告書で議論された（村田[1995], 91頁; 村田[2001], 129頁）。次第に「機能資本家は，資本的収入をもって資本的支出にあてるという原則を求め，議会もこれを支持し，個別法の中に規定（村田[2001], 130頁）」していき，複会計システムを法制化した「1868年の鉄道規制法は，資本的支出と収益的支出とを厳密に区別して，財政の健全化をはかるとともに，配当の源泉を営業による利益からに限定した（中村[1991], 98頁）」。したがって，複会計システムは資本勘定と収益勘定によって，資本的支出と収益的支出およびそれに対応する資本的収入と収益的収入とを物理的に区別する会計システムであった。そして，期間損益計算のため次期に繰り延べられるべき未費消の収益的支出の計上先として一般貸借対照表が利用されたのである（飯野[1993], 6-8, 9頁）。

しかし，T. F. Brennanが述べるように，「複会計システムは資本と利益，すなわち，資本的支出とは何であるのか，収益的支出とは何であるのかということに関して区別を行わない（Brennan[1919], p.510）」のであり，資本的支出と収益的支出の区別に関して，複会計システムに固有の基準が存在するのではない。このことに関して，澤登千恵は，「当時（19世紀―筆者注）の資本的支出と収益的支出の区別に関する会計処理は，厳密には，現在のそれとは異なっていた。鉄道会社の資本的支出とは資本的収入から行うことができる支出であり，収益的支出とは収益的収入から行わなければならない支出であった（澤登[2015], 32頁）」と述べている。すなわち，資本勘定借方に計上された支出を資本的支出，収益勘定借方に計上された支出を収益的支出とし，その詳細な項目については特段の基準が設けられていなかったのである。これら2つの概念は，19世紀のイギリス鉄道会社における会計実務を通じて精緻化されていき（澤登[2014b], 187-190頁），1868年鉄道規制法による複会計システムの法制化によって一応の確立をみたといえる。

5. 費用・収益の認識基準

　複会計システムの下での費用・収益の認識基準については，先行研究において様々に論じられている。

　黒澤清によると，複会計システムは「半発生主義」に基づくものであるとされる。半発生主義は「オブリゲーション・システム」あるいは「債権債務確定主義」とも呼ばれ，現金主義から発生主義への過渡的形態であり，「費用＝現金支出＋将来の支出　収益＝現金収入＋将来の収入」とする認識基準とされる（黒澤[1964], 72-73頁）。半発生主義には「継続簿記においては現金主義により，定期簿記においては発生主義の原則による方法」と「継続簿記においても，定期簿記においても，半発生主義の原則による方法」があり（黒澤[1964], 74頁），複会計システムは後者であると述べている（黒澤[1964],

80頁)**6**。

　Richard P. Brief は，複会計システムを「本質的に現金主義会計（cash accounting method）であるものに基づく一連の整備された手続（Brief[1966], p.3）」とみなしている。また，佐々木重人と澤登千恵は，London and Birmingham 鉄道の 1837 年 6 月期の会計報告書（**図表 1-2**）をもって複会計システムの起源としている。当該期の会計報告書は完全なる現金主義によって作成されており，資本勘定残高と収益勘定残高の振替先である「現金（CASH）」勘定を一般貸借対照表の原型とみなしている（佐々木[2010], 58-61頁；澤登[2002], 10-11頁；澤登[2014b], 184頁）。ここから，佐々木と澤登も現金主義に基づいた複会計システムを排除していないことがわかる。

　J.R.Edwards は「資本勘定と一般貸借対照表の両方によって特徴づけられ，本研究の過程において発見された複会計システムの最初の例は，1838 年 9 月 17 日の路線開通後に公表された London and Birmingham 鉄道の 12 月期会計報告書に含まれている（Edwards[1985], p.30）」と述べている。当該期は発生主義に基づいて会計報告書が作成されており（**図表 1-3**），このことから，Edwards は複会計システムには発生主義の採用が不可欠であると考えていることがわかる[7]。

　しかし，特定の基準をもって複会計システムの特徴やメルクマールとすることはさほど有意義なことではないであろう。19世紀イギリスの鉄道会社は，種々の理由[8]から当初より現金主義によって処理されていた。その後，車輛の減価への対応のために発生主義へと転換されるようになり，特に 1845 年から 1850 年にかけて主要な鉄道会社で発生主義会計へ移行された（村田

---

[6] なお半発生主義概念は，歴史的事実を適切に反映していないとして，種々の先行研究で批判されている（飯野[1993], 11-14, 15頁；中村[1993], 17-19頁；内川[1998], 65-68頁；渡邉[2016], 36-50頁）。

[7] ただし Edwards は，「1840 年代初頭の大半の鉄道会社は，純粋な現金主義会計法，あるいはより一般的には「部分的発生主義会計（partial accruals accounting）」として説明されるものを用い続けた。後者の語は，完全ではないが会社が信用取引や固定資産の減価償却を考慮した調整（調整の範囲は会社によって自ずから異なる）を実施する状況を指すために用いられる（Edwards[1989], p.165）」とも述べている。

図表 1-2　London and Birmingham 鉄道 1837 年 6 月期会計報告書

CAPITAL STOCK.

Dr.		£	s.	d.			Cr.	£	s.	d.
1837.					1837.					
June 30.	To CALLS,				June 30.	By Railway Works and Stations	2,269,329	1	8	
	£85. per Share on 2,500,000					" Less Penalties received	1,505	0	0	
	Nil on £25. Shares 625,000						2,267,824	1	8
	Capital in Shares 3,125,000					" Locomotive Engines and Carriages ...	29,747	4	4
	To LOANS, (as per Abstract), in part 1,375,000					" Land & Compensation 601,010 3 1			
	£4,500,000	2,125,000	0	0		Less Land re-sold and Rents 1,352 10 8			
		1,045,717	2	9			599,657	12	5
						" Miscellaneous Charges, included in general Disbursements	185,568	13	7
						" Calls on Shares, Balance of Account	13,556	12	1
						" Cash	74,362	18	8
		£3,170,717	2	9			£3,170,717	2	9

INCOME.

Dr.		£	s.	d.			Cr.	£	s.	d.
1837.					1837.					
June 30.	On Exchequer Bills and Banker's Balances ...	18,788	0	9	June 30.	By Interest on Loans	16,617	5	9
	" Calls in Arrear	2,263	13	7		" Cash	4,434	8	7
		£21,051	14	4			£21,051	14	4

CASH.

Dr.		£	s.	d.			Cr.	£	s.	d.
1837.					1837.					
June 30.	To Capital Stock, Balance of Account	74,362	18	8		By BANKERS,			
	" Income,　　ditto　　ditto	4,434	8	7		London Division	41,533	4	4
						Birmingham Division	37,264	2	11
		£78,797	7	3			£78,797	7	3

出所：London and Birmingham Railway (ed.) [1837], p.28.

図表 1-3 London and Birmingham 鉄道 1838 年 12 月期会計報告書

CAPITAL ACCOUNT

Dr. December 31st, 1838.	£	s.	d.	£	s.	d.	Cr. December 31st, 1838.	£	s.	d.	£	s.	d.
To Stock, viz.—							By Calls on £100. Shares	2,249,225	0	0			
Land and Compensation	637,869	6	7				Ditto £25. ditto	124,525	0	0	2,373,750	0	0
Works of Road and Stations	3,830,212	17	8				By Loans on Debentures	2,125,000	0	0			
Locomotive Department, viz., Engines and Tenders, Tools and Implements	67,093	16	6				Ditto on Notes	365,500	0	0			
Stores Account	1,510	0	0				Ditto on Account	75,967	12	0	2,566,467	12	0
Carrying Department, viz., Coaches, Trucks, Horse-Boxes, Waggons, Cranes, &c.	127,249	12	4	4,663,935	13	1	By Sundries, viz. Produce of Sale of Forfeited Shares	4,444	15	10			
To Charges, viz.—							Fines, Land, and Materials re-sold, &c.	5,273	3	7			
Obtaining Act of Incorporation ...	72,868	18	10				Interest on Calls in Arrears, Exchequer Bills, and Bankers' Balances	28,184	13	5	37,902	12	10
Law Charges for General Business	10,339	9	3										
Conveyancing and Land Agency ..	11,027	5	10				By Balance				40,696	11	5
Engineering	85,802	15	5										
Advertising, Printing, Direction, Office, Salaries of Secretaries, &c. and Sundries, (including Travelling)	43,727	13	1	223,766	2	5							
To Debenture Charges, (including ad valorem Duty)	10,077	18	0										
To Interest on Loans previously to General Opening on 17 Sept.	121,037	2	9	131,115	0	9							
				£5,018,816	16	3					£5,018,816	16	3

REVENUE ACCOUNT
Six Months, ending December 31st, 1838

Dr. December 31st, 1838.	£	s.	d.	£	s.	d.	Cr. December 31st, 1838.	£	s.	d.	£	s.	d.
To Maintenance of Way between London and Tring, from 17th Sept.	7,175	14	4				By Receipt, viz. Passengers, Parcels, Mails, and Merchandize	219,973	8	0			
							Deduct for intermediate Coaching ...	16,558	4	7			
								203,415	3	5			

Dr.

To Locomotive Account, viz.—Coal, Coke, Repairs, Salaries, Wages, Oil, Tallow, Waste, and Incidental Charges	16,091	5	1			
To Carrying Account, viz.—Salaries, Wages of Police, Porters, &c. Stationery, Repairs, Gas, Oil, and Tallow	25,538	3	5			
Mileage Duty	8,816	9	4			
To General Charges, viz.—Engineering, Law Charges, Advertizing, Printing, Direction, Office, Salaries, Secretaries, Clerks, and Sundries, (including Travelling)	14,983	16	1	72,605	8	3
To Reserve for Depreciation of Stock, viz.—Locomotive Stock	5,007	0	0			
Carrying do.	6,305	0	0	11,312	0	0
To Interest on Loans from 17th Sept.				33,854	15	5
Balance				116,458	18	4
				£234,231	2	0

By Interest on Cash Balances from 17th September		961	19	4
By Balance of Revenue Account to 30th June		204,377	2	9
		29,853	19	3
		£234,231	2	0

RESERVE ACCOUNT, for Depreciation of Stock, (*Dec. 31st*, 1838.)

Dr.

To Balance	16,812								

	Locomotive.	Coaching.	Total.
By Reserve, June 30, 1838	£3,500	£2,000	£5,500
By ,, December 31, ,,	£5,007	£6,305	£11,312
	£8,507	£8,305	£16,812

BALANCE. (*December 31st*, 1838.)

Dr.

To Cash Account	121,724	18	8	By Revenue Account	116,458	18	4
,, Capital Account	40,696	11	5	,, Reserve Account	16,812	0	0
,, Sundry Accounts for Balances due to the Company	11,332	1	8	,, Loan Creditors' Account	33,854	15	5
				,, Sundry Accounts for Balances due by the Company	6,627	18	0
	£173,753	11	9		£173,753	11	9

出所：London and Birmingham Railway (ed.) [1839], p.42.

[2016], 46-53頁)。複会計システム最大の特徴である3系統の会計報告書は，前述の通り London and Birmingham 鉄道の1837年6月期に現金主義によって作成・公表されており，同社が発生主義へ移行した後も採用されている[9]。ここで複会計システムの特徴を費用・収益の認識基準に求めることは，3系統の会計報告書の作成・公表という特徴を等閑視することとなる。

6. 固定資産の処理

複会計システムはしばしば固定資産会計との関連において取り上げられる。かつては，複会計システムの下では減価償却を実施せず，取替法を採用するという認識が一般的であった。Lawrence Robert Dicksee は，複会計システムの下では「収益に見積減価償却引当金を賦課して，次の資産の取替が実施されるときあるいは実施されるにつれて資本化されることを容認することよりも，減耗した固定資産の取替のためのそのような引当金を直接収益から充当することを求めることが，その勘定にとってより確実で安全な基盤であろうと考えられた (Dicksee[1903a], p.126)」と述べている。このような認識は，1868年鉄道規制法において規定された複会計システムの雛型に減価償却に関する勘定科目が記載されていないことによるものであると考えられる。

しかし，複会計システムの史的展開を鑑みるに，複会計システムを採用していた企業であっても減価償却を実施していた例が見られる。例えば，前掲した London and Birmingham 鉄道の1838年12月期会計報告書（**図表1-3**）

---

[8] 村田はその理由として，鉄道会社は通行料を現金で徴収し修繕費などを現金で支出する運河会社の会計システムを継承していたこと，イギリスでは伝統的にチャージ・ディスチャージ会計が採用されていたこと，鉄道の生産形態が在庫や仕掛品をもたないものであったこと，配当のために利益を増大する会計政策が必要であったこと，株主が資金的に裏付けられた配当源泉の明示を求めていたことの5点を挙げている（村田[2016]，46-47頁）。

[9] ただし，同鉄道ではその後，複会計システムの採用と廃止を繰り返している（澤登[2002]，19頁）。

では，複会計システムの下で減価償却費が計上されている。さらにいえば，1868年鉄道規制法も減価償却を特に規定してはいないが，決して排除しているのではない。1860年代イギリスの鉄道会社の大半は，交通量の増加に減価償却準備金では対応できないために実際の維持・更新費を収益勘定に借記したり（Pollins[1956], p.349），あるいは資本が必要な事業開始初期の報告利益を最大化させて魅力的投資であることを示すために取替法を採用したりしていた（Chatfield[1977], p.95；津田・加藤（訳）[1978], 120頁）。1868年鉄道規制法は，当時としては一般的な会計実務を展開していたLondon and North Western鉄道を参考にしたため，減価償却について触れなかったに過ぎない（村田[1995], 112-113頁）。また，当該法における会計報告書の様式には，一般貸借対照表の両側に「特別項目（Special Items）」が（**図表1-4**），収益勘定の借方に「特別・雑費用（Special and Miscellaneous Expenses）」が，貸方に「特別・雑収入（Special and Miscellaneous Receipts）」が記載されており（**図表1-5**），減価償却を実施する余地はあったといえる（金戸[1991], 133-134頁）。

図表 1-4 1868年鉄道規制法における一般貸借対照表

[No.13.]

GENERAL BALANCE SHEET

Dr.		£	s.	d.		Cr.	£	s.	d.
To	Capital Account, Balance at Credit thereof as per Account No.4				By	Cash at Bankers—Current Account			
"	Net Revenue Account, Balance at Credit thereof, as per Account No.10				"	Cash on Deposit at Interest			
"	Unpaid Dividends and Interest				"	Cash invested in Consols and Government Securities			
"	Guaranteed Dividends and Interest payable or accruing and provided for				"	Cash invested in Shares of other Railway Companies not charged as Capital Expenditure			
"	Temporary Loans				"	General Stores—Stock of Materials on hand			
"	Lloyd's Bonds and other Obligations not included in Loan Capital Statement No.3				"	Traffic Accounts due to the Company			
"	Balance due to Bankers				"	Amounts due by other Companies			
"	Debts due to Bankers				"	Do. Do. Clearing House			
"	Amount due to Clearing House				"	Do. Do. Post Office			
"	Sundry Outstanding Accounts				"	Sundry Outstanding Accounts			
"	Fire Insurance Fund on Stations, Works, and Building				"	Suspense Accounts(if any) *to be enumerated*			
"	Insurance Fund on Steamboats				"	Special Items			
"	Special Items								
		£					£		

出所：Regulation Railways Act 1868, First Schedule, No.13.

図表 1-5 1868年鉄道規制法における収益勘定

[No.9.] Dr.

REVENUE ACCOUNT.

Cr.

Half Year ended	EXPENDITURE.		£	s.	d.	Half Year ended		£	s.	d.
	To Maintenance of Way, Works, and Stations	see Abstract A.					By Passengers			
	" Locomotive Power	do. B.					" Parcels, Horses, Carriages, &c.			
	" Carriage and Waggon Repair	do. C.					" Mails			
	" Traffic Expenses	do. D.					" Merchandise			
	" General Charges	do. E.					" Live Stock			
	" Law Charges						" Minerals			
	" Parliamentary Expenses						" Special and Miscellaneous Receipts—			
	" Compensation(Accidents and Losses)						*Such as Navigations, Steamboats, Rents, Transfer Fees, &c.*			
	" Rates and Taxes						*Details.*			
	" Government Duty									
	" Special and Miscellaneous Expenses (if any)									
	" Balance carried to Net Revenue Account									
			£					£		

7. 日本への伝播

　複会計システムは日本へ伝播したとされる。前述の如く、「わが国の官営鉄道では、明治 18 年に図師民嘉の努力によって英国の鉄道規制法に倣った鉄道会計制度が導入され、複会計制度が確立した（金戸[1993a], 87 頁）」とされており、図師は「英國鉄道事業上ニ於テ施行スル所ノ會計法ニ擬シ又我邦現在ノ情況ヲ酌量シ以テ其組織ヲ設立セン（日本国有鉄道（編）[1979], 90 頁）」と上申している。「英國鉄道事業上ニ於テ施行スル所ノ會計法」とは 1868 年鉄道規制法を指しており、それによって規定されていた複会計システムを模して、1885（明治 18）年には「資本勘定」・「収益勘定」の設置を規定した「鉄道会計条例」が制定された。その後、国有鉄道の会計制度は、1890（明治 23）年の「官設鉄道会計法」、1906（明治 39）年の「帝国鉄道会計法」、1909（明治 42）年の「帝国鉄道会計法」を経て、1921（大正 10）年の帝国鉄道会計法改正で「資本勘定」・「収益勘定」・「用品勘定」からなる「三勘定制」が確立された。

III. 固定資産会計観と処理方法

1. 減価償却

　Ananias Charles Littleton は、「初期の減価償却論を研究してみると、問題の見方に二通りあったことを知る。1 つは、減価償却資産をあたかも個人営業における売残り商品のごとくに考察するものであり、他は、減価償却を株式会社の長期資産の維持に関連せしめて考察するものである（Littleton[1966], p.223; 片野（訳）[1978], 327 頁）」と述べている。すなわち、かつては固定

資産の減価を認識した際，「財産評価」として対処するという考え方と，「資本維持」を指向する考え方が存在したというのである。もっとも，今日の視点に立てば，「財産評価」は減価償却とは異なる。Littleton のかかる誤解の原因は，"depreciation" という用語が必ずしも「減価償却」を意味するものではなく，単に「減価」を意味する場合もあるという点であると考えられる（桑原[2008]，335頁）。固定資産の減価は，産業革命期の企業において既に認識され始めていたとされる。この段階では，資本家は摩損や減耗などによる資産価値の減少（すなわち「物理的減価」）を認識していたものの，それが「償却」ではなく「評価減」として処理されていたと考えられる。馬場克三は，減価を「価値移転的減価」すなわち「生産的労働の媒介によって，固定資本の価値が部分的に，生産物価値の上に移行すると認められる場合の減価」と，「財産的減価」すなわち「災害，不適応あるいは陳腐化などのため当の固定資本そのものの使用が不可能となる場合の価値減少（喪失）」とに分類した（馬場[1983]，112頁）。Littleton が「売残り商品のごとく考察する」とみなした減価は，「財産的減価」に相当するものであろう。

　一方の「資本維持」思考に関して，木村和三郎は上記の Littleton の所説を引用して，「第一の見解から第二の見解への歴史的発展を遂げることによって，はじめて減価償却論としての正当な論議となりえたものである（木村[1965]，12頁）」と述べている。減価償却費は現金支出を伴わない費用であるため，計上時には内部留保と同様の効果を生む。これによって「資本維持」，厳密にいえば「名目資本維持」が指向される。ただし，Littleton は19世紀英米の鉄道会社を取り上げて，「減価償却の処理に関するこれらの方法は，各々の場合の必要性に合わせたようであった。すなわち，それらは全て，無謀な配当を防ぐために配当可能利益を減少させる手段であった。（Littleton[1966]，p.228）」とも述べており，減価償却は配当政策との兼ね合いで恣意的に処理されることがあったことを示唆している。

　さて，前述の馬場による減価の分類のうち，もう一方の「価値移転的減価」が今日意味するところの減価償却の対象となるのであり，ここから減価償却

は「価値移転計算」であるとの考え方が出現する。ただし馬場自身は、「個別資本のもとでは直接「価値移転」を把握できるものではなく、把握できるのは各個別資本にとって要費した個別価値のみである。(中略) その要費した投下資本価値はすべて回収を必要とするものとなって現われ、(中略) 価値回収視点が独立化する (馬場[1983], 115頁)」と述べており, 減価償却は「価値移転」という現象を基礎としつつも, 個別資本のもとでは「価値回収計算」となるとしている[10]。また,「価値回収計算」の視点は「価値移転的減価」と「財産的減価」を無差別にし, 恣意的な過大償却にもつながりうるとも述べている (馬場[1983], 115頁)。

　19世紀に至り, ドイツで動態論が提唱されるようになると, 現預金を除く資産は「費用性資産」として認識されるようになり, 期間損益計算のためにこの資産原価の配分が問題となった。このため, 固定資産の耐用年数を設定し, その期間にわたって一定の基準に従って資産原価を配分する「原価配分」の考え方が出現するのである。この「原価配分」思考が, 減価償却の理論として今日最も一般的なものとなっていることは周知の如くである。

　このように, 歴史的には, 固定資産の減価への対応として「財産評価」として処理する方法と,「資本維持」を指向して, また「価値移転・回収計算」とみなして, あるいは「原価配分」の手段として減価償却を実施する方法とが存在した。減価償却の捉え方が複数存在しているのは, 減価償却が多面的に機能することの表れであり, これらは択一的なものではない。また, Littleton は減価償却の史的展開上に「財産評価」の考え方を位置付けたが, これは "depreciation" という用語に誘導された誤解であると考えられる。

　ここで, 本書の研究対象である近代期日本における減価償却観について言及したい[11]。濵沖典之は, 近代期日本の会計学文献を調査した結果として,「大正の末期, そして昭和の初期においても, わが国における会計理論が減価

---

[10] 減価償却を「価値移転計算」とみなすか「価値回収計算」とみなすかの違いについては, 新谷[2015], 249頁 (脚注24) を参照されたい。なお本書では, 現象としては同一基盤にある両者を特に区別することなく,「価値移転・回収計算」と記載する。

償却を，商法上の財産評価の枠内で考えるべきものとしたのか，企業財務（資金）論すなわち，投下資本の回収，再調達（建設）資金の蓄積または資本維持の目的をもつものとしたのか，それとも，固定資産の取得原価を費用配分するものとしたのかについてはなお確定されていなかった（濱沖［2005］，163頁）」と述べている。すなわち，前述したような種々の減価償却観は近代期の日本にも存在しており，それについての統一見解は存在していなかったのである[12]。

次に，減価償却は実務において如何に処理されたのかについて論じる。減価償却が生成された19世紀イギリスの鉄道会社では，減価償却の処理について2つの方法が存在した。一方は①「償却準備基金として，剰余金を留保する方法」であり，他方は②「減価償却費を当期費用として，収益にチャージする方法」である（中村［1991］，191頁）[13]。このように2つの方法が並立している状況は，近代期の日本でも同様であった（高寺［1974］，255-256頁）。本書では便宜上，①を「利益処分法」，②を「費用処理法」と呼ぶこととする。「費用処理法」を採用する場合，損益計算書の借方に「減価償却費」を計上する。また周知の如く，「費用処理法」には直接法と間接法があり，間接法の場合には貸借対照表上に評価勘定として「減価償却累計額」[14]を計上する。また，「利益処分法」を採用する場合，貸借対照表の貸方に「減価償却積立金」を計上する（**図表1-6**）。

---

[11] 近代期の日本では，「償却」「消却」「銷却」の3種類の語が用いられており，この違いについて様々に解釈が試みられている。例えば，佐藤雄能は当時の会計学者の説をいくつか参照し，「償却」を「現在の債務を瓣濟し（すなわち「償還」と同義―筆者注）又は財産價格の減少したるものを塡補すること」，「消却＝銷却」を「現存するものを或る目的の爲に削減すること」と解釈している（佐藤［1928］，217-218頁）。しかし，「其の他學者の使用例は一定せざるものの如く或は同一人にして混用し居ることなきに非ざるべし（佐藤［1928］，213頁）」という状況であった。このため，繰延資産の償却や「償還」の意味で用いられていると判明するものを除き，本書での分析対象として特に区別なく取り上げることとする。

[12] 濱沖のいう「企業財務（資金）論」のうち，「再調達（建設）資金の蓄積」は最終的には「資本維持」へとつながり，「投下資本の回収」は「価値回収計算」に相当するであろう。

[13] なお，利益処分法には配当前利益から控除する方法と配当後利益から控除する方法の2つが存在した。

中村萬次は,「費用処理法」を「発生主義的処理法」とする一方で,「利益処分法」については「現金主義に立脚し,厳密な意味では減価償却会計とはいい難い」と述べている(中村[1991], 191頁)。「利益処分法」による減価償却積立金は取替積立金として機能しうるため,「資本維持」手段とみなすことはできるが,「価値移転・回収計算」や「原価配分」を意図しているとは考えにくい。したがって,発生主義の下で適正な期間損益計算を行うための原価配分の手段であるという,今日における一般的な減価償却観に基づくと,「減価償却会計とはいい難い」との認識に至るだろう。しかし,減価償却の「利益留保的性格の強さからすれば利益処分上の計算項目として,積立金の一形態としてとらえる(熊谷[1993], 64頁)[15]」ことも可能である。したがって,資

図表 1-6 減価償却の処理方法
取得原価100円の固定資産が毎期10円ずつ減価する場合…

①「費用処理法」

(借)減価償却費 10 　(貸)固定資産 10

貸借対照表
　　　　⋮
固定資産　90
　　　　⋮

損益計算書
　　　　⋮
減価償却費　10
　　　　⋮

②「利益処分法」

(借)未処分利益 10 　(貸)減価償却積立金 10

貸借対照表
　　　　⋮　　　　　　　　⋮
固定資産　100　減価償却積立金　10
　　　　⋮　　　　　　　　⋮

出所:筆者作成。

---

14 1982(昭和57)年の企業会計原則修正以前は「減価償却引当金」であった。また引当金勘定概念は,1930(昭和5)年の「標準貸借対照表(未定稿)」や1934(昭和9)年の「臨時産業合理局財務諸表準則」によって形成されており,それ以前は「準備金」と称されるか,あるいは積立金概念の中に「費用性積立金」として包摂されていた(熊谷[1993], 102-117, 195-196頁)。したがって明治・大正期には,費用処理法(間接法)における「減価償却費」の相手勘定として,「減価償却準備金」・「減価償却積立金」が用いられていた。

15 ここでの引用文は引当金と積立金の関係に関するものであるが,減価償却累計額がかつては評価性引当金たる「減価償却引当金」として留保されていたことを鑑みれば,減価償却における「利益処分法」の理論的根拠として援用することは可能であろう。

本維持を指向する「利益処分法」を減価償却の処理方法の1つとして排除しないこととする。

「利益処分法」には，減価償却積立金の計上に恣意性が混入する可能性がある，赤字企業では利益からの積立を実施することができないなどの問題点が考えられる。特に前者の問題について小野武美は，「利益処分の場合には減価償却積立金の設定は任意となり自由度が高いが，費用処理の場合には減価償却費の定期的計上が求められ自由度が低くなることが考えられる（小野[2008]，147頁）」と述べている。しかし，小野は同時に，戦前期の日本企業を調査した結果として，「利益処分政策を採っていた企業の場合はもとより，費用処理政策を採った企業の場合であっても，減価償却費を計上していない場合が少なからずある（小野[2008]，147頁）」とも述べている。すなわち，「費用処理法」が恣意的な減価償却を完全に排除できるとは限らないということに留意すべきである。

2. 取替法・廃棄法

固定資産の減価に関する会計処理には，減価償却の他に取替法と廃棄法が存在する。これらの方法は，部分的な取替によって固定資産全体の機能が維持される取替資産に対して，減価償却の代替として用いられる。取替法は固定資産の簿価を取得原価に据え置いた上で，取替に要した金額を当該期の費用として計上する方法であり，廃棄法は取替時に廃棄された旧資産の取得原価を費用として処理し，新資産の取得原価を固定資産の簿価に加える方法である。これらの方法は，原則的に「資本維持」に主眼を置いた方法であり，取替法の下では実体資本維持が，廃棄法の下では名目資本維持が指向される。

取替法や廃棄法は，19世紀イギリスの鉄道会社において考案された。前述の如く，Michael Chatfieldは原初資本投資が取替時期まで費用化されないことから，資本が必要な事業開始初期の報告利益を最大化させて魅力的投資であ

ること示すためであったと述べている (Chatfield[1977], p.95; 津田・加藤 (訳)[1978], 120頁)。一方で佐々木重人は, 1868年鉄道規制法に影響を与えたLondon and North Western鉄道 (LNWR) の会計報告書を俎上に載せて別の理由を示している。LNWRは「レール更新」勘定によって更新に要する見積額の1/3ずつを毎期の利益から積み立てる方法を実施していたが, 更新支出額が安定的となったため, 1865年度上半期以降はそれを停止してより簡便的な取替法を採用したとしている (佐々木[2010], 177-181, 205-212, 227-228頁)。

Ⅳ. 小括

　本章では, 複会計システムの概要と固定資産会計観および処理方法について概観した。

　複会計システムは資本勘定・収益勘定・一般貸借対照表からなる報告・公表会計システムであり, その源流は18～19世紀イギリスの運河会社に求められ, 19世紀イギリスの鉄道会社で生成されるに至った。複会計システムは資本的支出と収益的支出の区別を企図するものであったが, これらは鉄道会計実務の中で今日のような概念へと精緻化されていった。また, 複会計システムの下では減価償却を行わないというかつての通説は誤りであったことが判明している。

　ところで, 序章Ⅳにて述べたように, 高寺貞男は「わが国の「官設」(国有) 鉄道会計においては, 既に明治九年から一〇年にかけて, 鉄道固定資産の減価は明確に認識されてはいたが (高寺[1974], 71頁)」,「複会計制度の下での取替会計へ吸収・解消されてしまった (高寺[1974], 74頁)」と論じている。しかし, 複会計システムの下でも減価償却は実施しうるということをもって, 高寺の主張が誤りであると直ちに断じることはできない。日本の国有鉄道会計の整備に際して図師民嘉が参照したのは, 1868年鉄道規制法にお

ける複会計システムである。そこでは減価償却への言及がないために，複会計システムの下では減価償却を実施しないとの誤解に基づいて日本に導入した可能性は残るだろう。

固定資産会計のうち，最も一般的な減価償却については，歴史上「財産評価」・「資本維持」・「価値移転・回収計算」・「原価配分」といった観点が呈されてきた。また，その処理方法として，今日一般的な「費用処理法」の他に，「利益処分法」による償却が実施されていた。この他，部分的な取替によって固定資産全体の機能が維持される取替資産については取替法や廃棄法が適用されるが，これらは「資本維持」に主眼を置いた方法である。

前述の通り，複会計システムと固定資産会計はいずれも19世紀イギリスの鉄道会社において生成・展開されてきた。当時の鉄道会社株主層は，鉄道株を安定的かつ永続的な配当を得るための長期的投資先とみなす永久的株主と，高額配当とそれに伴う株価の上昇によって有利な売却を期待する一時的株主とに分化されており（Lardner[1850], pp.115-116），（法制化以前の）複会計システムと固定資産会計はしばしば両株主層の利害調整に利用されてきた。減価償却が配当政策との兼ね合いで恣意的に処理されることがあったことは前述した通りであり（Littleton[1966], p.228），複会計システムの下では，固定資産に関する支出の計上先を替えることで株主の利害に対応していた（澤登[2009], 88-89頁）[16]。一方で，本書での主たる研究対象である日本の国有鉄道は，日本政府が完全所有する公企業であった。企業の所有構造の違いによる会計処理の違いも，重視すべき視点である。

---

[16] 澤登千恵は，「当時の鉄道会社では，固定資産に関する支出発生時の会計処理として，①当期の費用とする，②将来の費用とする，③資本から行う，④将来の資本から行うという四つの方法が考えられた。（中略）そして，複会計システムで財務報告書を作成していた鉄道会社は，当該支出を，①を選択した場合には収益勘定に，②あるいは④を選択した場合には一般貸借対照表に，③を選択した場合には資本勘定に記入していたのである（澤登[2009], 88頁）」と述べている。

第 2 章

国有鉄道会計と複会計システム

I. 序

　本章では，日本の国有鉄道会計と複会計システムとの比較を行い，国有鉄道会計における複会計システム採用の可能性ついて検証する。複会計システムの形式的特徴として，資本勘定・収益勘定・一般貸借対照表によって会計報告書が構成されていることは第1章にて述べた。一方，国有鉄道会計では，1921（大正10）年以降「資本勘定」・「収益勘定」・「用品勘定」からなる「三勘定制」が採用されていた。この「三勘定制」は複会計システムと同様のものであるのか，会計法規や会計報告書を分析することによって検証を行う。

II. 国有鉄道会計法規の変遷

　1872（明治5）年の新橋～横浜間官設鉄道の開業時，鉄道会計は一般行政費と一緒に処理されていた。しかし鉄道事業の規模が拡大されるにつれ，行政事務と官営事業の収支を一緒に計上するという会計処理は，事業経営上の障害となった。そのため，造幣・造船・鉱山・鉄道・電信などの諸作業に関する収支を一般行政費より独立させることが企図され，1876（明治9）年に「各庁作業費区分及受払例則」が，翌年には「作業費出納条例」が制定された。これによって，官営事業会計の別途会計（現在の特別会計に相当）化がなされた（日本国有鉄道（編）[1969b]，361-362頁）[1]。この制度においては，

1　しかし，現業を管理する本庁の経費は一般行政費から支弁され，益金は興業費（資本的支出）を償還し終えた後に大蔵省へ納付しなければならなかった（日本国有鉄道（編）[1969b]，362頁; 金戸[1993a]，75-76頁）。このため，純然たる別途会計とは言いがた

主として資本的支出に相当する「興業費」と主として収益的支出に相当する「営業費」とに作業費が区分[2]された点に特徴があるが，興業費として計上された軌道・車輛・建物などは固定資産として認識されず，官庁金銭会計の域を脱していなかった（久野[1975]，5-6頁）。

このように，各庁作業費区分及受払例則・作業費出納条例には鉄道事業の実情に適応しない点があったため，条例改正の動きが鉄道の主務官庁たる工部省内から起こり，1885（明治18）年に「鉄道会計条例」が制定された。この条例により，「軌道車輛器械停車場工場及土地家屋等ノ如キ都テ營業上益金ヲ收得スルノ要具ヲ建設スル爲大藏省ヨリ交收スル基金（第3条）」を「資本勘定」に計上して上記建設の費用を支弁し，開業後に「収益勘定」を開設して「營業上收得スル金員ハ悉皆此勘定ヘ收入シ營業上百般ノ費途（中略）ニ向テ此勘定ヨリ支出（第4条）」することとなった。前述の如くこの条例は，当時神戸鉄道局会計主務権大書記官であった図師民嘉による「工部省鐵道會計條例主意書」に基づいたものである。そこでは「英國鉄道事業上ニ於テ施行スル所ノ會計法ニ擬シ又我邦現在ノ情况ヲ酌量シ以テ其組織ヲ設立セン（日本国有鉄道（編）[1979]，90頁）」と述べられていることから，イギリスの1868年鉄道規制法における複会計システムを参考としつつも，日本の状況を鑑みて修正を加えたと考えられる。

1890（明治23）年には，前年の大日本帝国憲法および会計法（明治会計法）の制定に伴い，「官設鉄道会計法」および「作業及鉄道会計規則」が制定された。官設鉄道会計法は鉄道会計を特別会計として独立せしめた。しかし，その範囲はそれまでの収益勘定に限られ，建設費や建設事業に関する用品資金は一般会計に属していた（日本国有鉄道（編）[1969b]，380-381頁）。

い制度であった。なお，この益金の一般会計繰入は，後述の鉄道会計条例・官設鉄道会計法・帝国鉄道会計法（1906年）でも同様であった（鉄道会計条例第9条，官設鉄道会計法第4条，帝国鉄道会計法（1906年）第5条）。

[2] ただし1879（明治12）年10月以前は，興業費と営業費の区分は単に開業の前か後かで決められていた（金戸[1993a]，76頁）。

その後，鉄道事業の拡大に伴って用品貯蔵の会計を独立させる必要性が高まり，1893（明治 26）年に「官設鉄道用品資金会計法」と「官設鉄道用品資金会計規則」が制定された。この法律では「官設鐵道會計ノ据置運轉資本（流動資本に相当―筆者注）ノ内金百八十萬圓ヲ以テ（官設鉄道用品資金会計法第 2 条）[3]」用品資金として特別会計とし，鉄道の建設および営業に要する用品の購入・配給はこの会計によって行われることとなった（久野 [1975]，16 頁）。

　一般会計に含められた建設費の特別会計化は，1906（明治 39）年の「帝国鉄道会計法」の制定によりなされた。この年はわが国の鉄道にとって変革の年であった。第一次西園寺公望内閣および与党・立憲政友会は陸軍や一部財界の意向に押されて「鉄道国有法」を成立させ，17 の私鉄会社を翌年の 10 月 1 日までに買収した。それに伴い，現業官庁として「帝国鉄道庁」が 1907（明治 40）年度より新設されたのである（原田 [1984]，47-53 頁および補章 1 参照）。帝国鉄道会計法（1906 年）は鉄道国有法に伴って鉄道会計制度の充実を図ったものであり，かつてのように資本勘定・収益勘定が設けられ，建設費と営業費（すなわち資本的支出と収益的支出）が 1 つの会計制度で処理されるようになった（日本国有鉄道（編）[1971a]，323 頁）。同時に，官設鉄道用品資金会計法は「帝国鉄道用品資金会計法」に改正され，用品資金額をまず 225 万円とし，鉄道国有化に伴い漸次 500 万円まで増加させることが定められた（第 2 条）。過剰金は帝国鉄道会計の収益勘定へと繰り入れられることとなり（第 5 条），2 つの会計制度によるとはいえ，これをもって鉄道会計の全範囲が特別会計として独立したこととなる。

　その後，帝国鉄道会計法は 1909（明治 42）年に内容を全面的に改めて新たに制定された。その際に用品資金会計が帝国鉄道会計に包含せしめられ，「資本勘定」・「収益勘定」・「積立金勘定」が設置された。また，この法律によって初めて益金が資本勘定へと繰り入れられるようになり，不足の際は鉄道会計の負担で公債発行あるいは借入金をなすことができるようになった。ま

---

[3] なお，1896（明治 29）年には 205 万円へと増額された（日本国有鉄道（編）[1971a]，321 頁）。

た支払上の余裕金があれば，大蔵省預金部に預け入れるか，その他の方法で運用できることとなった（日本国有鉄道（編）［1972a］, 427頁）。以後，国有鉄道会計は益金の資本勘定繰入という点により，一般会計から完全に独立し，純然たる特別会計となったのである。この後，帝国鉄道会計法は数次にわたって改正されるが，特に1921（大正10）年改正では，積立金勘定を廃して資本勘定で処理していた用品資金を用品勘定として独立せしめ，「資本勘定」・「収益勘定」・「用品勘定」による「三勘定制」を確立させた（日本国有鉄道（編）［1971b］, 447-448頁）。この制度は，1947（昭和22）年に「国有鉄道事業特別会計法」の制定に伴って廃止されるまで続くこととなる（日本国有鉄道（編）［1973a］, 466頁）。

以上，国有鉄道会計法規の変遷をまとめると，**図表2-1**のようになる。

図表2-1　近代期日本の国有鉄道会計法規

制定年	法規名	備考
1876 （明治9）	各庁作業費区分及受払例則	・官営事業に関する経費を「作業費」として別途会計化。 ・作業費を「興業費」と「営業費」に区分。
1877 （明治10）	作業費出納条例	・作業費の出納手続を制定。
1885 （明治18）	鉄道会計条例	・初の国有鉄道独自の会計法規。 ・「資本勘定」・「収益勘定」を設置。
1890 （明治23）	官設鉄道会計法 作業及鉄道会計規則	・「収益勘定」相当部分のみを特別会計化。
1893 （明治26）	官設鉄道用品資金会計法 官設鉄道用品資金会計規則	・用品資金会計を特別会計化。
1906 （明治39）	帝国鉄道会計法 帝国鉄道用品資金会計法 帝国鉄道及同用品資金会計規則	・再度「資本勘定」・「収益勘定」を設置（帝国鉄道会計法）。
1909 （明治42）	帝国鉄道会計法 帝国鉄道会計規則	・「資本勘定」・「収益勘定」・「積立金勘定」による「三勘定制」（1921年改正で「資本勘定」・「収益勘定」・「用品勘定」）。 ・益金の内部留保を実施。
1922 （大正11）	帝国鉄道会計規則	・1921年の帝国鉄道会計法改正に対応。

注：帝国鉄道会計法（1909年）・帝国鉄道会計規則（1922年）は，1947（昭和22）年に廃止。
出所：日本国有鉄道（編）［1969b］,［1971a］,［1971b］,［1972a］; 久野［1975］, 4-19頁に基づき筆者作成。

III. 佐々木[2011]における複会計システム導入の認識

　国有鉄道会計に関する先行研究は序章Ⅳにて既に概観したが，とりわけ佐々木[2011]は，明治期から現代に至るまでの国有鉄道・JRの会計制度および実務について詳細に論じている。ここで再度佐々木[2011]を俎上に載せ，本章の主題である複会計システムの伝播についての認識とその問題点を確認する[4]。

　序章で述べたように，佐々木は1885（明治18）年の鉄道会計条例を「複会計制度の部分導入」，1890（明治23）年の官設鉄道会計法を「複会計制度の完全導入」，1906（明治39）年の帝国鉄道会計法を「複会計制度からの離脱」とみなしている。鉄道会計条例による「複会計制度の部分導入」とは，資本勘定計算書・収益勘定計算書・純収益勘定計算書・一般貸借対照表からなる複会計制度の会計報告書体系のうち，資本勘定と収益勘定のみに限定して導入したことを指しており，その理由として，以下の3点を挙げている。

　「①鉄道建設に充てられる目的で国庫から領収した資金（資本金）の総額とその運用状態は資本勘定で漏れなく開示されるため，この計算書によって鉄道建設用資金の誤用や目的外使用の防止が期待される。
　②運輸事業からの営業収入と営業費用のみから構成される官営鉄道の場合，それ以外の収益・費用を識別するための純収益勘定計算書を作成する必要は認められない。
　③収益勘定の残高である純益金に等しい現金は，国庫（大蔵省）への納

---

[4] 序章Ⅳでの先行研究概観と同様，ここでの用語は佐々木[2011]での用い方にしたがっている。

付金額（「鉄道会計条例」第9条）として管理されている。このため，この国庫納付用の現金と資本勘定で表示されている国庫から領収した現金等とを現金総額として合算表示すること，および収益勘定と資本勘定とのアーティキュレーション[5]を維持する機能をあえて一般貸借対照表の作成によって開示することは求めない（佐々木[2011]，403-404頁，注は筆者）。」

また，官設鉄道会計法による「複会計制度の完全導入」とは，期末時点の現金残高を計上する「現金勘定」の追加によって資本勘定と収益勘定とのアーティキュレーションが示され，結果として一般貸借対照表と同等の機能を果たすこととなったことを指している（佐々木[2011]，405-407頁）。

さらに，帝国鉄道会計法（1906年）による「複会計制度からの離脱」とは，資本勘定の借方には固定資産のみならず流動資産を加えた全ての資産が，貸方には一般会計に対する全ての債務が表示されるようになり，単会計制度の貸借対照表の様相を呈したことを指している（佐々木[2011]，408頁）。

以上のように，佐々木[2011]では官設鉄道会計法施行期に複会計システムが導入されたとされている。これは資本勘定と収益勘定によって鉄道事業の収支が区別され，さらに一般貸借対照表に相当する「現金勘定」によってアーティキュレーションが確保されていることによるものであろう。佐々木[2011]では，序章で概観した他の先行研究とは異なり，1921（大正10）年以降の資本勘定・収益勘定・用品勘定からなる「三勘定制」を複会計システムとの比較検証の対象とはしていない点に特徴がある。

しかし，当時の会計報告書は叙述形式によって掲載されており，佐々木[2011]に掲載された会計報告書は，叙述形式からT字形の勘定形式に修正されたものである（佐々木[2011]，406-407頁）。第1章で論じたように，複会計システムを報告・公表会計システムと捉える以上，会計報告書の外形的な

---

[5] 佐々木の言う「アーティキュレーション」とは，会計報告書間の有機的な結合関係を指している（佐々木[2010]，52頁）。

様式は重要であり，改めて会計報告書の原本を俎上に載せ，国有鉄道会計における複会計システム導入の可能性について検証する必要がある[6]。

Ⅳ. 国有鉄道会計の概要

1. 二重構造―「予算執行会計」と「事業会計」―

　会計帳簿や会計報告書の具体的な分析に入る前に，国有鉄道会計の二重構造について言及しなければならない。
　その形態を問わず，企業は公共性と収益性という2つの性質を有しているが，特に公企業では公共性の追求が至上命令であるとされる（西川[1978]，2-3頁）。国有鉄道の場合，政党・経済界・地方・軍部の意思が政府や議会を通じて鉄道網形成に深く関係し，不採算路線が多く建設された点に経営効率の悪さを看取することができる。しかし，国有鉄道は当初より公債によって建設されており，特別会計として独立している以上，国有鉄道自身の責任の下に益金をもってこれを返済しなければならず，上記の制約の中においても一定の経営効率は追求していた。すなわち，公共性（実際は政党や軍部などの利害が含まれる）を建前としながらも，収益性を追求しなければならないというジレンマが国有鉄道の中に存在していたのである。
　このジレンマは，会計システムの二重性として発現した。政府の下で（建前は）公共目的で経営を行う国有鉄道は，一方では官庁会計の制度にしたがって予算・決算を帝国議会に提出し，他方では利潤を算出するための会計を内部で行わなければならなかった。すなわち，前年度に「政府ハ毎年本會

---

[6] ただし，本書において図表として引用した会計報告書には，紙幅の都合上，縦書きを横書きに改めたものがあることには留意されたい。

計（国有鉄道会計—筆者注）ノ歳入歳出豫算ヲ調製シ歳入歳出ノ總豫算ト共ニ帝國議會ニ提出（帝国鉄道会計法（1909年）第10条）」し，会計年度終了後に「決算ハ會計檢査院之ヲ檢査確定シ政府ハ其ノ檢査報告ト俱ニ之ヲ帝國議會ニ提出（大日本帝国憲法第72条）」する一方，国有鉄道内部では，年度末に財政状態と経営成績を示す報告書が作成されていた[7]。醍醐聰によると，「一般に，公企業の決算は，拘束予算制度との関連で予算の執行結果を示すための予算決算と，1個の企業体としての公企業の経営成績，財政状態を確定するための会計決算からなる二重決算を要請されている（醍醐［1981］，32頁）」というが，国有鉄道においてもそれは同様であった。このように国有鉄道会計は，帝国議会において議決された予算に基づいて歳入歳出の記録を行う「予算決算」と，鉄道省内部において財政状態と経営成績を把握するために行う「会計決算」による二重構造を有していたのである。

　ところで，本書では先行研究で用いられている「予算決算」・「会計決算」の代わりに，「予算執行会計」・「事業会計」という用語を用いることとする。このことは，本書での検証の対象を決算手続に限るのではなく，1会計年度における会計手続全般の検証を行うということを強調する意図による。

　「予算執行会計」と「事業会計」との間に有機的なつながりを見出すのは困難である。これは両者が別建ての計算手続を経て実施されているためである（西川［1978］，171頁）。損益を計算する「事業会計」においては，私企業同様に複式簿記を用いていた（北原［1941］，20頁）。しかし官庁会計の様式による「予算執行会計」は，複式簿記によるものではなく，ストック概念をもたない現金収支会計であった。

　以下，「三勘定制」が確立された1921（大正10）年度以降の国有鉄道会計

---

[7] もっとも，帝国鉄道会計規則（1922年）第2条には「歳入歳出ノ豫定計算書ハ所管大臣之ヲ調製シ前年度九月三十日迄ニ之ヲ大藏大臣ニ送付スヘシ／前項ノ豫定計算書ニハ前前年度ニ於ケル貸借對照表損益計算表竝資本及固定財産價額增減表ヲ添付スヘシ」とあり，財政状態や経営成績を示す報告書（貸借対照表・損益計算表・資本増減表・固定財産価額増減表）も帝国議会に提出していた。

を俎上に載せ，二重構造について詳述しよう。「予算執行会計」では資本勘定・収益勘定・用品勘定ごとに歳入歳出が計上された。資本勘定は「鐵道の建設，改良及自動車線の設備並に帝國鐵道會計の負擔する國債の償還に要する資金等を出納整理する勘定（北原[1941]，12頁)」，収益勘定は「鐵道，自動車等の營業上の收支を整理する爲に設けられた勘定（北原[1941]，14頁)」，用品勘定は「一定の用品資金を保有運轉して，鐵道用品の調達に當り，之を配給するに付ての收支を整理する勘定（北原[1941]，16頁)」である。具体的には，資本勘定では収益勘定から繰り入れられた益金や公債金・借入金を財源として鉄道建設や改良，あるいは国債の償還を行い，収益勘定では鉄道事業などの収支を把握して益金を算定する。用品勘定では鉄道事業などに必要な用品の購入・製作・修理・改造や発電・変電などを行い，これらを資本勘定や収益勘定に売却[8]する。会計年度末には，収益勘定での益金や用品勘定での過剰金[9]は資本勘定に繰り入れられた。

　ところで，「勘定」という語は，複式簿記におけるT字型の勘定やその形式に基づく会計報告書を想起せしめる。しかし，北原信男は，「帝國鐵道會計が一の特別會計であることは，前述の如くであるが，その全般の收支は一團として經理さるるに非ずして，更に三の特別會計即ち資本勘定，用品勘定及收益勘定に區分されてゐる（北原[1941]，11頁，傍点は筆者)」と述べている。ここから，国有鉄道会計における「勘定」とは，作成すべき会計報告書ではなく，会計区分，換言すると現金収支の区分を示したものであると考えられる。このように国有鉄道会計（「予算執行会計」）は，その中にさらに「資本勘定」・「収益勘定」・「用品勘定」という特別会計が存在しているような形態をとっていたのである（北原[1941]，11頁；平山[1943]，21頁)。さらにいえば，資本勘定・収益勘定・用品勘定はそれぞれ建設部門・営業部門・用品

8　「資本勘定や収益勘定に売却」という表現は奇異に思えるかもしれないが，後述のように，三勘定を「部門」と捉えるとこの表現は首肯しうるであろう。

9　「用品勘定過剰金」は歳入歳出の差額ではなく，用品工作に関する利益を意味する（北原[1935]，109頁)。

工作部門の投影とみなすことができる。

　他方,「事業会計」では「日記簿」(仕訳帳に相当)・「原簿」(総勘定元帳に相当)・「補助簿」が設けられ,複式簿記によって「貸借対照表」・「損益計算表」・「用品資金勘定調表[10]」・「用品資金損益計算表」が作成・公表された。鉄道省経理局に勤務していた大野靖三は,「帝國鐵道會計原簿は鐵道會計の經營する鐵道竝自動車運輸事業の窮竟目的達成の爲,唯一の參考資料として該會計の財政状態及營業成績を明瞭ならしむる貸借對照表及損益計算表の作製上,絶對的重要性を有するものであつて,該會計の資本,用品及收益三勘定の收支に關する一切の計算を記錄整理するもの,言ひ換へれば,現金及物品の出納竝資本及財産の增減變化を適正且つ確實に計算,記錄する事を以て其の任とするものである(大野［1939］,1頁)」と述べている。会計年度末において損益計算表で算出された益金と用品資金損益計算表で算出された「過剰金」は,「特有資本」勘定(自己資本に相当)[11]に振り替えられて貸借対照表に計上された。

　会計報告書の様式には明確に現れていないものの,「事業会計」においても三勘定が意識されていたと考えられる。「事業会計」に関する会計報告書を掲載した『鐵道統計資料』では,「第二章　會計」の「第四節　帝國鐵道資本勘定」中に貸借対照表が,「第五節　帝國鐵道用品勘定」中に用品資金損益計算表が,「第六節　帝國鐵道收益勘定」中に損益計算表が掲載されていた(鐵道省(編)［1924］,目次4-5頁)。前述の通り,「予算執行会計」における「勘定」は現金収支区分であるが,それに対応するように複式簿記を用いた会計報告書が作成・掲載されていたのである[12]。ただし,用品資金勘定調表は「第

---

[10] 1927(昭和2)年度以降,名称が「用品資金資産負債表」と変更された(鐵道省(編)［1928b］,733頁)。

[11] なお,国有鉄道は当初より全額負債によって資金調達がなされており,拠出資本は存在しない。「特有資本」は内部留保された益金累計額である(醍醐［1981］,93-100頁)。

[12] この他,帝国鉄道会計法(1906年)・帝国鉄道用品資金会計法施行下では,資本勘定・収益勘定・用品資金会計の区別が日記簿・原簿・補助簿に設けられていた(明治39年大蔵省令第31号別表第1-5号書式)。

三章　倉庫」の「第一節　用品資金」に掲載されていた。詳細は後述するが，ストック項目は全て貸借対照表にまとめて計上され，同表は用品勘定に対応するストック項目のみを再掲した，補助的な報告書であった。このことから，「予算執行会計」の三勘定と「事業会計」の会計報告書は，一対一の関係で対応していたのではないことがわかる。

　この他，大野［1939］の巻末には，附録として「年度末に於て作成する事を要する原簿關係の諸表書類」の雛形が掲載されており，その中に，「資本勘定計算表」・「収益勘定計算表」・「用品勘定計算表」および「原簿合計残高試算表」が存在する（大野［1939］，382-383，390-392頁）[13]。原簿合計残高試算表は決算整理後のものであり，資本勘定計算表・収益勘定計算表・用品勘定計算表はそれぞれ建設（資本勘定），営業（収益勘定），用品工作（用品勘定）の各業務に関する原簿科目の残高表の形態をとっている。原簿合計残高試算表は勿論のこと，資本勘定計算表・収益勘定計算表・用品勘定計算表も『鐵道省年報』や『鐵道統計資料』などの公表資料には掲載されていないため，これらは内部資料と考えられる。

　これらの資料から以下のような会計実践が推測される。決算に際して合計残高試算表が作成されるが，国有鉄道会計ではこの後に三勘定の別に残高試算表を分割したと考えられる。しかし，原簿合計残高試算表から資本勘定に関する残高と収益勘定に関する残高を抜粋して残る用品勘定に関する残高は，ストック項目とフロー項目とが混在していた。このことは，用品を調達・管理・売却するという用品勘定（用品工作部門）の性質によるものである。そのため，会計報告書の作成に際して用品勘定計算表は分割され，ストック項目は資本勘定計算表に併合されて貸借対照表とされ，フロー項目は用品資金損益計算表とされた。また同時に，用品勘定計算表のストック項目は単体で用品資金勘定調表として公表された。収益勘定計算表はそのまま損益計算

---

[13] 当該資料に付せられた年度は「昭和某年度」となっているが，数値は1937（昭和12）年度のものと一致する。

表となった。すなわち，公表資料では，貸借対照表にストック項目が，損益計算表に輸送事業に関するフロー項目が，用品資金損益計算表に用品工作に関するフロー項目が計上された。この3表に全ての原簿科目の残高が計上されているのであるが，さらに用品資金勘定調表として用品資金に関するストック項目が再掲された[14]。

以上のような国有鉄道会計の構造を図にすると，**図表2-2**のようになる。

かかる国有鉄道会計の二重構造は，いつ頃成立したのであろうか。「予算執行会計」が実施される前提としては，当然のことながら「予算制度」の存在が挙げられなければならない。本書での「予算制度」とは，政府が次年度の歳入歳出を編成し，議会の議決を経て国民に公布するという制度を指す[15]。かかる制度は，1889（明治22）年の「大日本帝国憲法」および「会計法（明治会計法）」の制定によって整備され，翌年度から施行された制度である。したがって，少なくとも1889（明治22）年以前，二重構造は存在しなかったと考えられる。また，詳細は後述するが，1890（明治23）年度以降，勘定式の会計報告書が公表されている。ここから「予算執行会計」・「事業会計」からなる二重構造の成立が推測される。しかし，勘定式会計報告書が複式簿記から誘導されて作成されたものであるかは不明であり，あくまでも推測の域を脱しえないということに留意すべきである[16]。

---

[14] なお，国有鉄道会計との比較対象である複会計システムは，第1章で述べたように報告・公表会計システムの一種と措定している。このため，これ以降は内部資料を検証対象とすることは避ける。

[15] 1873（明治6）年に作成された「歳入出見込会計表」が日本初の予算書であるとされるが（亀井［2006］，50頁），これは議会制度確立前のものであり，議会の審議を経ていないため「予算制度」には含めない。

[16] 勘定式会計報告書の作成に複式簿記は必須ではない（吉見［2008］，201頁）。なお，同年には明治23年大蔵省令第9号（「作業及鉄道会計規則ニ要スル諸報告書諸表諸帳簿書式」）が制定されているが，『官報』および『法令全書』では別冊書式が省略されており，当時用いられていた帳簿の詳細を知ることはできない。

図表 2-2　国有鉄道会計の構造

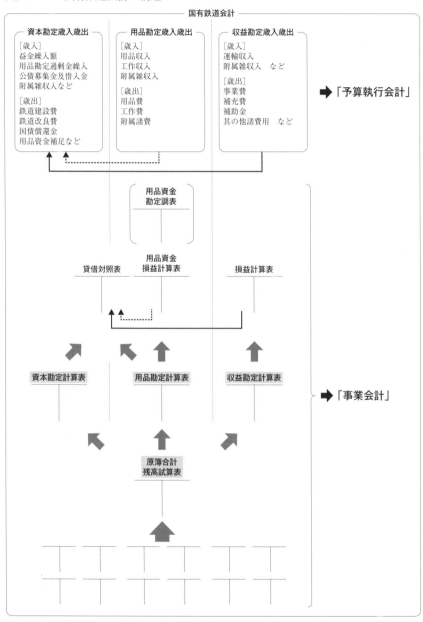

注1：網掛けは内部資料を示す。
注2：⟶ は益金の繰入を示し、┈▶ は用品勘定過剰金の繰入を示す。
出所：筆者作成。

2. 簿記システム

　前述の通り,「予算執行会計」は官庁会計の方式にしたがい, 複式簿記を用いない現金収支会計である。亀井孝文によるとこの簿記システムはカメラル簿記であるとされるが (亀井[2011], 52-53頁), この点に関して本書では深く立ち入らず, 単に「非複式簿記」とする。

　なお, 官庁会計・「予算執行会計」における複式簿記の不採用は, ストック計算とフロー計算とを異なる会計システムで処理する必要を生ぜしめた。そのため, フロー計算を行う「金銭会計」, ストック計算を行う「物品会計」および「国有財産会計」が設定された。「金銭会計」では国家の歳入歳出, 国庫金の出納, 歳入歳出外現金に関する経理事務を,「物品会計」は国家機関の事務や事業執行において要する物品や国が保管する物品に関する経理事務を,「国有財産会計」は国有財産法によって規定された不動産や勅令によって指定された動産・権利の管理運用に関する事務を行う (花田[1934], 4頁)。

　「事業会計」において複式簿記が採用されていたことは前述した通りである。ただし, 複式簿記の採用が仕訳の存在によって明確に示されるのは1906 (明治39) 年度以降である。同年に制定された明治39年大蔵省令第31号「帝国鉄道及同用品資金会計規則ニ拠リ同会計ニ要スル諸書類帳簿等ノ様式」(以下,「明治39年省令」と呼称する) で帝国鉄道会計および帝国鉄道用品資金会計で用いる帳簿や報告書の様式が定められている (**図表2-3**)。この別表で「事業会計」に関する帳簿や報告書, すなわち「資本勘定日記簿」・「収益勘定日記簿」・「用品資金会計日記簿」・「原簿」・「補助簿」・「資産負債表」・「用品資金会計資産負債表」・「損益勘定表 (損益計算表)」・「用品資金会計損益勘定表」の書式が記載され, 特に3つの日記簿の書式には仕訳例が記載されているのである。この書式は以下の大蔵省令でそれぞれ大きく変更が加えられている (**図表2-4,5,6**)。

図表 2-3 「明治 39 年省令」における仕訳例

区分	借方		貸方		摘要
資本勘定	出納官吏	×××	資金収入 歳入歳出外受入	××× ×××	収入高
	繰替拂	×××	出納官吏	×××	何々仕拂高
	鐵道建設及改良費	×××	金庫	×××	出納官吏仕拂高ニ對シ仕拂請求書發行
	金庫	×××	繰替拂	×××	同上仕拂請求書ヲ以テ何々（歳入）金庫ヘ振換拂込
	出納官吏	×××	資金収入	×××	不用物件売拂代収入
	特設資本	×××	固定財産	×××	不用物件売拂ニ付財産價格控除
	資金収入	×××	未還資本 特設資本	××× ×××	何年度歳入収入濟額轉記
	固定財産 前拂金	××× ×××	鐵道建設及改良費	×××	何年度歳出支出濟額轉記
	未還資本	×××	既還資本	×××	何年度収益勘定純益金一般會計ヘ納付濟ニ付資本ノ負債消却高未還資本ヨリ既還資本ヘ轉記
収益勘定	出納官吏	×××	鐵道作業収入	×××	収入高
	繰替拂	×××	出納官吏	×××	何々仕拂高
	鐵道作業費	×××	金庫	×××	出納官吏繰替拂ニ對シ仕拂請求書發行
	金庫	×××	繰替拂	×××	同上仕拂請求書ヲ以テ何々（歳入）金庫ヘ振換拂込
	出納官吏	×××	一時借入金	×××	帝國鐵道會計法第十條ニ依ル借入金
	出納官吏	×××	用品資金益金繰入	×××	何年度益金繰入高
	一時借入金	×××	出納官吏	×××	帝國鐵道會計法第十條ニ依ル借入金返償高
	鐵道作業収入 用品資金益金繰入	××× ×××	損益	×××	何年度總利益高損益勘定ヘ轉記
	損益	×××	鐵道作業費	×××	何年度總損失高損益勘定ヘ轉記
	損益	×××	出納官吏	×××	何年度益金一般會計ヘ納付高
用品資金會計	金庫	×××	用品資金	×××	資金受入高
	繰替拂	×××	出納官吏	×××	工作費○ 物品購入代○
	工場勘定 貯藏物品	××× ×××	損益	×××	同上工作費及物品購入代
	貯藏物品	×××	支出未濟	×××	物品購入其代價支出未濟
	繰替拂	×××	出納官吏	×××	支出未濟物品購入代價仕拂濟
	支出未濟	×××	損益	×××	同上ニ付支出未濟決算
	出納官吏	×××	鐵道用品収入	×××	物品売拂代収入濟
	損益	×××	貯藏物品	×××	同上物品拂出
	収入未濟	×××	貯藏物品 損益	××× ×××	物品売拂但代價収入未濟
	出納官吏	×××	鐵道用品収入	×××	収入未濟ノ物品売拂代収入濟
	損益	×××	収入未濟	×××	同上ニニ収入未濟決算
	出納官吏	×××	鐵道用品収入	×××	何々ヨリ前受金収入
	損益	×××	前受金	×××	同上ニ付追テ物品支出スヘキ分
	前受金	×××	貯藏物品 損益	××× ×××	前受金精算
	工場勘定	×××	貯藏物品	×××	工場ヘ物品引渡
	貯藏物品	×××	工場勘定	×××	工場ヨリ新製品受入
	収入未濟	×××	工場勘定 損益	××× ×××	修繕品落成引渡
	出納官吏	×××	鐵道用品収入	×××	収入未濟ノ修繕費代價収入濟
	損益	×××	収入未濟	×××	収入未濟ノ修繕費代價収入濟ニ付
	鐵道用品費	×××	金庫	×××	出納官吏仕拂高ニ對シ仕拂請求書發行
	金庫	×××	繰替拂	×××	同上仕拂請求書ヲ以テ何々（歳入）ヘ振換拂込
	鐵道用品収入	×××	損益	×××	何年度収入濟額轉記
	損益	×××	鐵道用品費	×××	何年度支出濟額轉記
	損益	×××	出納官吏	×××	何年度益金収益勘定ヘ繰入

出所：明治39年大蔵省令第31号「帝国鉄道及同用品資金会計規則ニ拠リ同会計ニ要スル諸書類帳簿等ノ様式」第1,2,3号書式。筆者改編。

図表 2-4 「明治42年省令」における仕訳例

借方		貸方		摘要
金庫	×××	鐵道資金收入	×××	收入高
出納官吏	×××	金庫	×××	金庫ヨリ資金受入
貯藏物品	×××	支出未濟	×××	用品購入代
鐵道建設及改良費繰替拂	×××	出納官吏	×××	
鐵道用品及工作費繰替拂	×××			繰替拂高
鐵道作業費繰替拂	×××			
支出未濟	×××	用品工作受拂過不足	×××	用品購入代價仕拂濟ニ付決算
收入未濟	×××	貯藏物品	×××	用品賣拂代
		用品工作受拂過不足	×××	
出納官吏	×××	鐵道資金收入	×××	
		鐵道用品及工作收入	×××	收入高
		鐵道作業收入	×××	
		歲入歲出外勘定	×××	
用品工作受拂過不足	×××	收入未濟	×××	用品賣拂代收入濟ニ付決算
鐵道建設及改良費	×××	金庫	×××	
鐵道用品及工作費	×××			繰替拂ニ對シ仕拂請求書發行
鐵道作業費	×××			
金庫	×××	鐵道建設及改良費繰替拂	×××	
		鐵道用品及工作費繰替拂	×××	同上仕拂請求書ヲ以テ鐵道資金收入、鐵道用品及工作收入及鐵道作業收入振換拂込
		鐵道作業費繰替拂	×××	
金庫	×××	出納官吏	×××	現金ニテ歲入金拂込（又ハ資金戾入）
工場勘定	×××	用品工作受拂過不足	×××	工作費及工場負擔俸給及諸給仕拂高
工場勘定	×××	貯藏物品	×××	工場ヘ物品引渡
貯藏物品	×××	工場勘定	×××	工場ヨリ新製品受入
收入未濟	×××	工場勘定	×××	修繕品落成引渡
		用品工作受拂過不足	×××	
特有資本	×××	固定財産	×××	讓渡（又ハ減失）ニ付價格削除
用品工作受拂過不足	×××	貯藏物品	×××	毀損變質ニ付（又ハ不用ニ歸シタルニ付）價格削除
鐵道作業收入	×××	損益	×××	本年度收入濟額轉記
損益	×××	鐵道作業費	×××	本年度支出濟額轉記
損益	×××	金庫	×××	本年度鐵道益金繰入ノ爲拂出
金庫	×××	積立金	×××	本年度鐵道益金繰入
		鐵道資金收入	×××	
鐵道資金收入	×××	特有資本	×××	
		借入資本	×××	本年度收入濟公債、借入金、鐵道益金繰入及雜收入轉記
		公債其他差增	×××	
公債其他差增	×××	特有資本	×××	同上差增金資本ヘ編入
公債其他差損	×××	借入資本	×××	公債其他差損
特有資本	×××	公債其他差損	×××	同上差損金資本ヨリ控除
固定財産	×××	鐵道建設及改良費	×××	本年度支出濟額轉記
鐵道用品及工作收入	×××	用品工作受拂過不足	×××	本年度收入濟額轉記
用品工作受拂過不足	×××	鐵道用品及工作費	×××	本年度支出濟額轉記
用品工作受拂過不足	×××	特有資本	×××	本年度用品及工作受拂過剩金資本ヘ編入
固定財産	×××	特有資本	×××	收益勘定ニ於テ補充工事ノ爲支出シタル金額

出所：明治42年大藏省令第16号「帝国鉄道会計ニ要スル諸書類帳簿等ノ樣式」第7号書式。筆者改編。

図表 2-5 「大正 11 年省令」における仕訳例

借方		貸方		摘要
国庫	×××	特有資本	×××	越高
固定財産	×××	借入資本	×××	
国庫	×××	鐵道資金収入	×××	収入高
出納官吏	×××	国庫	×××	繰替拂資金受入
貯藏物品	×××	支出未濟	×××	用品購入代
鐵道建設及改良費繰替拂	×××	出納官吏	×××	
鐵道用品及工作費繰替拂	×××			繰替拂高
鐵道作業費繰替拂	×××			
支出未濟	×××	用品工作受拂過不足	×××	用品購入代支拂濟ニ付組替
収入未濟	×××	貯藏物品	×××	賣拂用品原價
収入未濟	×××	用品工作受拂過不足	×××	賣拂用品ニ對スル割掛
出納官吏	×××	鐵道資金収入	×××	
		鐵道用品及工作収入	×××	収入高
		鐵道作業収入	×××	
		歳入歳出外勘定	×××	
用品工作受拂過不足	×××	収入未濟	×××	用品賣拂代収入濟ニ付組替
鐵道建設及改良費	×××	国庫	×××	
鐵道用品及工作費	×××			繰替拂ニ對シ小切手發行
鐵道作業費	×××			
国庫	×××	鐵道建設及改良費繰替拂	×××	同上小切手ヲ以テ鐵道資金収入鐵道用品及工作収入鐵道作業収入振替拂込
		鐵道用品及工作費繰替拂	×××	
		鐵道作業費繰替拂	×××	
国庫	×××	出納官吏	×××	現金ニテ歳入金拂込（組替拂資金戻入）
工場勘定	×××	用品工作受拂過不足	×××	工作費及電氣費支拂高
工場勘定	×××	貯藏物品	×××	工場へ物品引渡
貯藏物品	×××	工場勘定	×××	工場ヨリ新製品受入
収入未濟	×××	工場勘定	×××	修繕原價
収入未濟	×××	用品工作受拂過不足	×××	修繕ニ對スル割掛
特有資本	×××	固定財産	×××	讓渡（滅失）
用品工作受拂過不足	×××	貯藏物品	×××	毀損變質（又ハ不用品ニ組込）
鐵道作業収入	×××	損益	×××	
損益	×××	鐵道作業費	×××	鐵道益金繰入
損益	×××	国庫	×××	
国庫	×××	鐵道資金収入	×××	同上
鐵道資金収入	×××	特有資本	×××	
		借入資本	×××	資本ニ編入
		公債其他差増	×××	
公債其他差増	×××	特有資本	×××	同上
公債其他差損	×××	借入資本	×××	差損ニ對スル債務額
特有資本	×××	公債其他差損	×××	資本ヨリ控除
固定財産	×××	鐵道建設及改良費	×××	
鐵道用品及工作収入	×××	用品工作受拂過不足	×××	受拂過剰額資本ニ編入
用品工作受拂過不足	×××	鐵道用品及工作費	×××	
用品工作受拂過不足	×××	特有資本	×××	
固定財産	×××	特有資本	×××	收益勘定ニ於テ補充工事ノ爲支出シタル金額

出所：大正11年大蔵省令第20号「会計規則及各特別会計規則ノ規定ニ依リ調製スルコトヲ要スル帳簿ノ樣式及記入ノ方法並書類ノ樣式設定明治二十三年省令第九号（作業及鐵道会計規則ニ要スル諸報告書諸表諸帳簿書式）外十件廃止」第21号書式。筆者改編。

図表2-6 「昭和13年省令」における仕訳例

借方		貸方		摘要
国庫	×××	特有資本	×××	前年度越高
預金	×××	借入資本	×××	
固定財産	×××	支出未濟	×××	
収入未濟	×××	歳入歳出外勘定	×××	
一般会計へ繰替資金	×××			
一般財源繰入金繰戻未濟金	×××			
有價證券	×××			
貯藏物品	×××			
工場勘定	×××			
出納官吏	×××			
国庫	×××	資金収入	×××	国庫直収入高
		作業収入	×××	
出納官吏	×××	国庫	×××	繰替拂資金交付
貯藏物品	×××	支出未濟	×××	購入物品受入
支出未濟	×××	用品工作受拂過不足	×××	購入物品代支拂濟ニ付組替
預金	×××	国庫	×××	餘裕金預入
国庫	×××	預金	×××	預金拂戻
鐵道建設改良及自動車線設備費繰替拂	×××	出納官吏	×××	繰替拂高
用品及工作費繰替拂	×××			
作業費繰替拂	×××			
補助費繰替拂	×××			
歳入歳出外勘定	×××			
収入未濟	×××	貯藏物品	×××	用品賣拂代（含省外賣却）原價
		用品工作受拂過不足	×××	同上省外賣却差益
収入未濟	×××	用品工作受拂過不足	×××	倉庫割掛
出納官吏	×××	資金収入	×××	収入高
		用品及工作収入	×××	
		作業収入	×××	
		歳入歳出外勘定	×××	
用品工作受拂過不足	×××	収入未濟	×××	用品賣拂代、用品修繕料、電力料及副生品賣拂代収入濟ニ付組替
国庫	×××	出納官吏	×××	現金ニテ歳入金拂込（繰替拂資金戻入）
鐵道建設改良及自動車線設備費	×××	国庫	×××	国庫直拂（支出官拂）
用品及工作費	×××			
作業費	×××			
鐵道建設改良及自動車線設備費	×××	国庫	×××	繰替拂ニ対シ支出官小切手發行
用品及工作費	×××			
作業費	×××			
補助費	×××			
国庫	×××	鐵道建設改良及自動車線設備費繰替拂	×××	同上小切手ヲ以テ、資金収入、用品及工作収入、作業収入振替拂込
		用品及工作費繰替拂	×××	
		作業費繰替拂	×××	
		補助費繰替拂	×××	
工場勘定	×××	用品工作受拂過不足	×××	工作費受入
電気勘定	×××	用品工作受拂過不足	×××	電気費受入

収入未済	×××	工場勘定	×××	用品修繕代（省外委託工事ヲ含ム）原價
		用品資金受拂過不足	×××	同上省外委託工事割掛
収入未済	×××	電氣勘定	×××	電力賣却（省外賣却ヲ含ム）
副生品	×××	工場勘定	×××	副生品生産高
		電氣勘定	×××	
収入未済	×××	副生品	×××	副生品賣拂
用品工作受拂過不足	×××	副生品	×××	副生品ヲ貯藏品ニ編入
工場勘定	×××	副生品	×××	自工場又ハ自發變電區ヨリ副生品受入（自所使用）
電氣勘定	×××			
一般會計へ繰替資金	×××	國庫	×××	一般會計へ資金繰替
國庫	×××	一般會計へ繰替資金	×××	一般會計ヨリ繰替資金戻
一般會計へ繰入	×××	國庫	×××	一般財源繰入金
一般財源繰入金繰戻未濟金	×××	一般會計へ繰入	×××	一般財源繰入金繰戻
國庫	×××	一般財源繰入金繰戻未濟金	×××	
用品工作受拂過不足	×××	貯藏物品	×××	亡失、毀損拂出又ハ不用品ニ編入
特有資本	×××	固定財産	×××	讓渡滅失其ノ他ノ減額
作業収入	×××	損益	×××	
損益	×××	作業費	×××	益金繰入
		補助費	×××	
損益	×××	國庫	×××	
國庫	×××	資金収入	×××	益金繰入
資金収入	×××	特有資本	×××	公債金ヲ資本及公債其他差増ニ編入
		借入資本	×××	
		公債其他差増	×××	
公債其他差増	×××	特有資本	×××	公債其他差増ヲ資本ニ編入
公債其他差減	×××	借入資本	×××	公債發行ニ伴フ差減額（債務額）ヲ資本ニ編入
特有資本	×××	公債其他差減	×××	公債發行差減額ヲ資本ヨリ控除
國債償還金繰入	×××	國庫	×××	國債償還金繰入
借入資本	×××	國債償還金繰入	×××	國債償還金繰入ニ由ル債償還額資本ヨリ控除
固定財産	×××	鐵道建設改良及 自動車線設備費	×××	鐵道建設改良及自動車線設備費決算額ヲ固定財産ニ編入
臨時出資金	×××	國庫	×××	日本通運株式會社出資金
有價證券	×××	臨時出資金	×××	臨時出資金ヲ有價證券ニ編入
用品及工作収入	×××	用品工作受拂過不足	×××	
用品工作受拂過不足	×××	用品及工作費	×××	用品勘定過剰金繰入
用品工作受拂過不足	×××	國庫	×××	
國庫	×××	用品勘定過剰金繰入	×××	同上
用品勘定過剰金繰入	×××	特有資本	×××	用品勘定過剰金繰入額ヲ資本ニ編入
特有資本	×××	用品勘定受拂過不足	×××	用品勘定缺損額ヲ資本ヨリ控除
用品資金補足	×××	國庫	×××	用品資金補足（資本勘定歳出）
國庫	×××	用品勘定補足	×××	同上（用品勘定歳入外受入）
用品資金補足	×××	國庫	×××	用品資金増額
國庫	×××	用品資金補足	×××	
固定財産	×××	特有資本	×××	補充費決算額又ハ土地讓受其ノ他ノ價格固定財産及特有資本ニ編入
貯藏物品	×××	途中勘定	×××	工場新製品、保轉物品、交換物品、委託製作品、轉換電力、貯藏品等受入
工場勘定	×××			
電氣勘定	×××			
途中勘定	×××	貯藏物品	×××	工場新製品、保轉物品、交換物品、委託製作品、轉換電力、貯藏品等拂出
		工場勘定	×××	
		電氣勘定	×××	

出所：昭和13年大藏省令第45号「大正十一年省令第二十号（會計規則及各特別會計規則ノ規定ニ依リ調製スルコトヲ要スル帳簿ノ樣式及記入ノ方法並書類ノ樣式）中改正」第21号書式。筆者改編。

- 明治42年大蔵省令第16号「帝国鉄道会計ニ要スル諸書類帳簿等ノ様式」(以下,「明治42年省令」と呼称する)。
- 大正11年大蔵省令第20号「会計規則及各特別会計規則ノ規定ニ依リ調製スルコトヲ要スル帳簿ノ様式及記入ノ方法並書類ノ様式設定明治二十三年省令第九号(作業及鉄道会計規則ニ要スル諸報告書諸表諸帳簿書式)外十件廃止」(以下,「大正11年省令」と呼称する)。
- 昭和13年大蔵省令第45号「大正十一年省令第二十号(会計規則及各特別会計規則ノ規定ニ依リ調製スルコトヲ要スル帳簿ノ様式及記入ノ方法並書類ノ様式)中改正」(以下,「昭和13年省令」と呼称する)[17]。

ちなみに,二重構造の成立以前,1878(明治11)年制定の「計算簿記条例」によって全省庁における「複記法」の採用が定められ[18],1889(明治22)年の会計法(明治会計法)制定までこれが続いた(久野[1958], 43-45, 92-96頁)。この「複記法」を複式簿記とみなして,1889(明治22)年度以前も複式簿記を用いていたとの推測は可能ではある。しかし,「複記法」,すなわち貸借複式記入による記帳の適用は金銭計算(フロー項目)に限定されており,官有財産(ストック項目)には適用されていなかった(亀井[2006],97頁)。このため,序章脚注3で述べた本書での複式簿記の定義に照らせば,計算簿記条例による「複記法」を複式簿記とみなすことはできない。また,仮に「複記法」が複式簿記であるとしても,財政状態と経営成績とを網羅的かつ明確に示す会計報告書が示されない限り,報告・公表会計システムとしての意義は薄いと言わざるを得ない。

---

[17] この他,昭和13年大蔵省令第8号では一般会計への資金繰替に関する仕訳が,昭和15年大蔵省令第8号では臨時軍事費特別会計への資金繰入に関する仕訳が追加されている(両省令とも,件名は昭和13年省令に同じ)。

[18] 「各廳金錢ノ出納ハ總テ複記法ニ據テ帳簿ヘ記入スヘシ(第1条)」,「複記法ニ據テ金錢ノ出納ヲ左右ニ大別シ貸借ノ文字ヲ揭ケ以テ對比記入スルノ式トス(第2条)」。

3. 費用・収益の認識基準

「予算執行会計」は現金収支会計であるため，そもそも費用・収益の認識基準は問題とはならない。ただし，ある会計年度内に出納されるべき歳入歳出が全て当該年度内に出納されるとは限らない。そのため，会計年度の終了後一定の猶予期間を設け，この間になされた出納を前年度に帰属せしめることが容認されている。この期間のことを「出納整理期間」と呼ぶ（花田［1934］，26-27頁；亀井［2011］，61-62頁）[19]。

一方，「事業会計」については，現金収支会計である「予算執行会計」の影響からか，ほぼ現金主義によって会計報告書が作成されていた。ただし例外として，用品工作に関する物品代については「収入未済」・「支出未済」勘定が容認されており，この点においては発生主義的会計処理が行われていたといえる[20]。収入未済が発生する事項としては，①用品勘定所属の物品を売り渡して代金を受け取っていないもの，②その他の理由により発生した債権のうち現金を受け取っていないものの2つがある。このうち①については，官庁に対するもの以外は原則として引き渡し前に代金を完納することが要請され，何らかの事情で完納されなかったとしても出納整理期間が存在するため，年度末に収入未済残高が生じることは過失などを除いて考えにくい。したがって，会計報告書上「収入未済」として発現するのは②であり，これは主として違約金などの突発的な債権に限られる（北原［1932］，104-106頁）。支出未済に関しても事情は同様であるから省略するが，いずれにせよ，収入未済・支出未済の「事業会計」における重要性は極めて小さいと考えられる。

---

[19] なお，花田［1934］では「（収支）整理期間」と呼称しているが，本書では一般的な呼称である「出納整理期間」を用いる。

[20] かかる発生主義的会計処理は，1890（明治23）年の作業及鉄道会計規則にて初めて規定されている（大野［1939］，62-63頁）。また黒澤清は，国有鉄道会計は複会計システムと同様に半発生主義に基づくと述べているが（黒澤［1964］，72-74頁），半発生主義概念について種々の批判があることは第1章脚注6にて述べた通りである。

4. 会計報告書

　国有鉄道会計に関する会計情報は，その主務官庁が発行する年報や統計資料に掲載されている。これらの様式は主務官庁や法制度の変更に伴い，しばしば変更されている（**図表2-7**）[21]。

(1) 「鉄道会計条例」以前

　鉄道事業に関する報告書の嚆矢は，1874（明治7）年度より作成された『雇外國人年報（*Annual Report by Foreign Staff*）』であるとされる（青木［2008］，86-88頁）。この年報はほとんどが散逸しているが，部分的に鉄道博物館が所蔵している[22]。現存を確認できる最初の年報は，Imperial Government Railways（ed.）［1885］である。この会計年度は1884（明治17）年7月1日～1885（明治18）年6月30日である。次会計年度が1885（明治18）年7月1日～1886（明治19）年3月31日の9ヵ月間であり（Imperial Government Railways（ed.）［1886］），ここで今日同様の4月1日より開始される会計年度に調整されたと考えられる。この年報は，Arther Stanhope Aldrich（工部省鉄道局書記長兼会計長）から井上勝（同鉄道局長）への報告書として作成されており[23]，前半部が神戸～大津間鉄道に関する情報，後半部が東京～横浜間

---

[21] 本章の主題は，国有鉄道会計と報告・公表会計システムたる複会計システムとの比較である。したがって，ここでは公表資料のみを検証の対象とすべきであるが，これらの年報や統計資料の中には，当時の主務官庁の長に向けた報告（すなわち，内部資料）の形式をとっているものもある。また，1939（昭和14）年の「国有鉄道軍用資源秘密保護規則」および同取扱規定の施行以降，第二次世界大戦の終結まで年報や統計資料の公表が停止されている。しかし，資料の連続性を鑑みて，これらの会計報告書も検証の対象とする。

[22] この他，帝國鐵道協會（編）［1916］に1878年7月1日～1879年6月30日の年報が採録されている（帝國鐵道協會（編）［1916］，70-102頁；青木［2008］，86-88頁）。

[23] 工部省は1885（明治18）年12月の内閣官制により廃止され，鉄道局は内閣直属となった。その後も両者は引き続き同職を務めている（山田［1968］，168-169頁；松下［2013］，53頁）。

鉄道に関する情報および当時唯一の私有鉄道であった日本鉄道に関する情報によって構成されている。

　会計報告書としては，まず前半部において神戸～大津間鉄道の"Balance Sheet"（**図表2-8**）および"Working Expenses"（**図表2-9**）が掲載されている。"Working Expenses"は名称通り運転費用であろうが，その内訳にある"RUNNING EXPENSES"中の"Coal", "Oil and Tallow", "Waste and Small Stores"は，"Balance Sheet"借方にも計上されている。また，諸修繕費および雑費は"Balance Sheet"貸方にも計上されている。その他の勘定科目を鑑みても，"Balance Sheet"は貸借双方に費用が計上されていることがわかる。すなわち，"Balance Sheet"はストック情報を計上した貸借対照表ではなく，総費用の内訳を異なる分類によって貸借に計上したものである。一方，後半部には東京～横浜間鉄道の"Working Expenses"（**図表2-10**）および"Balance Sheet"（**図表2-11**）が掲載されており，これらは神戸～大津間鉄道の会計報告書と同様のものである。ただし，東京～横浜間鉄道の"Balance Sheet"にはStore（原材料）勘定も計上されており，流動資産の受払表としての性格も混在している。この様式は，Imperial Government Railways（ed.）［1886］,［1887］でも同様である。

図表 2-7　会計報告書掲載資料の変遷

年度	掲載資料	
1874～1886（明治7～19）	*Annual Report by Foreign Staff*（『雇外國人年報』）	
1886～1889（明治19～22）	『鐵道局年報』	
1890～1892（明治23～25）	『鐵道廳年報』	
1893～1896（明治26～29）	『鐵道局年報』	
1897～1905（明治30～38）	『鐵道作業局年報』	
1906～1907（明治39～40）	『帝國鐵道廳年報』	
1908～1915（明治41～大正4）	『鐵道院年報(注1)』	
1916～1919（大正5～8）		『鐵道院鐵道統計資料』
1920～1925（大正9～14）		『鐵道省鐵道統計資料』
1926～1936（大正15・昭和元～昭和11）	『鐵道省年報』	『鐵道統計資料　第一編（運輸、經理、職員）(注2)』
1937～1941（昭和12～16）	『鐵道統計　第一編（運輸、經理、職員）』	
1942～1945（昭和17～20）	『國有鐵道陸運統計　第一編（運輸、經理、職員）(注3)』	
1946～1948（昭和21～23年）	『鐵道統計年報　第一編（運輸、經理、職員）』	

図表 2-8　『雇外國人年報』における "Balance Sheet"（神戸～大津間鉄道）

IMPERIAL GOVERNMENT RAILWAYS.-KO

BALANCE SHEET OF LOCOMOTIVE DEPARTMENT F

			AMOUNT	
Dr.			Yen.	Sen.
	To	Wages of European Staff Foremen ⋯⋯⋯⋯⋯⋯	12,461	18.1
		Wages of Japanese ⋯⋯⋯⋯⋯⋯⋯⋯⋯⋯⋯⋯	69,036	74.6
		European Superintendence ⋯⋯⋯⋯⋯⋯⋯⋯	6,574	24.9
		Japanese Superintendence ⋯⋯⋯⋯⋯⋯⋯⋯	9,373	53.5
		Coal ⋯⋯⋯⋯⋯⋯⋯⋯⋯⋯⋯⋯⋯⋯⋯⋯⋯	23,444	64.8
		Oil and Tallow ⋯⋯⋯⋯⋯⋯⋯⋯⋯⋯⋯⋯⋯	6,112	09.5
		Waste and Small Stores ⋯⋯⋯⋯⋯⋯⋯⋯⋯	4,342	78.1
		Materials, Sundries, &c ⋯⋯⋯⋯⋯⋯⋯⋯⋯	117,823	24.5
			249,168	48

出所：Imperial Government Railways (ed.) ［1885］, p.22.

主務官庁
工部省鉄道局
鉄道局（内閣直属）
鉄道庁（内務省・逓信省外局）[注4]
逓信省鉄道局
鉄道作業局（逓信省外局）
帝国鉄道庁（逓信省外局）[注5]
鉄道院（内閣直属）
鉄道省
運輸通信省・運輸省鉄道総局[注6]
運輸省鉄道総局

注1：1908〜1910年度は「國有鐵道之部」として分冊。
注2：1926年度のみ、「運輸，經理，職員，保健」。
注3：1942年度は「第三編（會計）」。また，1943年度は欠落。
注4：1892年より逓信省外局。
注5：1907年に鉄道作業局を改組し，帝国鉄道庁設置。
注6：1943年運輸通信省設置（鉄道省廃止）・1945年運輸省へ改組。
出所：青木［2008］，86-94頁を参考に，筆者作成。

AND OTSU SECTION.

THE TWELVE MONTHS ENDING 30TH JUNE, 1885.

		AMOUNT	
Cr.		Yen.	Sen.
By	Running Expenses, Passenger and Goods excluding Material and Ballast Trains for Way and Works.	52,065	39.9
	Repairs of Engines	25,625	57.7
	Repairs of Carriages	14,857	07
	Repairs of Waggons	11,402	62.4
	Miscellaneous, Tools, &c.	4,038	78.2
	Work for Other Departments, Stores Orders &c., Including Erecting Carriages and Waggons	111,904	56.3
	Material and Ballast Trains	865	50
	European Supervision	19,035	43
	Japanese Supervision	9,373	53.5
		249,168	48

B. F. WRIGHT,
Locomotive Superintendent.

図表 2-9　『雇外國人年報』における "Working Expenses"（神戸〜大津間鉄道）

IMPERIAL GOVERNMENT RAILWAYS.

KOBE AND OTSU SECTION.

1885.

ITEMS.	AMOUNT.		TOTAL AMOUNT.		COST PER MILE.	MILEAGE.	TOTAL COST PER MILE.
	Yen.	*Sen.*	*Yen.*	*Sen.*	*Sen.*		*Sen.*
RUNNING EXPENSES.							
Wages	19,031	37.5					
Coal	23,444	64.8					
Oil and Tallow	6,112	09.5					
Waste and Small Stores.	4,342	78.1	52,930	89.9	11.16		
Repairs of Engines ⎫ Materials, Wages, &c. ⎭	25,625	57.7					
Repairs of Carriages ⎫ Materials, Wages, &c. ⎭	14,857	07.					
Repairs of Waggons ⎫ Materials, Wages, &c. ⎭	11,402	62.4					
Miscellaneous Tools &c.	4,038	78.2	55,924	05.3			
Supervision, European	19,035	43.					
Do.　　Japanese	9,373	53.5	28,408	96.5			
Total			137,263	91.7		474,300.75	28.94

B.F.WRIGHT,
Locomotive Superintendent.

出所：Imperial Government Railways (ed.) ［1885］, p.23.

図表 2-10 『雇外國人年報』における "Working Expenses"（東京～横浜間鉄道）

WORKING EXPENSES OF LOCOMOTIVE DEPARTMENT.

TOKIO AND YOKOHAMA SECTION.

FOR THE TWELVE MONTHS ENDING 30TH DAY OF JUNE, 1885.

ITEMS.	AMOUNT.		TOTAL.		MILEAGE.	COST PER MILE.
					202,514	
RUNNING EXPENSES, ENGINES.						
Wages	11,640	49				
Coal	12,891	40				
Oil, Tallow, Waste, &c., &c.	1,446	15	25,978	04		12.83
RUNNING EXPENSES, CARRIAGE AND WAGONS.						
Wages	1,068	31				
Oil, &c.	413	72	1,482	03		0.73
REPAIRS TO ENGINES.						
Wages	4,127	89				
Materials	2,256	66	6,384	55		3.15
REPAIRS TO CARRIAGES.						
Wages	6,402	23				
Material	2,742	44	9,144	67		4.57
REPAIRS TO WAGONS.						
Wages	633	66				
Material	464	68	1,098	34		0.54
General Charges, Supervision, Leave, Office, &c., &c.	6,187	70.9	7,080	73.9		3.50
	893	03				
Total			51,168	36.9		25.32

F.H.TREVITHICK,
Locomotive Department Superintendent.

出所：Imperial Government Railways (ed.)［1885］, p.34.

図表 2-11　『雇外國人年報』における"Balance Sheet"（東京～横浜間鉄道）

BALANCE SHEET OF LOCOMOTIVE DEPARTMENT FOR TWELVE MONTHS ENDING THE

DR.				AMOUNT.		TOTAL.		CR.
				Yen.	Sen.	Yen.	Sen.	
By	Wages of European Staff, Drivers and Mechanics for the 12th Months			9,021	54			To
"	"	Japanese Staff, " " "		73,179	09			"
"	"	European Superintendence		5,400	00			"
"	"	Japanese "		4,562	40	92,163	3	"
"	Stores on hand 1st July, 1884			36,563	66.7			"
"	"	received from Yokohama Godown		158,326	81			
"	"	purchased in Japan		18,639	97	213,530	44.7	To
"	Coal, tons 2,741, cwt. 19 1/2			16,333	10	16,333	10	"
			Total			322,026	57.7	"
								"
								"
								"
								"
								"

出所：Imperial Government Railways（ed.）［1885］,p.35.

(2)　「鉄道会計条例」期

　鉄道会計条例制定の翌年である 1886（明治 19）年度より，当時の主務官庁であった鉄道局（内閣直属）によって『鐵道局年報』が発行され始めた。この時期の年報は，原則として縦書き・叙述形式で記載されている。

　1886（明治 19）年度の『鐵道局年報』では，「資本金ノ現状」の章において，資本の分類を「其現金物品等ノ既ニ支出シテ未タ精算ニ至ラサル金額ノミヲ以テ未算ニ屬スル資本ト爲シ其未タ使用セスシテ豫備スル所ノ現金物品等ハ之ヲ浮動資本ト稱シ而シテ整理決算ニ屬スル建設費ヲ以テ固定資本（鐵道局（編）［1887］，2-3 頁，傍点は筆者）」としている。「固定資本」は路線ごとに，「未算ニ屬スル資本」は建築場・器機場・出張所ごとに，「浮動資本」

30TH JUNE, 1885.

	WAGES.		STORES.		FUEL.		TOTAL.	
	Yen.	Sen.	Yen.	Sen.	Yen.	Sen.	Yen.	Sen.
Working Expenses, Engines, Running	11,640	49	1,446	15	12,891	40	25,978	04
〃　　　　Passr., Rolling Stock Runnning	1,068	31	413	72	…	…	1,482	03
〃　　　　Repairs to Engines	4,127	89	2,090	30	166	36	6,384	55
〃　　　　Passr. Rolling Stock	6,402	23	2,517	98	224	46	9,144	67
〃　　　　Goods　　〃	633	66	452	17	12	51	1,098	34
〃　　　　General Charges, Supervision, Leave, Office, &c., &c.	6,187	70.9	872	09	20	94	7,080	73.9
Total Working Expenses	300,060	28.9	7,792	41	13,315	67	51,168	36.9
Construction, Tools, Machines	2,394	86	2,227	17	28	47	4,650	50
Traffic Department	364	58.1	336	33	5	54	706	45.1
Stores　　　〃	3,881	24	7,784	79	232	05	11,898	08
Engineering　　〃	1,228	23	923	76	72	33	2,224	32
Tramway Company	27	61	51	55	…	…	79	16
Nakasendo Section	673	31	953	72	46	77	1,673	80
Nippon Railway Company	53,532	91	102,069	30	2,632	27	158,234	48
Stores on hand	…	…	91,391	41.7	…	…	91,391	41.7
Total	92,163	03	213,530	44.7	16,333	10	322,026	57.7

F.H.TREVITHICK, Locomotive *Department Superintendent.*

は各項目に分類されて記載されている。また「営業上収支ノ景況」の章では，営業収入[24]・営業費・純益金が記載されている（鐵道局（編）［1887］，24頁）。

　翌1887（明治20）年度には「資本勘定」の章で，資本が「決算金額」・「未決算金額」・「運轉流動中ノ金額」に分類されて羅列して表示してある。また，営業収支の表示も前年度とほぼ同様であるが，収入・支出の内訳が記載されている（鐵道局（編）［1888］，17-19, 27, 32-34頁）[25]。この年度の形式がしばらく続くこととなる。

---

24 ただし，金額は何故か記載されていない（鐵道局（編）［1887］，24頁）。
25 なお，巻末に資本勘定と収益勘定の内訳表が掲載されている。

(3) 「官設鉄道会計法」期

前述の通り,この時期から国有鉄道会計の二重構造が生成されたと推測される。官設鉄道会計法が制定された1890(明治23)年度以降,『鐵道廳年報』において勘定式による「総勘定表」が掲載されている(**図表2-12**)。しかし,本文中は「既往ノ會計組織ト其脉絡ヲ通セシメ以テ新舊計算ノ基ク所ノ關係ヲ明カニセンコトヲ務メ稍比較參照ニ便ナラシム(内務省鐵道廳(編)[1891], 8頁)」ためにかつての形式によって記載され,総勘定表は巻末に付されている。総勘定表は,その名称の通り全ての勘定の残高を記載したものであり,現在の残高試算表に相当するものであろう。ところで,官設鉄道会計法および作業及鉄道会計規則の施行下では,建設費や建設事業に属する用品資金関係の項目が官設鉄道会計から排除され,それらは一般会計において処理されていたことは前述の通りであるが,何故か総勘定表には建設費や用品資金に関する項目も記載されている。この形式は1893(明治26)年度まで続く。

1894(明治27)年度以降は,官設鉄道用品資金会計法の制定により,会計

図表2-12　1890(明治23)年度総勘定表

勘定科目	借方		勘定科目	貸方	
建設費	32,760,840	591	資本金	32,971,702	003
貯藏物品			据置運轉資本	2,000,000	000
建設所屬	208,375	825	營業收入	4,213,804	055
營業所屬	1,865,521	778	支拂未濟勘定		
營業費	2,001,273	089	建設所屬	20	727
補充費	444,330	462	營業所屬	142,586	432
受拂勘定	46,098	062			
未收入金	14,946	023			
備品	11,923	014			
前渡官吏	2,506	314			
金庫	1,972,297	829			
合計	39,328,113	217	合計	39,328,113	217

出所:内務省鐵道廳(編)[1891], 第3表。

報告の様式が変更された。まず「鐵道建設費豫算決算」・「鐵道作業歳入出豫算決算」・「官設鐵道用品資金歳入出豫算決算」が叙述形式で記載されている。これは「予算執行会計」に関する報告である。

その後に「受拂勘定」の部が設けられ，これが「事業会計」に関するものである。ここでは「鐵道作業之部」と「官設鐵道用品資金之部」に分類され，それぞれ受入・払出と純資産負債が記載されている（**図表 2-13, 14, 15, 16**）[26]。受入・払出は「受入之部」と「拂出之部」からなり，現金や物品の受入・払出が記載されている。両者の差額は「差引純益」となっている。純資産負債では「借方」および「貸方」の語が用いられ，貸借が平均されている。借方には流動資産が，貸方には運転資本と流動負債が計上されており，形式の上では大陸式の一般貸借対照表に類似したものである。もっとも収益勘定残高（利益額）が貸方に振り替えられていないが，これは官設鉄道会計法に「鐵道事業ノ純益及固定資本ニ屬スル物件ノ賣拂代金ハ總テ一般ノ歳入ニ編入スヘシ（官設鉄道会計法第4条，傍点は筆者）」と定められていたためであろう。この受入・払出と純資産負債の構成は，「官設鐵道用品資金之部」でも同様である。その後，固定資本・資本勘定・収益勘定に関する記述が続く（遞信省鐵道局（編）［1895］，36-67頁）。上記の様式は1906（明治39）年度まで続くこととなる。

---

26 以下，図表2-13から図表2-27までに示した会計報告書は，原典では縦書きであったが，紙幅の都合から横書きにしている。

図表 2-13　1894（明治 27）年度鉄道作業之部受入・払出

	受入之部	圓
	歳入ノ収入濟額	六、四九四、〇三三
	収入未濟額	三六六、四三七
	据置運轉資本ニ属スル現金ノ持越額	二八三、一一〇
	總生産品ノ價格	一三一、三八四
	合計	七、二七四、九六四
	拂出之部	
	歳出ノ支出濟額	三、五五八、三九七
	支出未濟額	二六三、三七九
	据置運轉資本額	二〇〇、〇〇〇
	売拂代價収入濟物品ノ價格	六九、二二五
	売拂代價収入未濟既出物品ノ價格	八、五八六
	合計	四、〇九九、五八七
	差引純益	三、一七五、三七七

出所：遞信省鐵道局（編）[1895], 40-41 頁。

図表 2-14　1894（明治 27）年度鉄道作業之部純資産負債

貸方	
一金貳拾萬圓	運轉資本額
一金貳拾六萬三千三百七拾九圓	現金未渡契約人
合計金四拾六萬三千三百七拾九圓	
借方	
一金四萬三千三百六拾九圓	現金
一金五萬三前五百七拾三圓	生産品
一金八千六百貳圓	代價未納諸品買受人
一金三拾五萬七千七百三拾五圓	現金未納契約人
合計金四拾六萬三千三百七拾九圓	

出所：遞信省鐵道局（編）[1895], 43 頁。

図表 2-15　1894（明治 27）年度　官設鉄道用品資金之部受入・払出

受入之部	圓
歳入ノ収入濟額	二、一一〇、五三五
収入未濟額	一一一、五〇四
資金ニ屬スル現金ノ持越額	一、〇三〇、九四二
總貯藏物品ノ價格	三、八七四、九〇二
合計	七、一二七、八八三
拂出之部	
歳出ノ支出濟額	三、〇一四、九九九
支出未濟額	一二七、七八四
資金額	一、八〇〇、〇〇〇
前受金	一六五、四四五
代價收入濟物品ノ價格	一、八八四、四一四
代價收入未濟既出物品ノ價格	一〇七、〇四六
損失ニ歸シタル物品ノ價格	二二、二五八
合計	七、一二一、九四六
差引純益	五、九三七

出所：遞信省鐵道局（編）[1895]、44-45 頁。

図表 2-16　1894（明治 27）年度　官設鉄道用品資金之部純資産負債

貸方
一金百八拾萬圓	資金總額
一金拾六萬五千四百四拾五圓	前受金
一金貳拾萬七千七百八拾四圓	現金未渡契約人

合計金貳百九萬三千貳百貳拾九圓

借方
一金拾貳萬五百四拾壹圓	現金
一金百八拾六萬六千百八拾四圓	貯藏物品
一金拾壹萬貳百五拾八圓	代價未納諸品買受人
一金千貳百四拾六圓	現金未納契約人

合計金貳百九萬三千貳百貳拾九圓

出所：遞信省鐵道局（編）[1895]、47-48 頁。

(4) 「帝国鉄道会計法(1906年)」期

1906 (明治39) 年の帝国鉄道会計法および帝国鉄道用品資金会計法の制定により，翌1907 (明治40) 年度以降の会計報告の様式も変化した。同年度の『帝國鐵道廳年報』に掲載された会計事項としては，まず第9, 10, 11款に資本勘定・収益勘定・用品資金に関する歳入歳出予算決算が掲載されている[27]。これは「予算執行会計」に関する報告書である。ここでは各区分に関する歳入・歳出が計上されているが，複式簿記によるものではないため残高の算出や貸借平均はなされていない (**図表2-17, 18, 19**)。

第12, 13, 14款には，資本勘定・収益勘定・用品資金に対応する「事業会計」の会計報告書が掲載されている。具体的に述べると，第12款には「資産負債表」が掲載されており，これは貸借対照表に相当するものである。本文中には「本勘定ハ會計法改正ニ伴ヒ設定セラレタルモノニシテ從來ノ資本勘定トハ其内容ヲ異ニセル所アリ (鐵道院(編) [1909], 54頁)」と書かれている。その後，固定財産の増減・鉄道国有法による被買収会社の鉄道用品・鉄道資本現在高が掲載されている。第13款には「損益計算表」すなわち損益計算書が掲載されている。第14款には用品資金会計に関する「損益勘定表」および「資産負債表」が載せられている (鐵道院(編) [1909], 45-63頁：**図表2-20, 21, 22, 23**)[28]。

---

[27] この他，第8款として「帝国鉄道資本勘定資金繰入予算決算」，すなわち一般会計から繰り入れられた資金の予算額と決算額が示されている (帝國鐵道廳(編) [1907], 45頁)。これは当該年度より建設・改良に関する収支が国有鉄道会計の資本勘定で取り扱われるようになったためである。

[28] ちなみに，用品資金損益勘定表で算出された差引益金74,920円は，「収益勘定歳入へ繰入」となっているが，用品資金資産負債表の貸方にも振り替えられている。おそらくは，一度用品資金資産負債表に振り替えられた後，配当支払いのようなかたちで収益勘定に対応する損益計算表に振り替えられたものと推測される。

図表2-17　1907（明治40）年度資本勘定歳入歳出

資本勘定歳入豫算決算

	豫算額			決算額	残額
	年度当初豫算額	追加額	計		
	円	円	円	円	円
鐵道資金收入	二六,〇〇〇,〇〇〇.〇〇〇	—	二六,〇〇〇,〇〇〇.〇〇〇	二二,八七〇,六六八.九〇一	三,一二九,三三一.〇九九
一般會計受入	—	—	—	二二,八七〇,六六八.九〇一	三,一二九,三三一.〇九九
雜收入	—	—	—	一五,七七一.五三七	—
物件賣拂代	—	—	—	三三,四一〇.一〇一	—
雜入	—	—	—	一三六,五三九.四四五	—
買收鐵道會社引繼金受入	—	三五,九三,四三三.〇〇〇	三五,九三,四三三.〇〇〇	三三,八二,一四二.〇〇〇	二,一八八,八〇〇.〇〇
合計	二六,〇〇〇,〇〇〇.〇〇〇	三五,九三,四三三.〇〇〇	二九,五九,四三三.〇〇〇	二六,八四二,五六,八三六.〇〇〇	三,八〇,八四六,三六.〇〇

資本勘定歳出豫算決算

	豫算額		年度末豫算額	決算額	残額
	年度当初豫算額	追加額			
	円	円	円	円	円
鐵道建設及改良費	—	—	—	—	—
建設費	一九,三四二,〇〇〇.〇〇〇	—	一九,三四二,〇〇〇.〇〇〇	一七,五四九,一八五.〇〇三	一,七九二,八一四.九九七
總係費	二,〇〇〇,〇〇〇.〇〇〇	—	二,〇一,五七二.〇四五	一,九九,四九五.七七二	九七,六三二.二七一
福島青森間鐵道	八七二,五七七.〇〇〇	—	八七二,三三七.〇四四	八八〇,八二二.一七四	五四,八八,八一九.四
八王子名古屋間鐵道	一,八〇〇,〇〇〇.〇〇〇	—	八,〇九,八二一.七四	一,九七,六五八.四一七四	—
八代鹿児島間鐵道	一,〇〇〇,〇〇〇.〇〇〇	—	二,二八,六八四.九八一	二,二八,四六三.一八一	二,一九,二三〇.〇九三
福知山境今市間鐵道	一,七〇〇,〇〇〇.〇〇〇	—	二,七七,三三六.九〇二	二,四九,九,一七三.五三六	三,三九八,八七三.五六
福知山園部舞鶴間鐵道	一,〇〇〇,〇〇〇.〇〇〇	—	二,七八,四四四七.九〇四	二,四九,九,二〇七〇	三〇,八四,一〇.二七五
富山直江津間鐵道	一,六六八,四四二.〇〇〇	—	二,五三,九,八八八.二四	二,一三七,五六四.九六六	三〇,二四九,七.三四五
北海道鐵道	九〇〇,〇〇〇.〇〇〇	—	七〇〇,〇七三.〇三	一〇,一三,六六四.〇七五九	一四九,六五四,七.三四四
喜多方新津間鐵道	—	—	六〇〇,〇〇〇.〇〇	三五,七,六六,四一.六六	—
岡山宇野間鐵道	二,九四〇,〇〇〇.〇〇〇	—	二,〇八,九,五八八,七七八	四四,八,八八.五七九	四,四九,六七五.三四三
車輛費	—	—	六〇,〇七,〇七五	二,〇六,六,五八,四七五	二,四九,八,〇〇.〇九五
改良費	六,六五八,〇〇〇.〇〇〇	三五,九三,四三三.〇〇〇	一〇,二五一,四三三.〇〇	八,八八〇,〇六二.九三四	一,三九,八,〇〇.〇六五
合計	二六,〇四〇,〇〇〇.〇〇〇	三五,九三,四三三.〇〇〇	二九,六五,八,四三三.〇〇	二六,八四〇,九,一八.七六九	三,一八,三,五一七.二二五

注：「八王子名古屋間鐵道」は「八王子名古屋間鐵道」の誤植であると考えられるが、原典のままとした。

出所：鐵道院（編）[1909], 47-48頁

図表2-18 1907(明治40)年度収益勘定歳入歳出

収益勘定歳入豫算決算

	豫算額			決算額	差引豫算残額
	年度當初豫算額	買収會社ニ対スル豫算額	計		
	圓	圓	圓	圓	圓
鐵道作業収入					
運輸収入	五七,二六六,〇四三,〇〇〇	一三,八一五,九九九,〇〇〇	七一,〇八二,〇四三,〇〇〇	七一,一八八,二二一,三八八	一〇六,一七八,三八八
客車収入	三〇,八八八,〇三一,〇〇〇	六,八八九,〇八〇,〇〇〇	三七,七七七,一一三,〇〇〇	三九,六八二,一七七,一一九	一,八三八,〇六四,一一九
貨車収入	二六,三八六,〇五一,〇〇〇	六,九二二,八七九,〇〇〇	三三,三〇七,九三〇,〇〇〇	三一,五五八,七〇四,二六九	一,七三三,八八五,七三一
雑収入	六七,五六五,〇〇〇	一四,二四〇,九〇〇,〇〇〇	八,二〇七,八〇九,〇〇〇	八〇五,七〇,二三六	一二,〇九八,七六四
計	六七,五六五,〇〇〇	一四,二四〇,九〇〇,〇〇〇	八,一八九,八〇九,〇〇〇	八〇五,七〇,二三六	一二,〇九八,七六四
用品資金益金繰入	五七,九四三,六四九,〇〇〇	一三,九五六,二〇三,〇〇〇	七一,八八九,八五三,〇〇〇	七一,九九三,一九六,二六四	九四,九八〇,七六四
用品資金益金繰入	—	—	—	七四,九三〇,〇〇〇	七四,九三〇,〇〇〇
合計	五七,九四三,六四九,〇〇〇	一三,九五六,二〇三,〇〇〇	七一,八九九,八五二,〇〇〇	七二,〇六八,八八六,二六四	一六九,九九九,六六四

収益勘定歳出豫算決算

	豫算額				決算額	残額
	年度當初豫算額	超過支出許可額	豫備金補充額	年度末豫算現額		
	圓	圓	圓	圓	圓	圓
鐵道作業費						
俸給及諸給	二,六八〇,五七五,〇〇〇	—	—	二,六八〇,五七五,〇〇〇	一,七〇〇,七二六,一四八四	四五九,八一三,五一六
勅任俸給	四九,五〇〇,〇〇〇	—	—	四九,五〇〇,〇〇〇	三五,四九二,七七二	一四,〇〇八,二二八
奏 俸給	二,八〇,五五〇,〇〇〇	—	—	二,七〇,五五〇,〇〇〇	二,七,七五,二八六	七,七五三,七一三四
任 俸給	一,八〇五,二二八,〇〇〇	—	—	一,七七〇,一〇七二,三三六	一,四四,一〇七二,三三六	三六九,〇三四,五五四
退官賜金	八,三三二,〇〇〇	—	—	二,八八九,三三〇	二,八八九,三三〇	—
死亡賜金	七,九三三,〇〇〇	—	—	七,九三四,〇〇〇	三,五〇〇,〇〇〇	四,三三九,〇〇〇
休職俸給	五九,七八〇,〇〇〇	—	—	一,五八五,七八〇	一,五八五,七八〇	—
諸拂反戻缺損補填金	二,二六八,五二五,〇〇〇	六,三九,六六二,〇〇〇	二八,六八〇,二二〇	二,九九五,二五二,二〇	二,九五,〇八八,〇四三	一二七,二二五,一七七
諸拂戻金	二,二六五,九九八,〇〇〇	一,九二一,八二五,〇〇〇	二八,六八九,二二〇	二,九五,八八,一八〇	二,九五三,八〇,九五五	一二七,二二二七
缺損補填金	五〇八,七〇〇	—	—	一,三八〇,七〇	一,三八〇,七〇	—
事業費	二八,五七〇,一九〇,〇〇〇	六,三〇九,一九〇,〇〇〇	—	三五,九九九,三四〇,〇〇〇	三五,七八,三四,一一四	一五,七六九,八八六
總係費	三〇四,九四四,〇〇〇	一,九一,一四,〇〇〇	—	七二,二二一,九二九	七四四,四,四九,七〇六三	七七,一二,九一七
保存費	五,九五,五九七,〇〇〇	一,二五五,八〇,〇〇〇	—	七,八〇九,四七〇,〇〇〇	七,八八九,九九,八一七	八,五二〇,一八三
汽車費	一,二八,一〇二,〇〇〇	二,四〇二,五〇一,〇〇〇	—	一五,五三一,八〇,〇〇〇	一五,四八四,六〇八,〇〇二	八,四九八,一九八
運輸費	七,七六,六三四,〇〇〇	一,六三,六六二,〇〇〇	—	九,四八四,六五〇,〇〇〇	九,四八四,六,四一〇	八,五二一,七五,九
補充費	三三,九六二,〇〇〇	—	—	一八,七五,八四,〇〇〇	一,八八五,四〇,一六四	九,三二九,七五,八三〇
合 計	三三,九九六,三〇九,〇〇〇	八,八九六,三〇,〇〇〇	二八,六八〇,二二〇	四〇,四九五,三一,二七〇	三九,八八,九,四〇,一六四	五八七,二九,七一九,六三九

注：歳出予算決算に計上された「奏 俸給」・「任俸給」は、それぞれ「委任俸給」「判任俸給」と推測される。
出所：鐵道院（編）[1909], 49-51頁。

図表 2-19　1907(明治40)年度用品資金会計歳入歳出

	用品資金歳入豫算決算		
	豫算額	決算額	差引豫算殘額
鐵道用品收入	圓	圓	圓
用品收入	二六、二六八、二九四.〇〇〇	二三、四六八、〇二九.六六八	二、八〇〇、二六四.三三二
用品賣拂代	二三、二〇一、四三三.〇〇〇	一九、五五五、六四九.九五八	三、六四五、七八三.〇四二
用品修繕料	三、〇六六、八六一.〇〇〇	三、九一二、三七九.七一〇	八四五、五一八.七一〇
雜收入	四一、七六六.〇〇〇	七〇、八六二.九一七	二九、〇九六.九一七
辨償金	八一.〇〇〇	二、四〇九.一五〇	二、三二八.一五〇
違約金	三五、三三五.〇〇〇	四九、三八二.一〇七	一四、〇一七.一〇七
雜入	六、三二〇.〇〇〇	一九、〇七一.六六〇	一二、七五一.六六〇
合　計	二六、三一〇、〇六〇.〇〇〇	二三、五三八、八九一.五八五	二、七七一、一六七.四一五

	用品資金歳出豫算決算			
	年度當初豫算額	年度末豫算現額	決算額	殘額
鐵道用品費	圓	圓	圓	圓
俸給及諸給	二五二、七二八.〇〇〇	二五二、七二八.〇〇〇	一八六、二五九.一一一	六六、四六八.八八九
奏任俸給	七四、三五〇.〇〇〇	七四、三五〇.〇〇〇	四三、四〇五.七二〇	三〇、九四四.二八〇
判任俸給	一七六、四七二.〇〇〇	一七六、四七二.〇〇〇	一四二、五三六.七五一	三三、九三五.二四九
退官賜金	九七八.〇〇〇	九七八.〇〇〇	二〇〇.〇〇〇	七七八.〇〇〇
死亡賜金	九二八.〇〇〇	八一一.三六〇	―	八一一.三六〇
休職俸給	―	一一六.六四〇	一一六.六四〇	―
用品及工作費	二六、〇五七、三三二.〇〇〇	二六、〇五七、三三二.〇〇〇	二二、八九五、九二七.一〇三	三、一六一、四〇四.八九七
用品費	二三、五二六、三七五.〇〇〇	二三、〇二一、八六.六七〇	一九、八八二、四〇七.五八六	三、一三八、七七九.〇八四
工作費	二、五三〇、九五七.〇〇〇	三、〇三〇、九五七.〇〇〇	三、〇〇八、三三一.一八七	二二、六二五.八一三
諸拂戻金	―	五、一八八.三三〇	五、一八八.三三〇	―
合　計	二六、三一〇、〇六〇.〇〇〇	二六、三一〇、〇六〇.〇〇〇	二三、〇八二、一八六.二一四	三、二二七、八七三.七八六

出所：鐵道院（編）［1909］，52-53頁。

図表 2-20　1907（明治 40）年度資産負債表

資　産	金　額	負　債	金　額
現　　　　金	一一九、五二七.八五〇	未　還　資　本	二八三、三五五、二一七.五九一
前　拂　金	五、七〇〇、一四四.六七六	既　還　資　本	七一、二七三、九一六.三八五
固　定　財　産	三六一、八九七、九一九.三九三	特　設　資　本	二五、七一八、三二三.一六四
用　品　資　金	五、〇〇〇、〇〇〇.〇〇〇	歳入歳出外受入	一一六、七五九.一五〇
鐵　道　用　品	七、六〇九、八五九.三三六	合　　計	三八〇、四六四、二一六.二九〇
公　債　差　減	一三六、六六五.〇三五		
合　　計	三八〇、四六四、二一六.二九〇		

出所：鐵道院（編）[1909]，53-54 頁。

図表 2-21　1907（明治 40）年度損益計算表

總　損　失	金　額	總　利　益	金　額
鐵道作業費	三九、八二九、九四二.六四一	鐵道作業収入	七一、九九三、九三一.六二四
	ー　ー	用品資金益金繰入	七四、九二〇.〇〇〇
小　　計	三九、八二九、九四二.六四一	小　　計	七二、〇六八、八五一.六二四
差引益金一般 會計へ繰入	三二、二三八、九〇八.九八三		ー　ー
合　　計	七二、〇六八、八五一.六二四	合　　計	七二、〇六八、八五一.六二四

出所：鐵道院（編）[1909]，57 頁。

図表 2-22　1907（明治 40）年度用品資金損益勘定表

損益勘定表			
總　損　失	金　額	總　利　益	金　額
鐵道用品費	二三、〇八二、一八六.二一四	鐵道用品収入	二三、五三八、八九二.五八五
支出未濟額	三四、二一四.七二五	物品價格現在高前年 度末ニ比シ本年ノ方増	七、一七六、一〇四.六八六
前受金前年度末ニ 比シ本年度ノ方増	四、七七三、六七六.三三二		
資金増加額	三、七五〇、〇〇〇.〇〇〇		
計	三〇、六四〇、〇七七.二七一		
差引益金収益勘定 歳入へ繰入	七四、九二〇.〇〇〇		
合　　計	三〇、七一四、九九七.二七一	合　　計	三〇、七一四、九九七.二七一

出所：鐵道院（編）[1909]，62-63 頁。

図表2-23　1907(明治40)年度用品資金資産負債表

資産負債表			
資　産	金　額	負　債	金　額
現　　　　金	六五七、三九九.四九四	資　　　　金	五、〇〇〇、〇〇〇.〇〇〇
貯 蔵 物 品	七、〇二一、四〇五.七三一	前 受 金	五、七〇〇、一四四.六七六
工 場 勘 定	三、一三〇、四七四.一七六	支 出 未 濟 額	三四、二一四.七二五
		利　　　　益	七四、九二〇.〇〇〇
合　　　計	一〇、八〇九、二七九.四〇一	合　　　計	一〇、八〇九、二七九.四〇一

出所：鐵道院（編）[1909]，63頁。

　損益計算表（**図表2-21**）では借方に「鉄道作業費」が，貸方に「鉄道作業収入」および「用品資金益金繰入」が計上され，貸借差額として益金が算出されている。一方で，用品資金会計の損益勘定表（**図表2-22**）には，まず借方に「鉄道用品費」が，貸方に「鉄道用品収入」が計上されている。やや年代は下るが，昭和初期に大阪鉄道局が編纂した『鐵道用語辭典』にて各項目の内容を調べると，「鉄道作業費」とは「鐵道運送営業及之に所帯する諸事業の経費，資本的諸設備の維持修理補充の経費，國債の利子，割引料其の他の取扱諸費，地方鐵道，軌道，自動車の監督費，諸拂戻及立替金，機密費等（大阪鐵道局（編）[1935]，294頁)」からなり，「鉄道作業収入」は運輸収入，雑収入，仮収入及立替金受入によって構成されている（大阪鐵道局（編）[1935]，294頁）。また，「鉄道用品（及工作）費[29]」は「鐵道省内に於て為す鐵道用品の製作，改造，修理及組立即ち車輌の修理又は新製，被服類の調製，切符類の印刷，木材の挽立及防腐作業，電力の供給発生等の（中略）経費と之に伴ふ職員諸給與其の他一切の人件費，及物件費（大阪鐵道局（編）[1935]，761-762頁)」からなり，「鉄道用品（及工作）収入」は貯蔵品を他勘定や鉄道省外に売却して得られる用品収入，車輌などの製作・修理料金である工作収入，電力料金，副生品の売却代金，弁償金，違約金などの受入に

---

[29] 1909（明治42）年度以降，「鉄道用品費」・「鉄道用品収入」はそれぞれ「鉄道用品及工作費」・「鉄道用品及工作収入」に名称を変更している。

よる其の他附属雑収入によって構成されている（大阪鐵道局（編）［1935］，762頁）。このように，全く別範疇の費用・収益が損益計算表と用品資金会計損益勘定表に計上されており，それ故，そこで算出される利益概念も異なっていたのである。

(5)　「帝国鉄道会計法（1909年）」期

　この時期の様式は「帝国鉄道会計法（1906年）」期と概ね同様であるが，「予算執行会計」においては用品資金会計が資本勘定に統合され，さらに「積立金勘定」を新設して（**図表2-24**），「資本勘定」・「収益勘定」・「積立金勘定」からなる「三勘定制」が確立された。

　「事業会計」においては，「予算執行会計」にて用品資金会計が資本勘定に統合されたことを反映し，「貸借対照表」（「資産負債表」から改称）において国有鉄道に関する全てのストック情報を網羅するようになった。このため，1909（明治42）年度には用品工作に関する資産負債表が掲載されなくなるのであるが，翌年度には「用品基金勘定調表」という名称で再掲載されることとなる。一方で，フロー情報に関する計算書は，「帝国鉄道会計法（1906年）」期と同様に用品工作に関する計算書が掲載されている。この時期の「事

図表2-24　1909（明治42）年度積立金勘定歳入歳出

歳入			
	本年度豫算額	決算額	豫算殘額
積立金 　積立金 　　積立金	六〇九、三一〇.〇〇〇	六〇九、三一〇.〇〇〇	—

歳出			
	本年度豫算額	決算額	豫算殘額
補塡金 　補塡金 　　補塡金	六〇九、三一〇.〇〇〇	—	六〇九、三一〇.〇〇〇

出所：鐵道院（編）［1911］，79頁。

業会計」に関する会計報告書は次の改正「帝国鉄道会計法」期とほぼ同様なので，そちらで詳述することとする[30]。

(6) 改正「帝国鉄道会計法」期

1921（大正10）年の帝国鉄道会計法改正により，「予算執行会計」では「資本勘定」・「収益勘定」・「用品勘定」からなる「三勘定制」が確立された。それ以前の1916（大正5）年度以降，『鐵道院（省）鐵道統計資料』が作成されるようになり，『鐵道院（省）年報』では「予算執行会計」の大要が示されるのみとなった。1921（大正10）年度の『鐵道省年報』を見ると，三勘定はそれぞれ歳入歳出項目が列記されており，前年度・前々年度との比較がなされている。複式簿記によらざるため，貸借平均されていない。なお，収益勘定に関しては，純益金の計算表と1日1マイル当たりの営業収入・営業費・益金を示した表も併せて掲載されている。図表2-25，26，27に1921（大正10）年度の『鐵道省年報』から三勘定を抜粋して示している。

『鐵道院（省）鐵道統計資料』では，「予算執行会計」・「事業会計」ともに各種明細書・内訳表などにより情報の拡充が図られた。この様式は時代の変

図表2-25　1921（大正10）年度資本勘定歳入歳出

		大正十年度	大正九年度	大正八年度
歳入	鐵道資金収入	二一七，六〇〇，四八三	一五四，九三七，八五九	一〇〇，八〇四，一二三
	用品勘定過剰金繰入	九二〇，三一六	—	—
	合　計	二一八，五二〇，七九九	一五四，九三七，八五九	一〇〇，八〇四，一二三
歳出	鐵道建設及改良費	一八三，一二八，三五六	一六七，一九四，五一〇	一三九，六一五，八八五
	國債償還金	五五，一三八	一一，〇九五	一四，九三七
	用品資金補足	一〇，〇一五，五八四	—	—
	合　計	一九三，一九九，〇七八	一六七，二〇五，六〇五	一三九，六三〇，八二二

出所：鐵道省（編）[1923a]，149-150頁。

---

30 異なる点としては，縦書き漢数字の報告書から横書きアラビア数字の報告書となったことと，「用品基金勘定調表」が「用品資金勘定調表」となったことが挙げられる。

図表 2-26　1921(大正10)年度用品勘定歳入歳出

	大正十年度	大正九年度	大正八年度
鐵道用品及工作收入	一七四,八七二,八八四	二〇七,六五六,三九四	二〇一,三五四,九七八
鐵道用品及工作費	一五八,二〇七,三七八	一九四,六六七,〇八三	二一一,一四九,三二六

出所：鐵道省（編）[1923a]，150頁。

図表 2-27　1921(大正10)年度收益勘定歳入歳出

		大正十年度	大正九年度	大正八年度
歲入	運輸收入	三九二,一八〇,二二六	三四七,一〇九,〇二四	三〇三,四一五,八二四
	雜收入	七,四三二,一七四	五,四九三,九〇六	八,三六〇,〇一八
	假收入及立替金受入	六六,三二〇,三三五	六四,五九〇,四五〇	五七,五〇〇,四八二
	前年度繰入金	―	五,〇一五,五八四	四,二五九,一〇七
	積立金ヨリ受入	―	―	四,五〇〇,〇〇〇
	計	四六五,九三九,七三五	四二二,二〇八,九六四	三七八,〇三五,四三一
歲出	事業費	二二七,二四六,二六五	二四六,八七九,二五〇	二〇五,一五二,九六八
	利子及債務取扱諸費	五三,七一九,八九九	四八,五四七,四四四	四三,七九一,二六六
	諸拂戻及立替金	六八,五二一,四五二	六六,八五六,五四一	五八,九四五,九九三
	地方鐵道補助	九一四,〇六六	六二〇,五一四	七四三,五二三
	合計	三五〇,四〇一,七一二	三六二,八三五,七八九	三〇八,六三三,七五〇

出所：鐵道省（編）[1923a]，151-152頁。

遷によって多少の変化はあるが，1946（昭和21）年度まで原則的に継続される[31]。1921（大正10）年度の『鐵道省鐵道統計資料』を取り上げると，第四編として経理項目が記載され，第二章「會計」の第四節に「帝国鉄道貸借対照表」が，第五節に「用品資金損益計算表」が，第六節に「帝国鉄道損益計算表」が掲載され，第三章「倉庫」の第一節に「用品資金勘定調表」が掲載されている（**図表2-28，29，30，31**）。

　形式としては，帝国鉄道貸借対照表・用品資金損益計算表・帝国鉄道損益

---

31 なお，前述の通り，1939（昭和14）年の「国有鉄道軍用資源秘密保護規則」および同取扱規定の施行により，当時編集されていた1937（昭和12）年度版以降，1942（昭和17）年度版まで一般に公表されることはなかった。また，1943（昭和18）年度版は，戦火のため会計事項が欠落している（青木[2008]，93-94頁）。

図表 2-28　1921（大正 10）年度貸借対照表

借　方		貸　方	
種　目	金　額	種　目	金　額
現　　　金	143,537.320	特　有　資　本	652,163,802.651
預　　　金	57,553,958.150	借　入　資　本	1,127,405,203.947
収　入　未　済	73,441.460	公債	1,039,709,843.320
固　定　財　産	1,707,308,884.650	借入金	77,932,360.627
貯　蔵　物　品	15,346,957.621	鐵道會社ヨリ承繼シタル債務	9,763,000.000
工　場　勘　定	816,127.044	支　出　未　済	1,430,362.327
		歳入歳出外勘定	143,537.320
計	1,781,242,906.245	計	1,781,142,906.245

出所：鐵道省（編）［1924］，第四編 10 頁。

図表 2-29　1921（大正 10）年度用品資金損益計算表

損　失		利　益	
種　目	金　額	種　目	金　額
鐵道用品及工作費	158,207,377.942	鐵道用品及工作収入	174,872,844.030
前　年　度　収　入　未　済	67,152.126	収　入　未　済	73,441.460
支　出　未　済	1,430,362.327	前　年　度　支　出　未　済	855,598.410
物品價額前年度末ニ比シ減	15,176,674.830		
差　引　過　剰　額	920,316.675		
計	175,801,883.900	計	175,801,883.900

出所：鐵道省（編）［1924］，第四編 11 頁。

図表 2-30　1921（大正 10）年度損益計算表

損　失		利　益	
種　目	金　額	種　目	金　額
鐵　道　作　業　費	349,487,645.630	鐵道作業収入	465,939,724.323
補　　助　　費	914,065.980		
差　引　益　金	115,538,022.713		
計	465,939,734.323	計	465,939,724.323

出所：鐵道省（編）［1924］，第四編 12 頁。

図表 2-31　1921(大正 10)年度用品資金勘定調表

	勘定科目	大正十年度末	大正九年度末	比較増減
借方	貯　蔵　物　品	15,246.958	29,844.821	△14,597.863
	工　場　勘　定	816.127	1,394.939	△578.812
	現　　　　　金	18,551.094	△8,129.956	26,681.050
	収　入　未　済	73.442	67.152	6.290
	計	34,687.621	23,176.956	11,510.665
貸方	用　品　資　金	32,336.942	22,321.358	10,015.584
	支　出　未　済	1,430.362	855.598	574.764
	資本勘定へ繰入	920.317	—	920.317
	計	34,687.621	23,176.956	11,510.665

注：小数点は全てコンマ (,) の誤植であるが、原典のままとした。
出所：鐵道省 (編) [1924]、第四編 13 頁。

計算表は勘定式であり、厘単位まで記載されている。用品資金勘定調表のみは報告式であり、前年度との比較がなされている[32]。

　帝国鉄道貸借対照表は、国有鉄道に関するストック情報を網羅的に計上したものである。また、用品資金勘定調表には、用品資金に関するストック情報がまとめられている。その勘定科目は帝国鉄道貸借対照表と共通するものがあり、用品資金に関してのみ出現する「貯蔵物品」・「工場勘定」・「収入未済」・「支出未済」勘定は金額が一致している。したがって、用品資金勘定調表は、帝国鉄道貸借対照表から用品資金に関する項目を抜粋したものとみなすことができる。このため「事業会計」において、用品資金勘定調表は補助的な役割を担うに過ぎない。この点は、「帝国鉄道会計法 (1906 年)」期における資本勘定と用品資金資産負債表が、それぞれ別セグメントのストック情報を計上していたこととは性格を異にしている。

　一方、フロー計算書については、「帝国鉄道会計法 (1906 年)」期同様、一方が他方の一部分を構成するというような関係ではなく、両者は別セグメン

---

[32] 1927 (昭和 2) 年度から勘定式で厘単位まで記載されるようになり、それに伴って名称が「用品資金資産負債表」と変更された (鐵道省 (編) [1928b]、733 頁)。

トの費用・収益を計上したものである。したがって，両者が揃って初めて国有鉄道全体の経営成績を把握することができる。

すなわち，帝国鉄道貸借対照表・帝国鉄道損益計算表・用品資金損益計算表をもって国有鉄道の財政状態と経営成績が網羅的に把握され，用品資金勘定調表は帝国鉄道貸借対照表から抜粋されたものであったのである。

V. 国有鉄道会計に対する複会計「思考」の影響

以上，国有鉄道会計について概観したが，国有鉄道は複会計システムを導入したとみなすことができるであろうか。

鉄道会計条例以降，国有鉄道会計が複会計システムの影響を受けたものとなったことは明白であろう。前述した通り，同条例の制定に際して図師民嘉が「工部省鉄道會計條例主意書」を提出し，そこで「英國鉄道事業上ニ於テ施行スル所ノ會計法ニ擬シ又我邦現在ノ情況ヲ酌量シ以テ其組織ヲ設立セン（日本国有鉄道（編）[1979]，90頁)」と述べていることがその証左である。しかし，ここでは一般貸借対照表の設置は議論されず，実際に有機的結合関係を保った会計報告書の公表は確認できない。これは前述した通り，国有鉄道会計の「勘定」は現金収支の区分を示す概念であったためである。とはいえ，資本的収支と収益的収支の区別を企図した点に複会計「思考」の影響を看取することができる[33]。

---

[33] 春日部光紀は，「初期の複会計システムは，資本勘定と収益勘定を中心とした現金収支の体系として理解できる（春日部[2018]，98頁)」，「この観点を前提とする複会計システムは，複式簿記を前提としない可能性がある（春日部[2018]，99頁)」と述べている。かかる観点に立てば，鉄道会計条例や以後の「予算執行会計」に複会計システムを見出すことは可能かもしれない。しかし，複会計システムを報告・公表会計システムと捉える本書の前提や，鉄道会計条例の制定に際して図師民嘉が1868年鉄道規制法によって確立された複会計システムを参照したことを踏まえると，複会計「思考」の影響にとどまるといえる。

国有鉄道が二重構造を有するようになった1890（明治23）年の官設鉄道会計法制定以降，『鐵道廳年報』には附属諸表として残高試算表に相当する「総勘定表」が設けられたものの，本文中の会計事項はそれ以前と同様の形式であった。1894（明治27）年度より報告書の様式が変化するが，ここでの「純資産負債」は一般貸借対照表に相当するものであった。かかる様式は複会計システムの様相を窺わせるものであるが，それと有機的結合関係を有する資本勘定に相当する会計報告書が掲載されていない。この時期の鉄道建設に関する収支は一般会計に含められており，そもそも国有鉄道会計の範疇ではなかったことが理由として考えられる。資本的収支を収益的収支から分離するという点においては複会計「思考」の発現とみなすことができるかもしれないが，資本勘定に相当する会計報告書の欠如は，アカウンタビリティ解除の点において大いに問題である。そもそも，分離した資本的収支を一般会計（すなわち，一般行政に関する収支）に含めることは，鉄道事業に関する会計を一般行政費の会計から独立させるという鉄道会計条例以来の法規整備の趣旨からは後退したものであろう。

　1906（明治39）年の帝国鉄道会計法において，「予算執行会計」については再度資本勘定と収益勘定が設けられており，1909（明治42）年・1921（大正10）年の改正を経て「三勘定制」が確立するに至った。鉄道会計条例の際と同様，資本勘定と収益勘定の設置は複会計「思考」によるものと考えられる。しかし，これらは現金収支の区分を示すものであるから，各勘定の歳入歳出予算決算表においては単に現金収支の予算・決算額が記載されているのみで，残高の算出や有機的結合関係の確保などは行われていない。これを複会計システムとみなすことは不適当であろう。

　一方で，この時期の「事業会計」に関する会計報告書は4表作成されており，1868年鉄道規制法による複会計システムの様式を想起させるものであるが，これらはいわばセグメントごとに作成された貸借対照表・損益計算書である。中村萬次は複会計システムを「企業を財務部門（financial branch）と営業部門（operating branch）との2つの部署に分割経営する方式を投影したも

の（中村[1991], 146頁）」であると述べている。このことを鑑みると，上記のようなセグメントごとの会計報告書を複会計システムとみなすことは可能であるかもしれない。しかし，日本の国有鉄道が参照したのは，当時既にイギリスにおいて確立していた1868年鉄道規制法による複会計システムの様式である。したがって，複会計システム導入の検証は同法での様式との比較であるべきである。この観点に立てば，この時期の「事業会計」に関する会計報告書は複会計システムを導入したものとはいえない。

なお，1909（明治42）年度には用品工作に関する資産負債表が一時的に掲載されなくなり，翌年度には「用品基（資）金勘定調表」という名称で再掲載された。しかし，これ以降の4つの報告書では，2つの損益計算書は従来通りセグメントごとのフロー情報を記載したものであったが，貸借対照表にて全てのストック情報が網羅されており，用品基（資）金勘定調表はそこから用品工作に関するストック項目を再掲したものであった。これらの会計報告書も，複会計システムの各会計報告書に相当するものではなかった。

以上のことより，国有鉄道は資本的収支と収益的収支の区別という複会計「思考」の影響は受けたものの，それは「予算執行会計」と結びつき，会計報告書の様式というよりも現金収支の区分として発現したのである。しかしこれは，複会計システムそのものの導入とみなすことは不適当である。

VI. 小括

国有鉄道会計は「予算執行会計」と「事業会計」からなる二重構造を有していたが，いずれも複会計システムそのものを導入したとみなすことはできなかった。しかし，特に「予算執行会計」において，資本的収支と収益的収支を区別する複会計「思考」の影響を看取することはできた。国有鉄道はイギリスの鉄道会社とは異なり，処分可能利益の計算や株主層間の利害調整の

必要はなく，むしろ予算議決権を握る帝国議会に対して予算・決算を提出することが重要であった。複会計「思考」が「予算執行会計」と結びついた理由もここに求められると考えられる。

　さて，本書の主題は国有鉄道の固定資産会計である。本来，複会計システムは減価償却を排除するものではないことは第1章において論じた通りである。しかし，減価償却を積極的に規定していない1868年鉄道規制法が存在していた近代期において，複会計システムが減価償却導入の障壁と誤認されていた可能性は存在する。国有鉄道会計の基底にある複会計「思考」は固定資産会計に影響を与えていたのだろうか。次章以降において，検証することとする。

第 3 章

国有鉄道における
固定資産会計
― 「補充費」・「改良費」を中心として ―

I．序

　本章では国有鉄道における固定資産会計実務について論じる。本章でまず明らかにすべきことは，国有鉄道会計における減価償却実施の有無である。その結果を踏まえて，減価償却が実施されたのであれば，如何なる減価償却実務が展開されたのか，減価償却が実施されなかったのであれば，如何にして固定資産の減価に対応していたのかについて検証する。

　第1章で論じた如く，固定資産会計観には「資本維持」，「価値移転・回収計算」，「原価配分」の考えが存在し，今日では「原価配分」思考に基づく減価償却の実施が一般的に定着している。その「原価配分」思考の基底にあるものは，発生主義の下での「費用収益対応の原則」に基づく適正な期間損益計算の達成である。このことは私企業，特に利益配当を行う株式会社では重要であるが，公企業たる国有鉄道でも同様であったのだろうか。本章での主題に入る前に，国有鉄道における固定資産会計観について論じることとする。

II．国有鉄道における固定資産会計観と資本維持概念

　その所有構造や企業形態を問わず，企業は公共性と収益性という2つの性質を有しているが，その重要性は公企業と私企業とで異なる。公企業は，「公共的事業給付に対する有効需要を充足するために，最大限の経営努力を払うことが要請されている」のと同時に，「資本財の経済的利用効果を高めるために，費用面での可及的節減化をはかること」も求められている。このため，公企業においても損益計算システムが必要であるが，一般的に「給付価

格は公共政策的に定められ，企業の自由にはならない」ため，「公企業の収益・費用差額は，企業努力の影響を受けるとはいえ，その成果をそのまま表わすものでなく，原価補償主義の下においては，それはまず原価補償差額を意味し，しからざる場合にも，公企業の収益余剰もしくは不足を示すものとして把握される」（西川[1978]，15頁）。しかし，このことは「ややもすれば，（中略）公共性ないし公的サービスを強調するのあまり，公企業部門は利潤を残さなくてもよいかのごとき錯覚を生じ（山本[1974]，181頁，傍点は筆者）」させ，公企業の「財務会計上は一般企業と同様の損益計算を行なう必要はないという見解（西川[1978]，194頁）」が生じることとなったのである。公企業における収益性の軽視とそれに伴う損益計算の軽視は，「原価配分」思考を後退させるものである。

「原価配分」思考の後退に代わり，公企業では公共性の達成に必要な固定資産の維持が重要視される。公企業の主目的が公共的事業給付に存するとき，その中核となる固定資産はその給付能力そのものが維持されなければならない。このため，公企業では「資本維持」思考が，より具体的には「実体資本維持」が重要視される。第4章で取り上げる昭和初期国有鉄道の減価償却論争において，鉄道省は「資本維持の原則は営利事業と，帝國鐵道とは根本的相違を示す。前者にありては貨幣資本の回収維持を眼目となすが故に，固定資産原價を回収すれば足り，これを他の資産形態にて所有するも可なり。然るに帝國鐵道にありては資本維持は實體の維持にして，金額の維持に非ず。物價騰貴に際して原投資金額を回収するに止むれば實體を維持するを得ず（鐵道省經理局主計課（編）[1941]，57頁）」との見解を示しており，上記のような実体資本維持指向は国有鉄道も例外ではなかったといえる。

Ⅲ. 明治初期における「減価償戻」

　1876（明治9）年の「各庁作業費区分及受払例則」や翌年の「作業費出納条例」の下では，主として資本的支出に相当する「興業費」と主として収益的支出に相当する「営業費」に作業費が区分されて処理されていた。しかし，興業費として計上された軌道・車輛・建物などは固定資産として認識されず，官庁金銭会計の域を脱していなかったことは第2章で述べた通りである。この欠点は，当時の簿記システムが複式簿記ではなかったことによるものであろう。各庁作業費区分及受払例則には「漸次實檢ヲ經テ濟備スルニ隨ヒ益金ノ幾分ヲ以テ興業ノ費用ヲ償却スル等ノ方法ヲ設立スヘシト雖モ順序創設ノ際ナレハ姑ク各廳ノ便宜ニ任ス（第6条）」と規定されており，興業費償却の任意規定が存在した。また作業費出納条例では，「興業費ハ一旦拂切リ精算ヲ立テ営業益金ヲ以テ漸次償却スヘキモノトス（第5条）」，「興業費ハ各償却ノ年期ヲ定メ（中略）益金ヲ以テ償却スヘキ^{コト}トス／但償却ノ方法ハ各其事業ニ應シ適宜ノ見込ヲ詳悉シ大藏省ヘ協議ノ上申出ヘシ（第7条）」と規定されていた。いずれも償却方法については現業部門に丸投げであったものの，実務上は益金を大蔵省に納付することで興業費償却が行われていた（**図表3－1**）。高寺貞男はこれを「減価償戻」と呼んでいる。この「減価償戻」は，1885（明治18）年の「鉄道会計条例」において廃止されたとされる（高寺[1974]，71-74頁）。

　高寺は，「減価償戻」に社会主義国における国有企業の減価償却金融制度との類似性を指摘しているが（高寺[1974]，72頁），「減価償戻」を減価償却とみなすことはできない。その理由としては，以下の2点が挙げられる。第一には，前述の通り，そもそも国有鉄道における興業費はあくまでも支出であり，固定資産としては認識されなかった点である。第二には，益金を大蔵

図表3-1　益金の納付と興業費償却（減価償戻）の実施状況

年	項目	金額	内訳	金額
1880（明治13）年 10～12月	汽車運輸賃金	127,743.085	汽車運輸実費資本ヘ償還	27,743.085
	各ステーション営業之者ヨリ取立金	233.396	各ステーション営業之者ヨリ取立金全上	233.396
	不用物品売払代	262.130	不用物品売払代全上	262.130
	但営業資本ヘ償還スヘキ分			
	官舎宿代取立金	59.432	官舎宿代取立金全上	59.432
			営業資本ヘ償還	28,298.043
			明治14年4月19日 大蔵省納	100,000.000
			但益金	
		128,298.043		128,298.043
1881（明治14）年 1～3月	汽車運輸賃	129,142.021	営業資本ヘ償還	2.727
	各ステーション営業之者ヨリ取立金	230.946	但汽車運輸実費資本ヘ償還	
	不用物品売払代	69.845	明治14年9月5日 大蔵省ニ納付	129,500.000
	但営業資本ヘ償還スヘキ分		但益金	
	官舎宿代取立金	59.915		
		129,502.727		129,502.727
1881（明治14）年 4～6月	汽車運賃取立金	171,276.552	汽車運輸其外実費資本ヘ償還	87,768.510
	各ステーション営業之者ヨリ取立金	228.421	各ステーション営業之者ヨリ取立金全上	228.421
	官舎代取立金	49.594	官舎代取立金全上	49.594
	不用物品売払代	1,834.720	不用物品売払代全上	1,834.720
	但営業資本ヘ償還スヘキ分		営業資本ヘ償還	89,881.245
			明治14年4月19日 大蔵省納	83,508.042
			但益金	
			興業費償却	
		173,389.287		173,389.287

注：高寺[1974]では1880年10～12月の汽車運輸賃金額が「117,743.085」となっている。
出所：高寺[1974]、73頁。ただし日本国有鉄道（編）[1969a]、12頁に基づき筆者修正。

省に納付するという会計処理からは,「資本維持」,「価値移転・回収計算」,「原価配分」といった思考を見出すことができないという点である。上記2条例の条文や図表3-1で示した会計帳簿上の「興業費償却」なる語は,太田哲三が「償却と償還が同意義に用いられた(太田[1951], 26頁)」と述べたように,大蔵省によって支払われた興業費を返済するために益金から相当額を大蔵省に返納するという意味で認識すべきであろう。

Ⅳ. 「補充費」による実体資本維持

1. 先行研究と問題点

「減価償戻」以降,再び固定資産会計に変化が現れたのが1890(明治23)年度である。当該年度は固定資産の維持のために初めて「補充費[1]」が計上されている。本節では補充費の実態を明らかにする。

序章において日本の国有鉄道会計に関する先行研究を概観したが,ここで補充費に関する先行研究に焦点を絞って論じる。

(1) 太田哲三

太田哲三は,太田[1935a]において「収益勘定で損失に計上して支辨する補充費が資本勘定に於て「補充費決算額」として固定資産に加へられ,それだけ特有資本を増加してゐる(太田[1935a], 56頁)」と述べている。太田[1935b]においても同様のことを述べているが,かかる会計処理を一般化して,「取替費を固定資産に加へると共に取替によつて廃棄した部分の原價を損失に計上

---

[1] ただし,帝国鉄道会計法(1906年)制定以降,損益計算表上の表示では「鉄道作業費」に包摂されている。

する（太田[1935b]，179頁）」Retirement Method（廃棄法）に相当すると述べている。戦後に至り，太田[1951]では，「小改良工事の費用は補充費と称せられ，その決算額は特有資本の増加となる。即ち一度損失に加えて更にこれを固定資産價額に加えると共に特有資本増となす（太田[1951]，27頁）」一方で，「固定資産で廢却したものがあれば，その取得原價を固定資産から減じて，同時に特有資本を減少するのである（太田[1951]，28頁）」と述べている。しかし，戦後の回想録である太田[1968]においては，「固定設備を廃却して新造した場合には旧資産の帳簿価格を除却し，直接固有資本（自己資本勘定を意味する）を減額するとともに，新造費は全部資本支出して建設費に加えるのである。（中略）唯レール，車輛の如きは補修費で部分的に取替えてゆくから，それは実体資本の維持となっていたのである（太田[1968]，127頁，傍点は筆者）[2]」と述べている。この記述からは，補充費は取替法における取替費に相当するとの印象を覚える。

(2) 黒澤清

黒澤清は黒澤[1964]において，国有鉄道会計の「三勘定制」を取り上げている。その中での収益勘定の説明において，「収益勘定は，原則として当該会計年度の収益的収入と収益的支出を記録するのであるが，補充費（取替費であるが，固定資産の増加となるもの）のような資本的支出をも記録するので，前述のように，これを資本勘定に振替えなければならない（黒澤[1964]，79頁）」と補充費について言及している。

(3) 佐々木重人

佐々木重人は佐々木[2011]において，官設鉄道開通から現在のJR7社に至るまでの国有鉄道を中心とした鉄道会計制度および実務について，固定資産の維持・更新という観点から論じている。佐々木は，1890（明治23）年の官

---

[2] 引用文中の「固有資本」，「補修費」は，正しくはそれぞれ「特有資本」，「補充費」である。

設鉄道会計法制定時に営業収入から支弁される補充費が新設されたとし，この性格を「「財産の増加に要する費用であって，性質上資本勘定に属すべきもの」であるが，「比較的軽微な工事」にかかる代金を意味する（佐々木[2011], 404-405頁）[3]」と述べている。また，1909（明治42）年度の数値を用いて以下のような会計処理がなされたと推定している（佐々木[2011], 409頁）。

（借）補充費-損益勘定　2,542,234.649　　（貸）特　有　資　本　2,542,234.649
（借）固　定　財　産　2,542,234.649　　（貸）現　　　　　金　2,542,234.649

（4） 先行研究の問題点

先行研究を総括すると，補充費の性格が取替工事における資本的支出であり，固定財産価額を増加させる費目であることはほぼ統一的見解のようである。これに加えて，太田は特有資本の増加項目でもあると述べている。しかし，以下の点を鑑みるに，会計処理に関しては未だ不明瞭な部分が残されている。

第一に，会計報告書（損益計算表）に計上された勘定科目と推定しうる仕訳との齟齬が挙げられる。前述の太田[1935b]にしたがって，国有鉄道の固定財産維持は廃棄法によっていたと仮定すると，以下のような仕訳が切られていたはずである。

（借）廃　棄　損　　×××　　（貸）固　定　財　産　　×××
（借）固　定　財　産　　×××　　（貸）現　　　　　金　　×××

先行研究に基づくと，下の仕訳の金額が補充費相当額となるはずであるが，かかる仕訳では損益計算表に補充費は計上されないこととなる。また，佐々木[2011]で推定された仕訳も廃棄法によるものとは異なっている。

第二に，国有鉄道における資本維持概念が挙げられる。国有鉄道では，固定資産そのものの維持にかかわる実体資本維持が指向されていたことは前述

---

3 本引用文中の「　」は，中川[1936], 102頁から佐々木が引用した文である。

の通りである。しかし，廃棄法は名目資本維持を指向するものであり，国有鉄道がかかる会計処理を採用することは不自然である。

以上のことより，国有鉄道では減価償却とも廃棄法とも異なる独自の固定資産会計が実施されていたとの仮説の下に，会計規定・会計報告書・仕訳の3つの側面から実際の固定資産会計処理を明らかにしていく。

2.「補充費」の実態

(1) 会計規定に見る「補充費」

　補充費が最初に計上されたのは1890（明治23）年度であり，同年には「官設鉄道会計法」および「作業及鉄道会計規則」が制定されている。ここでは「鐵道營業ニ要スル費用固定資本ノ維持修理及補充費竝ニ損失金ヲ鐵道事業ノ歲出トス（官設鉄道会計法第3条，傍点は筆者）」，「鐵道事業ニ於テハ左ノ諸費ヲ以テ歲出トス（中略）第三　鐵道築造物建物車輛器具機械ノ維持修理及補充費（作業及鉄道会計規則第5条，傍点は筆者）」とあり，単に歲出項目として補充費なる項目が存在するという程度の規定しか存在していない。

　1906（明治39）年に至り「帝国鉄道会計法（1906年）」が制定されるが，当該法における規定は「官設鉄道会計法」からさほど変化していない[4]。しかし，同年に制定された「帝国鉄道及同用品資金会計規則」では，「帝國鐵道ノ建設改良竝補充工事ノ爲支出シタル金額，鐵道國有法ニ依ル鐵道ノ買收價格及讓受ケ若ハ寄付ヲ受ケタル物件ノ見積價格ハ之ヲ固定財産トシ（第20条，傍点は筆者）」と規定されていた。ここから，補充費が固定財産価額を構成する費目，すなわち資本的支出であるとの規定を看取することができる。

　その後の「帝国鉄道会計法（1909年）」においても歲出項目として補充費

---

[4] 「收益勘定ハ營業上ノ諸收入及資本所屬物件ノ貸付料竝帝國鐵道用品資金會計ノ過剩金ヲ以テ其ノ歲入トシ營業上ノ諸費用及資本所屬物件ノ維持修理及補充費ヲ以テ其ノ歲出トス（第4条，傍点は筆者）」。

が存在する旨の規定は変わらないが[5]，同年制定の「帝国鉄道会計規則（1909年）」では「資本勘定ニ於ケル資金ノ収入，収益勘定ニ於テ補充工事ノ爲支出シタル金額及讓渡又ハ寄付ヲ受ケタル物件ノ見積價格ハ翌年度六月三十日ニ於テ前條ノ區別ニ從ヒ之ヲ特有資本又ハ借入資本ニ編入スヘシ（第21条，傍点は筆者）」および「左ニ揭クルモノヲ以テ固定財産ノ價格トス／一　鐵道ノ建設改良及補充工事ノ爲支出シタル金額（第22条，傍点は筆者）」と規定されている。また，同様の条文は「帝国鉄道会計規則（1922年）」に継承されている（第17, 18条）。ここから，補充費は特有資本の増加項目であり，かつ固定財産価額の増加項目（資本的支出）であるとの規定を看取することができる。

なお，法規における補充費規定の概観に伴い，大阪鉄道局による『鐵道用語辭典』における「補充費」の項も確認しておく。ここでは，「年度末に於て鐵道財産に繰入れ資本として，計上せられる經費」とされており，上記の法規と同様の内容となっている。さらに補充費は，「其の節を何々線（鐵道省告示國有鐵道線路名稱による）工場費，廳舍旅館及病院費，車輛費，自動車線，船舶及浮標費，割掛費に區分」されるとしており，種々の固定財産に適用されていたことがわかる（大阪鐵道局（編）[1935]，714-715頁）。

（2）　会計報告書に見る「補充費」

国有鉄道の会計報告書の変遷は第2章で述べた通りである。補充費が初めて計上された1890（明治23）年度の『鐵道廳年報』における会計報告書では，「本年度ヨリハ鐵道會計法ノ定ル所ニ依リ既成線路ニ對スル補充工事ニ要スル費用ハ作業収入即チ鐵道益金ノ内ヨリ支辨（内務省鐵道廳（編）[1891]，20頁）」するとして444,330.462円が収益勘定に計上され，同額が資本勘定の「固定資本増加高」の一部として加算されている（内務省鐵道廳（編）[1891]，10-11, 21-22頁）。

---

[5] 「收益勘定ハ鐵道營業上ノ諸收入及資本所屬物件ノ貸付料及預金利子其ノ他附屬雜收入ヲ以テ其ノ歲入トシ鐵道營業上ノ諸費用資本所屬物件ノ維持修理及補充費竝負債ニ對スル利子其ノ他附屬諸費ヲ以テ其ノ歲出トス（第7条，傍点は筆者）」。

図表 3-2 1909（明治 42）年度収益勘定歳出予算決算

	年度當初豫算額	収益勘定歳出豫算決算 年度末豫算現額	決算額	豫算殘額
鐵道作業費				
事業費	八,三五二,九一二.〇〇〇	八三,二五一,九一二.〇〇〇	七四,七九五,二三八.九四九	八,五五七,六七三.〇五一
俸給及諸給	八〇,七三二,五二六.〇〇〇	八〇,七三二,五二六.〇〇〇	二,二〇一,二二六.一九	八,五三〇,三〇〇.八八一
總保費	三,七七六,四七〇.〇〇〇	三,七七六,四七〇.〇〇〇	八八二,〇九三.三九〇	八六三四,七七〇.五六〇
保存費	九,九〇,〇〇六四.〇〇〇	九,九〇,〇〇六四.〇〇〇	八,一四〇,三一〇.七六九	一七五,七四二.二三一
汽車費	七,五七六,三七二.〇〇〇	八,五三四,六四四.一五〇	七,九三〇,八二三.二四〇	六五三,八二〇.九一〇
運輸費	二〇,一九,九二七.〇〇〇	一九,二六九,五四六.〇五七	四四,二四,八七四,九一四三
電氣費	一,〇二二,一四〇.〇〇〇	一〇,二四,一八二四.〇〇〇	八,九八五,六八〇.七五七	一,三六七,四九二.二一七
船舶費	一,二六七,〇三六.〇〇〇	一,二六七,〇三六.〇〇〇	一,八六七,二一九.二五	四〇,〇一七,二二五
補充費				九,〇五七,七八五.三五一
利子及廣告取扱諸費	四,六〇〇,〇〇〇.〇〇〇	四,六〇〇,〇〇〇.〇三〇	**二,五四二,二三四,六四九**	二,〇五七,七八五.三五一
諸拂戻立替金及欠損補填金	二九,九四八,六九三.〇〇〇	二九,九四八,六三六.二四〇	二七,五〇二,五一.四〇	二,四四六,一二〇.五七〇
立替金	二,八六二,三八八.〇〇〇	二,八六二,三八八.〇〇〇	二,五八九,〇一三.八一〇	二七,三七五.一九〇
諸拂戻金	一,九六三,四九一.〇〇〇	一,九六三,四九〇.九六〇	一,九六〇,三六六.六六〇	二,一〇二,四四七.三〇〇
欠損補填金	六,五四三,五七四.〇〇〇	六,五四三,五七四.〇〇〇	六,八九二,四七〇.六三〇	五,〇四四,八七〇.三七〇
	一,二三九七.〇〇〇	六四六,七八〇.〇〇〇	一,一五,四六七.八〇〇	二四〇.一五〇
合計	八三,五二一,九一二.〇〇〇	八三,二五一,九一二.〇〇〇	七四,七九五,二三八.九四九	八,五五六,七六三.〇五一

出所：鐵道院（編）［1911］，78 頁。

1907（明治40）年度からは資産負債表（貸借対照表）・損益計算表が作成され始めた。本章では先行研究（佐々木[2011]）との比較のため，1909（明治42）年度の会計報告書を取り上げて検証する[6]。まず，「予算執行会計」における収益勘定の歳出項目に，「鉄道作業費（款）〉事業費（項）〉補充費（目）」として2,542,234.649円（決算額）が計上されている（**図表3-2**）。また「事業会計」に関しては，固定財産の増加額として「補充費決算高」2,542,234.649円，減少額として「改良補充工事ノ結果撤去シタル高及廃滅等ニ帰シタル高（以下，「撤去・廃滅高」と呼称）」590,162.961円が計上されている（**図表3-3**）。両項目は鉄道資本の増減を示す表にも計上されており，特有資本の増加額として「補充費決算高」2,542,234.649円，減少額として「土地其他譲渡等」1,269,817.848円[7]が計上されている（**図表3-4**）。この補

図表3-3　1909（明治42）年度固定財産増減

年度首價額	七三二、八五四、二五八.三〇九
本年度中増	三八、一〇〇、八八五.三九二
前受金ニ対スル精算高	七、二四〇、五八九.〇八四
建設及改良費決算高	**二六、四九八、五〇〇.九三八**
補充費決算高	**二、五四二、二三四.六四九**
土地其他譲受等	一、八一九、五六〇.七二一
本年度中減	一、三三一、一二八.九四一
土地車輛其他譲渡等	六七九、六五四.八八七
改良補充工事ノ結果撤去シタル高及廢滅等ニ歸シタル高	**五九〇、一六二.九六一**
前年度組入額ノ内訂正減	六一、三一一.〇九三
差引現在高	七六九、六二四、〇一四.七六〇

出所：鐵道院（編）[1911]，80-81頁。

6　以降，本章における会計報告書は，原典において縦書きとなっていたものを紙幅の都合から横書きに改編したものである。また，報告書中のゴシック体による強調は，筆者の加筆である。

7　この金額は，前述の固定財産価額の増減表における「土地車輛其他譲渡等」679,654.887円と「改良補充工事ノ結果撤去シタル高及廃滅等ニ帰シタル高」590,162.961円の合計額と一致するため，補充工事によって撤去した固定財産価額は，この項目に含められていることがわかる。

図表3-4　1909（明治42）年度資本増減

	特有資本	借入資本				合計
		公債	借入金	會社ヨリ承繼セル債務	計	
年度首價額	一四三,八〇八,九六九.八六六	五八九,二二四,九五〇.〇〇〇	—	一七,六八一,二三〇.〇〇〇	六〇六,九〇六,一八〇.〇〇〇	七五〇,七一五,〇四九.八六六
本年度中増	一七,五五五,七九〇.二六七	二〇,四四八,七〇〇.〇〇〇	二〇,一三六,九九二.〇〇〇	—	二一,一八七,六九二.〇〇〇	三九,七三七,四八二.二六七
鐵道資金收入	二三,一九三,九四九.八七三	一九,六三,〇〇八,〇〇〇	二〇,一三六,九九二.〇〇〇	—	二二,一〇〇,〇〇〇.〇〇〇	三三,二九三,九四九.八七三
補充費決算額	**二,五四二,二三四.六四九**					**二,五四二,二三四.六四九**
債務整理公債発行差損	—	八,七九,二〇〇.〇〇〇			八,七九,二〇〇.〇〇〇	一,七七,五六〇.七一一
土地其他讓受等	一,八七五,四六〇.七一一					一,八七五,四六〇.七一一
本年度中減	一,八八三,九三三.三四八				三,五四四,九三〇.〇〇〇	五,四四四,八六三.三四八
負債償還額				三,五四四,九三〇.〇〇〇	三,五四四,九三〇.〇〇〇	三,五四四,九三〇.〇〇〇
債務整理公債発行差損						—
脱漏及正作計算上ジタル祀憑	四六三,一〇二,四〇七					四六三,一〇二,四〇七
土地其他讓渡等	**一,二六九,八一七.八四八**					**一,二六九,八一七.八四八**
前年度組入額ノ内訂正減	一五一,一三.〇九一					一五一,一三.〇九一
差引年度末現在高	一五九,四八〇,八二六.八一一	五九,二六九,七五〇.〇〇〇	二〇,一三六,九九二.〇〇〇	一四,〇八六,三〇〇.〇〇〇	六二五,四九二,〇四二.〇〇〇	七八四,九六三,八六八.八一一

出所：鐵道院（編）[1911], 82頁。

図表3-5　1909(明治42)年度損益計算表①

損　　　失		利　　　益	
種　　目	金　　額	種　　目	金　　額
鐵道作業費	七四,七九五,二三八.九四九	鐵道作業収入	八四,八二九,二九三.二一七
差引益金	一〇,〇三四,〇五四.二六八		
積立金勘定ヘ繰入	六〇九,三一〇.〇〇〇		
資本勘定ヘ繰入	九,四二四,七四四.二六八		
合　　計	八四,八二九,二九三.二一七	合　　計	八四,八二九,二九三.二一七

出所：鐵道院（編）［1911］, 82-83 頁。

図表3-6　1909(明治42)年度損益計算表②

科　　目		金　　額
営業収入	旅客収入	四三,五一一,九九〇.〇四六
	貨物収入	三七,五二二,六五九.〇二〇
	雑収入	一,二〇一,七八七.一九一
	収入合計	八二,二三六,四三六.二五七
営業費	總係費	一,〇八九,五五九.三六二
	保存費	八,四七二,八三五.二七七
	汽車費	一九,九八二,四四七.七八七
	運輸費	一〇,二〇〇,〇六五.八八三
	電氣費	一,〇八〇,〇七九.五二五
	船舶費	一,二三六,〇〇一.一八九
	小計	四二,〇六〇,九八九.〇二三
鐵道軌道監督及線路調査費		九六,五九五.八八七
補充費		**二,五四二,二三四.六四九**
利子及債務取扱諸費		二七,五〇二,五六二.四三〇
支出合計		七二,二〇二,三八一.九八九
差引益金		一〇,〇三四,〇五四.二六八

出所：鐵道院（編）［1911］, 83 頁。

充費は損益計算表において看取されないものの（**図表3-5**），前述の収益勘定を鑑みると「鉄道作業費」に包摂されていると考えられる。このことは，損益計算表の次に掲載されている「前表収支金額ノ内諸拂戻及立替金ニ属スル金額ヲ控除シ各種目ニ分類（鐵道院（編）［1911］, 83頁）」した表に補充費が計上されていることからも明らかである（**図表3-6**）。

(3) 大蔵省令での仕訳例に見る「補充費」

　国有鉄道会計に関する会計帳簿の書式および仕訳例を定めた一連の大蔵省令において，補充費に関する仕訳が看取できるのは，明治42年省令が最初である。本省令の仕訳において，補充費に関連すると明示されているものは以下の仕訳のみである（以下，網掛部は小書きを意味する）。

（借）固 定 財 産　　×××　（貸）特 有 資 本　　×××…①
　　収益勘定ニ於テ補充工事ノ為支出シタル金額

　この仕訳では「補充費」なる勘定科目は用いられてない。しかし前述の通り，補充費は「鉄道作業費」に包摂されていると考えられる。「鉄道作業費」の支出に関しては，以下のような仕訳が切られている。

（借）鉄道作業費繰替払　　×××　（貸）出 納 官 吏　　×××…②
　　繰替払高
（借）鉄 道 作 業 費　　×××　（貸）金　　　　庫　　×××…③
　　繰替払ニ対シ仕払請求書発行
（借）金　　　　庫　　×××　（貸）鉄道作業費繰替払　×××…④
　　同上仕払請求書ヲ以テ鉄道資金収入、鉄道用品及工作収入及鉄道作業収入振換拂込

　また，会計報告書で確認した如く，補充工事においては撤去・廃滅高が発生している。これに関する仕訳は以下の通りである。

（借）特 有 資 本　　×××　（貸）固 定 財 産　　×××…⑤
　　譲渡（又ハ滅失）ニ付価格削除

　これらの仕訳は，勘定科目名や小書きに改訂が加えられたものの[8]，昭和13年省令に至るまで記載され続けた。

8　具体的には，まず大正11年省令において，「金庫」勘定が「国庫」勘定に，小書きにある「仕払請求書」が「小切手」に変更された。また昭和13年省令において，「鉄道作業費（繰替払）」勘定が「作業費（繰替払）」勘定に変更され，国庫直払（支出官払）の仕訳（仕訳③と同様のもの）が追加された。

なおここで，上記仕訳の理解のために，当時の会計実務について説明する必要がある。国有鉄道に限らず，官庁一般においては，収入・支出行為は命令系統と執行系統に分掌されている。ここでは支出行為のみ取り上げるが，命令系統である「支出機関」と執行系統である「支払機関」が設けられ，「支出機関」は支払いの命令権限を有し，その命令に基づいて「支払機関」が実際に国庫金を支払う（花田[1934]，98-102頁）。

明治期における日本銀行での国庫金（現金）の取扱制度は，「委託金庫制度」と呼ばれる。日本銀行内に「中央金庫」・「本金庫」・「支金庫」の3種の金庫が設置され，国庫金の保管出納は日本銀行に委託され，日本銀行総裁が金庫出納役に任命された。この制度下での国庫金の支出は，「仕払命令官[9]」（支出機関）が債主に対して「仕払命令」を，金庫を管理する日本銀行（支払機関）に対して「案内仕払命令」を発することによりなされた。日本銀行は，仕払命令官から受けた「案内仕払命令」と債主が持参した「仕払命令」とを照合確認して現金を交付したのである。この制度は，1922（大正11）年の会計法改正時に「国庫預金制度」へと変更され，国庫金は金庫に固定されるのではなく，日本銀行により「政府預金」として市場で運用することが可能となった。そのため，国庫金の支払いは「支出官」（支出機関）による小切手の振り出しによってなされるようになったのである（久野[1958]，96-99，121-122，161-166頁）。すなわち，上記仕訳の「金庫」勘定は現金勘定に相当するものであり，また本章脚注8に示した大正11年省令での変更は，国庫預金制度への変更に伴うものである。

上記のような国庫金出納の方法では，原則として収納した現金は直ちに国庫に納入することが求められ，そのまま支払いに充当せしめることはできなかった。しかし，鉄道官署や逓信官署では，事業を通じて収入・支出が頻繁に発生し，これらをその都度国庫に納入することは非常に不便であった。そ

---

[9] 各省大臣またはその委任を受けた官吏がこれに当たる。なお，後述の「支出官」も同様である。

のため，収納した現金をそのまま支払いに充当せしめる「繰替払」が認められていた。繰替払にも命令系統と執行系統とが存在し，命令行為を行う「繰替払命令官」と収納・支払行為を行う「繰替払出納官吏」およびそれに所属する「出納員」とに分掌される。繰替払の残金は，繰替払出納官吏が自己の名義で，金庫や政府預金口座とは別個に「預託金」として日本銀行に預けている。収入・支出は政府預金を通して行うという原則と繰替払との調和を図るため，支出官が1ヵ月ごとに繰替払金額をとりまとめて審査し，日本銀行の金庫もしくは政府預金口座と預託金口座との間で振替が行われる。また，預託金が一時的に不足した場合は，支出官が日銀小切手を振り出し，現金が政府預金勘定から預託金勘定に振り替えられることもあった（北原[1941], 76-78, 85-87頁；平山[1943], 189-202頁）。実際の勘定科目としては，繰替払出納官吏の預託金・手元保管金は「出納官吏」勘定で，それ以外の歳入金・歳出金は「金庫」（明治39年省令・明治42年省令）もしくは「国庫」勘定（大正11年省令・昭和13年省令）で処理された（大野[1939], 250, 269-270頁）。上記の仕訳②③④は，繰替払による鉄道作業費の支出と，月末の金庫（政府預金）と預託金口座との振替を示している。

3.「補充費」の意義

　以上の事実から，補充費が如何に処理され，如何なる意義を有していたのかについて検証する。

　まずは大蔵省令の仕訳から検証を始める。仕訳⑤は，その小書きから現在の廃棄損の処理に相当するものであるといえる。通常であれば，廃棄損は損益勘定を経由して自己資本の減少項目となる。しかし仕訳⑤は，損益勘定を経由せずに廃棄損を特有資本へ直入していることを示している。これは前述の通り，国有鉄道会計がほぼ現金主義に基づいており，現金支出を伴わない廃棄損を損益計算表に計上することができなかったためと考えられる。なお

会計報告書では，固定財産価額の減少項目「改良補充工事ノ結果撤去シタル高及廃滅等ニ帰シタル高」および特有資本の減少項目「土地其他譲渡等」として反映されている。

次に仕訳②③④であるが，これらは前述の繰替払に関するものであり，結果的に「出納官吏」勘定から「鉄道作業費」が支出されていることになる。いわば，小口現金による費用支出の処理に相当する。損益計算表には鉄道作業費に包摂されて補充費が計上されていることから，仕訳②③④の金額は補充費額に相当するものであるといえる。

仕訳①は現物出資の処理を示している。先行研究や会計法規は補充費を資本的支出であるとしていることから，仕訳①の金額も補充費額に相当するものであるといえる。

仕訳①および仕訳②③④から推定するに，補充工事において新たな固定財産が新設されると，まず現物出資の形式で処理され，同時に同額が現金にて費用支出されたとの処理がなされていたと推定される。かかる会計処理は，資本的支出たる補充費相当額を即時に資本として積み立てること，換言すると，「利益処分法」による即時償却と同様の効果を有する。この積立額は固定財産のカレント・コスト額であるため，ここに実体資本維持の効果を看取することができる。

補充費に関する会計処理は，固定財産勘定に撤去した旧固定財産価額（取得原価）を貸記し，新固定財産価額（カレント・コスト）を借記する点において廃棄法に類似している。しかし，名目資本維持を指向する廃棄法とは異なり，新固定財産価額（カレント・コスト）相当額を資本として積み立てており，実体資本維持を指向する会計処理である。なお，補充工事の際に新固定財産価額を費用計上するという会計処理を全ての固定財産に適用することは，今日の発生主義に基づく期間損益計算の観点からは大いに問題を生ずる。これは本章Ⅱで述べた，国有鉄道における損益計算軽視の影響であると考えられる。

しかし，補充費はあくまでも「小規模なる改良，又は擴張に屬する費用

図表 3-7　補充費対固定財産比率

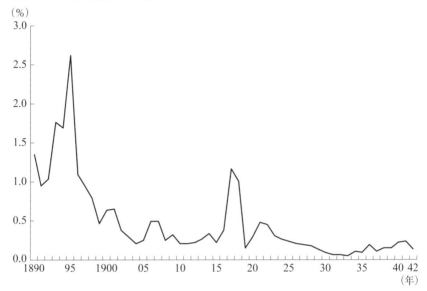

出所：内務省鐵道廳（編）［1891］〜［1893］; 遞信省鐵道局（編）［1894］〜［1897］; 鐵道作業局（編）［1898］〜［1906］; 帝國鐵道廳（編）［1907］; 鐵道院（編）［1909］〜［1919］; 鐵道省（編）［1920］〜［1943］; 鐵道省總務局（編）［1943］に基づき筆者作成。

（大阪鐵道局（編）［1935］，714頁）」であり，その計上額は極めて少額である。補充費対固定財産比率の推移を**図表 3-7**に示したが，最大値をとる1895（明治28）年度であってもわずか2.62%であり，世紀転換期以降は第一次世界大戦期を除いて0.5%以下の水準である。このため，補充費のみで実体資本維持が達成されたとは考えにくい。そこで，実体資本維持のために補充費とともに計上されていたのが「改良費」である。

V. 「改良費」による実体資本維持

1. 先行研究

　「改良費」に焦点を絞った先行研究は皆無といってよいが，部分的に扱っている研究としては細野日出男による論考（細野[1934a],[1934b]）が挙げられる。細野の論考は，昭和初期の非常時財政を背景としたものであり，鉄道益金の一般会計への繰入を論じることを主目的とし，益金を主な財源とする改良費についても言及している。改良費に関して細野は，まず「公債を募集して略々建設費に充當し，益金は專ら改良費に當てる（細野[1934a]，9頁）」として，改良費の財源が益金であることに言及している。また，「實際上の取替は何によつて行はれて居るかといふに改良費である（細野[1934b]，61頁）」と述べた上で，「(1) 撤去される物の價額を資本から引去り，(2) 之を償却費として營業費（又は償却引當金）に振替へ，(3) 改良費は全額を資本に繰入れる」という「償却法」を採用しているが，実際には手数を省略するために，(2) の償却費の営業費への振替は行っていないと述べている（細野[1934b]，62頁）[10]。さらに，「最も明瞭なる取替的又は減價償却的改良費は彼の「改良工事ノ爲財産ノ撤去竝ニ土地譲渡其ノ他ノ價額」として資本總額から控除されたる金額によつて表はされる（細野[1934b]，63頁）」としている。

　細野の論考からは，改良費の財源が内部留保された益金であること，改良工事に際しては撤去した固定財産額を資本から控除し（これを「減価償却的改良費」と呼称している），改良費は全額を資本に繰入れていたことが読み取

---

[10] なお細野は，国有鉄道は複会計制を採用しているとみなしており，「償却法」を複会計の精神に合わないものとしている。

れるが，具体的な会計処理方法については曖昧な部分もある。補充費と同様に，会計規定・会計報告書・仕訳の3つの側面から改良費の実態について検証する。

2．「改良費」の実態

(1) 会計規定に見る「改良費」

　改良費が最初に計上されたのは1896（明治29）年度である。当時は，「官設鉄道会計法」・「作業及鉄道会計規則」の施行期であったが，これらには改良費に関する規定は存在していない。

　1906（明治39）年に至り「帝国鉄道会計法（1906年）」が制定されるが，当該法に「資本勘定ハ帝國鐵道建設改良ノ爲一般會計ヨリ支出スル資金及所屬財産ノ賣拂代金ヲ以テ其ノ歳入トシ帝國鐵道ノ建設改良ニ要スル費用ヲ以テ其ノ歳出トス（第3条）」と規定されていた。ここから，「予算執行会計」の資本勘定に改良費が設けられること，その財源は一般会計からの支出および所属財産の売却によることがわかる。また，同年に制定された「帝国鉄道及同用品資金会計規則」では，「帝國鐵道ノ建設改良竝補充工事ノ爲支出シ・・タル金額，鐵道國有法ニ依ル鐵道ノ買收價格及讓受ケ若ハ寄付ヲ受ケタル物・・・・・件ノ見積價格ハ之ヲ固定財産トシ（第20条，傍点は筆者）」と規定されており，補充費同様，改良費も固定財産価額を構成する費目，すなわち資本的支出であるとの規定を看取できる。

　その後の「帝国鉄道会計法（1909年）」においては，「資本勘定ハ鐵道益金ヨリ繰入ルル金額公債募集金及借入金竝所屬財産ノ賣拂代金鐵道用品收入及工作收入其ノ他附屬雜收入ヲ以テ其ノ歳入トシ鐵道ノ建設及改良費負債償還金鐵道用品費及工作費其ノ他附屬諸費ヲ以テ其ノ歳出トス（第6条）」と規定されており，改良費の財源が，鉄道益金・公債募集金・借入金・所属財産の売却によることがわかる。同年制定の「帝国鉄道会計規則（1909年）」では，

「左ニ掲クルモノヲ以テ固定財産ノ價格トス／一　鐵道ノ建設改良及補充工事ノ爲支出シタル金額（第22条，傍点は筆者）」と規定されており，「帝国鉄道会計規則（1922年）」でも同様である（第18条）。ここから，改良費は固定財産価額の増加項目（資本的支出）であるとの規定を看取することができる。

なお，法規における改良費規定の概観に伴い，大阪鐵道局（編）［1935］における「改良費」の項も確認しておく。ここでは，「資本勘定に所属し，既設軌道，通信及電力線路，停車場，其の他各種工作物，車輛等に對する機能増加を目的とした，擴張又は改造に要する直接經費と，之に伴ふ從事員の諸給與等を包含したものである。（中略）尚之等改良工事に要する財源は，之を収益勘定からの益金繰入額を以て支瓣し，若し益金の不足する場合には，公債募集金又は借入金を以て充當するのである。而して改良費の支出額は，當然固定財産の價格を増加する事は言を俟たない（大阪鐵道局（編）［1935］，85頁）」と記載されている。

(2)　会計報告書に見る「改良費」

以上の点を，1909（明治42）年度の会計報告書において確認する。まず，「予算執行会計」での資本勘定歳入に，「鉄道益金繰入」として9,424,744.268円が計上されている（**図表3-8**）。これは，当該年度の収益勘定歳入合計84,829,293.217円と収益勘定歳出合計74,795,238.949円の差額（益金）から積立金勘定への繰入額609,310円を控除した金額である。これを財源として，資本勘定歳出には改良費5,245,260.452円が計上されている（**図表3-9**）。

一方，「事業会計」における資産負債表（貸借対照表）（**図表3-10**）や損益計算表（前掲，**図表3-5**）では，「改良費」という項目を看取することはできない。これは改良費が資本的支出であるために，資産負債表の固定財産勘定に振り替えられているためであろう。その証左として，固定財産の増減には，「建設及改良費決算高」として26,498,500.938円が計上されている（前掲，**図表3-3**）。なお損益計算表では，「差引益金」の内訳として「資本勘定へ繰入」額9,424,744.268円が計上されている。これは，「予算執行会計」に

図表 3-8 1909 (明治 42) 年度資本勘定歳入予算決算

資本勘定歳入予算決算

	予算額			決算額	予算残額
	本年度当初予算額	追加予算額	本年度末予算現額		
鐵道資金収入	二九,一九四,二八七.〇〇〇	三,五四二,九三〇.〇〇〇	三二,七三七,二一七.〇〇〇	三五,二九三,九四,八九三	△ 二,五五六,七七七,八七三
鐵道益金繰入	七,五七七,八八六.〇〇〇	―	七,五七七,八八六.〇〇〇	九,四四二,七四四,二六八	△ 一,八六四,八四八,二六八
鐵道益金繰入	七,五七七,八八六.〇〇〇	―	七,五七七,八八六.〇〇〇	九,四四二,七四四,二六八	△ 一,八六四,八四八,二六八
借入金	二一,五五七,一五五.〇〇〇	一,五〇〇,〇〇〇.〇〇〇	二三,〇五七,一五五.〇〇〇	二〇,二三六,九九一,〇〇〇	二,八二〇,一六三,〇〇〇
借入金	二一,五五七,一五五.〇〇〇	一,五〇〇,〇〇〇.〇〇〇	二三,〇五七,一五五.〇〇〇	二〇,二三六,九九一,〇〇〇	二,八二〇,一六三,〇〇〇
雑収入	六〇,二三六.〇〇〇	―	六〇,二三六.〇〇〇	一七五,一一五,九八七	△ 一一四,八七九,九八七
雑収入	六〇,二三六.〇〇〇	―	六〇,二三六.〇〇〇	一七五,一一五,九八七	△ 一一四,八七九,九八七
一般会計受入	―	―	―	三,五五,二〇四,六二八	三,五五,二〇四,六二八
一般会計受入	―	―	―	三,五五,二〇四,六二八	三,五五,二〇四,六二八
買収鐵道會社引継金受入	―	四,九三〇.〇〇〇	四,九三〇.〇〇〇	四六二,九三〇.〇〇〇	―
買収鐵道會社引継金受入	―	四,九三〇.〇〇〇	四,九三〇.〇〇〇	四六二,九三〇.〇〇〇	―
公債募集金	―	二,〇〇〇,〇〇〇.〇〇〇	二,〇〇〇,〇〇〇.〇〇〇	一,九六二,五〇八,〇〇〇	三六,九九二.〇〇〇
公債募集金	―	二,〇〇〇,〇〇〇.〇〇〇	二,〇〇〇,〇〇〇.〇〇〇	一,九六二,五〇八,〇〇〇	三六,九九二.〇〇〇
鐵道用品及工作収入	三八,二六六,〇〇七.〇〇〇	―	三八,二六六,〇〇七.〇〇〇	一七,七五六,九二〇,七	二〇,五〇九,〇八六,二九三
用品及工作収入	三八,一八八,〇六八.〇〇〇	―	三八,一八八,〇六八.〇〇〇	一七,六二七,八六六,二〇七	二〇,五六〇,二〇一,七九三
用品賣拂代	三二,一〇二,八四四.〇〇〇	―	三二,一〇二,八四四.〇〇〇	一〇,二三七,九六四,五〇七	二一,八六四,八七九,四九三
用品修繕料	六,〇八五,二二四.〇〇〇	―	六,〇八五,二二四.〇〇〇	七,三八九,九〇一,七〇〇	一,三〇四,六七七,七〇〇
雑収入	七七,九三九.〇〇〇	―	七七,九三九.〇〇〇	九九,四一三,二〇二	一,四六五,四六三,二〇二
雑収入	七七,九三九.〇〇〇	―	七七,九三九.〇〇〇	九九,四一三,二〇二	一,四六五,四六三,二〇二
計	六七,四九六,一二四.〇〇〇	三,五四四,九三〇.〇〇〇	七一,〇〇三,一二四.〇〇〇	五〇,三〇五,〇一二,四九	一七,七九六,〇八一,五五一

出所:鐵道院 (編) [1911], 72-73頁。

第3章●国有鉄道における固定資産会計

図表 3-9 1909（明治 42）年度資本勘定歳出予算決算

	前年度ヨリ繰越高	本年度当初予算額	追加予算額	本年度末予算現額	決算額	予算残額
鉄道建設及改良費						
建設費	九六,六三三,六八	二二,〇七〇,二八〇	—	三一,二三四,〇四八八	二一,二五五,二四〇,四八八	一八七九,六六八,〇一三二
總係費	四六,二三三,三三三	二〇五,〇〇〇,〇〇〇	—	九三,六七九,〇〇〇	八,八二七,一七〇	七,八二五,五八,七〇六
福島青森間鐵道	二八〇,〇〇〇,〇〇〇	一,二〇〇,〇〇〇,〇〇〇	—	四六六,八五〇,〇〇〇	四一三,〇二一,二三四	三三,二二三,二三四
八王子名古屋間鐵道	五三,九二五,九九九	三,二〇〇,〇〇〇,〇〇〇	—	三,〇八〇,九六九,七九四	三,〇八〇,九八,九四	一四,二,一九九,二九
八代鹿児島間鐵道	—	一,五五八,〇〇〇,〇〇〇	—	一,三三九,一四〇,〇二〇	一,三三九,一四四,〇二〇	四,一九四
福知山綾部今市間鐵道	五〇〇,〇〇〇,〇〇〇	四一,二〇,〇〇〇,〇〇〇	—	五,八五〇,五二〇,六二〇	五,〇五五,二四〇,五七	四四,二,三〇,〇四八四
富山直江津間鐵道	—	一,〇〇,五五〇,〇〇〇	—	一,二二〇,四九五,六八	九五七,二四五,八七	一七,八五,二五〇,四四
北海道鐵道	—	三三〇,〇〇〇,〇〇〇	—	三,二二九,四五〇,一〇八	二,八四九,八二,二六八	一九五,三八,七七〇,七九
喜多方新津間鐵道	—	二八〇,〇〇〇,〇〇〇	—	一,九五八,五五〇,七〇	一,八四〇,八九,二〇七	六,一七七,七七,一〇八
岡山宇野間鐵道	—	二〇八,七八八,〇〇〇	—	一,〇〇〇,二九四,二〇	八二二,二五一,八八,〇〇	一七七,七四二,七一六
宇佐大分間鐵道	—	四九五,〇〇〇,〇〇〇	—	三九九,八七〇,七七〇	三三三,八四六,六二七	九,二,八四,八八,二一九
山田鳥羽間鐵道	八二,四五四,二六六	二,四六〇,〇〇〇,〇〇〇	—	八四七,八八四,九八九	四,二四八,七五,八八四	四,一八四,七二,八一五
車輛費	—	二,四六六,〇〇〇,〇〇〇	—	四四七,〇四七,八四四九	三三二,八四四,八二七一	一一五,二,〇二,五七六
改良費	一,六六九,八八二,三四九	七,〇二四,〇〇〇,〇〇〇	—	八,七二八,八八,二三四九	五,二四二,六四,二七〇	三,四六八,八八,二,二七九
計	一,六六九,八八二,三四九	七,〇二四,〇〇〇,〇〇〇	—	八,七二八,八八二,三四九	五,二四二,六四,二七〇	三,四六八,八八,二,七七九
鉄道用品及工作費	二,六六五,二四九,八八七	二九,一九二,二九四,〇〇〇	—	二八,四七八,七八,八四七	二二,八四七,八五〇,〇〇	五,六二四,二九,五五九,九〇四
用品及工作費	—	三八,六八〇,二〇七,〇〇〇	—	三八,二六八,〇〇七,〇〇〇	三六,七三九,〇〇七,九〇五	二,五四,七二九,二七九,五七
俸給及諸給	—	三二〇,八二七五	—	三二〇,八二〇,一七五	三二七,三二四,一二一	— 一〇九,七三,五三四
用品費	—	三八〇,八九,八八三	—	三八〇,八八九,八八三	三二,九七〇,四二一	一九,二,四八〇,八八,七一
工作費	—	五二,三五,八三三,〇〇〇	—	五二,五三〇,八三三,〇〇〇	三,五二,三五五,四五七	一四,一七五,一,三七九
諸拂戻金	—	三八,六八〇,二〇七,〇〇〇	—	三八,二六八,〇〇七,〇〇〇	三六,七三九,〇〇七,九〇五	二,五四,七二九,二七九,五七
負債償還金	—	—	—	—	—	—
負債償還金	—	三,五四二,九三〇,〇〇〇	三,五四二,九三〇,〇〇〇	三,五四二,九三〇,〇〇〇	三,五四二,九三〇,〇〇〇	—
負債償還金	—	三,五四二,九三〇,〇〇〇	三,五四二,九三〇,〇〇〇	三,五四二,九三〇,〇〇〇	三,五四二,九三〇,〇〇〇	—
合計	二,六六五,二四九,八八七	六八,七四九,八八七,〇〇〇	三,五四二,九三〇,〇〇〇	七五,七五,二〇,二八四	四六,八七,二三,八四〇,八八六	二八,五二,九二,五五九,九〇四円

出所：鐵道院（編）[1911]，74-75 頁。

図表3-10　1909(明治42)年度資産負債表

資　産	金　額	負　債	金　額
現　　　金	七,五九七,五三八.四三三	特 有 資 本	一五九,四八八,八二六.八一一
収 入 未 済	一,一八二.五九〇	借 入 資 本	六二五,四七四,九四二.〇〇〇
固 定 財 産	七六九,六二四,〇一四.七六〇	公　　債	五九一,二六九,七五〇.〇〇〇
貯 蔵 物 品	八,五〇六,六四九.四三四	借 入 金	二〇,一三六,九九二.〇〇〇
工 場 勘 定	四九四,〇五四.六六七	鐵道會社ヨリ承繼シタル債務	一四,〇六八,二〇〇.〇〇〇
前 拂 金	二,〇六六,五〇八.三一九	支 出 未 済	七三,二六五.二六九
		積 立 金	六〇九,三一〇.〇〇〇
		歳入歳出外勘定	一〇一,三七七.八八〇
		前 受 金	二,五四二,二二六.二四三
合　　　計	七八八,二八九,九四八.二〇三	合　　　計	七八八,二八九,九四八.二〇三

出所：鐵道省（編）[1911]，80頁。

おける資本勘定の「鉄道益金繰入」額と一致している。しかし資産負債表では，資本と利益の区別がなされずに特有資本勘定に振り替えられている。

(3)　大蔵省令での仕訳例に見る「改良費」

次に，大蔵省令に規定された仕訳例から，「事業会計」における改良費の処理をより詳細に把握する。

改良費に関する仕訳は，明治39年省令の日記簿の書式例において既に存在する。当該省令では，日記簿は「資本勘定」・「収益勘定」・「用品資金会計」に区分されており，改良費に関する仕訳は「資本勘定」の日記簿に記載されている。それらを抜粋すると以下の通りである（網掛部は小書きである）。

(借) 繰　替　払　　　×××　　(貸) 出 納 官 吏　　×××…(ア)
　　 何々仕払高
(借) 鉄道建設及改良費　×××　　(貸) 金　　　庫　　×××…(イ)
　　 出納官吏仕払高ニ対シ仕払請求書発行
(借) 金　　　庫　　　×××　　(貸) 繰　替　払　　×××…(ウ)
　　 同上仕払請求書ヲ以テ何々（歳入）金庫ヘ振換払込
(借) 固 定 財 産　　　×××　　(貸) 鉄道建設及改良費　×××…(エ)
　　 前　払　金　　　×××
　　 何年度歳出支出済額転記

改良費に関する仕訳は、明治42年省令においてやや複雑となった。同省令における改良費関連の仕訳は以下の通りである。

(借) 鉄道建設及改良費繰替払　×××　　(貸) 出　納　官　吏　×××…(オ)
　　 繰替払高
(借) 鉄道建設及改良費　　　　×××　　(貸) 金　　　　　庫　×××…(カ)
　　 繰替払ニ対シ仕払請求書発行
(借) 金　　　　　庫　　　　　×××　　(貸) 鉄道建設及改良費繰替払　×××…(キ)
　　 同上仕払請求書ヲ以テ鉄道資金収入、鉄道用品及工作収入及鉄道作業収入振換払込

(借) 固　定　財　産　　　　　×××　　(貸) 鉄道建設及改良費　×××…(ク)
　　 本年度支出済額転記

また、先行研究では、補充工事の際と同様に改良工事についても固定財産の撤去が行われるとされている。固定財産の撤去については以下の仕訳が行われる。

(借) 特　有　資　本　　　　　×××　　(貸) 固　定　財　産　×××…(ケ)
　　 譲渡（又ハ滅失）ニ付価格削除

これらの仕訳は、勘定科目名や小書きに改訂が加えられたものの[11]、昭和13年省令に至るまで記載され続けた。

---

[11] 補充費に関する仕訳同様、大正11年省令において、「金庫」勘定が「国庫」勘定に、小書きにある「仕払請求書」が「小切手」に変更された。また昭和13年省令において、「鉄道建設及改良費（繰替払）」勘定が「鉄道建設改良費及自動車線設備費（繰替払）」勘定に変更され、国庫直払（支出官払）の仕訳（仕訳（カ）と同様のもの）が追加された。

3. 「改良費」の意義

　上記，明治39年省令の仕訳(ア)〜(エ)と明治42年省令の仕訳(オ)〜(ク)は同様の取引を処理したものであり，出納官吏による改良費の支出が最終的に固定財産勘定に振り替えられている。このことは改良費が資本的支出であることを示している。また，仕訳(ケ)は補充工事の際の撤去・廃滅高と同様に，損益計算表に反映させず，特有資本から直接控除している。

　このことから，改良工事に際しては，改良費相当額が資本的支出として固定財産の増加項目となり，旧財産の撤去・廃滅高が特有資本から直接控除されていたことがわかる。かかる会計処理は，廃棄損（撤去・廃滅高）の処理に違いはあるものの，補充費に比してより廃棄法に類似したものといえよう。廃棄法は名目資本維持を企図するものであるから，かかる会計処理は実体資本維持思考と矛盾するようにも思える。しかし，改良費の財源は内部留保した益金であって，撤去・廃滅高が特有資本から直接控除されていたことを鑑みると，特有資本（自己資本）勘定には固定財産のカレント・コスト相当額が積み立てられていることとになり，実体資本維持を企図していたといえる。

VI. 小括

　補充費および改良費に関する会計処理を1909（明治42）年度に実施したとすると，**図表3-11**のようになる。このようにして，国有鉄道は実体資本維持を企図した固定資産会計を実施していたのである。また，補充費・改良費（物価変動調整済）と撤去・廃滅高の推移を**図表3-12**に示している。これによると，1931（昭和6）年度を除き，撤去・廃滅高以上に補充費・改良費が計上されており，数値の上では実体資本維持が達成されていたと考えら

第3章 ● 国有鉄道における固定資産会計

図表 3-11 補充費・改良費による会計処理の推定（1909年度）

(借)	固定財産	2,542,234.649		(貸)	特有資本	2,542,234.649
(借)	鉄道作業費繰替払	2,542,234.649		(貸)	出納官吏	2,542,234.649
(借)	鉄道作業費（補充費）	2,542,234.649		(貸)	金庫	2,542,234.649
(借)	金庫	26,498,500.938		(貸)	出納官吏	26,498,500.938
(借)	鉄道建設及改良費繰替払	26,498,500.938		(貸)	金庫	26,498,500.938
(借)	鉄道建設及改良費	26,498,500.938		(貸)	鉄道建設及改良費繰替払	26,498,500.938
(借)	金庫	590,162.961		(貸)	固定財産	590,162.961

固定財産

期首残高	732,854,258.309	
前受金	7,240,589.084	土地車輌其他譲渡等 679,654.887
鉄道建設及改良費	26,498,500.938	特有資本（撤去・廃滅高） 590,162.961
特有資本（補充費決算額）	2,542,236.649	前年度組入額の内訂正減 61,311.093
土地其他譲受等	1,819,560.721	期末残高 769,624,016.760
	770,955,145.701	770,955,145.701

債務整理公債発行差損	81,792.000	
用品及工作の計算上生じたる不足額	463,012.407	
固定財産（撤去・廃滅高）	590,162.961	
其他土地譲渡等	679,654.887	
前年度組入額の内訂正減	61,311.093	
期末残高	159,488,826.811	
	161,364,760.159	

特有資本

期首残高		143,808,969.896
損益（益金）		9,424,744.268
その他鉄道資金収入		3,769,250.625
固定財産（補充費決算額）		2,542,234.649
土地其他譲受等		1,819,560.721
		161,364,760.159

出所：筆著作成。

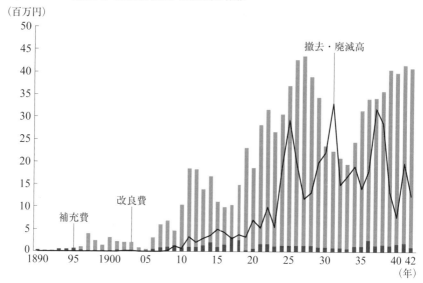

図表 3-12 補充費, 改良費, 撤去・廃滅高の推移

注1：補充費・改良費は, 大川・野田・高松・山田・熊崎・塩野谷・南（編）[1967], 160-163 頁における「投資財個別価格指数」のうち「鉄道および軌道用施設」の指数を用いて, 1890 年度の物価水準に変換している。
注2：1897（明治30）～1908（明治41）年度の改良費額は,「資本勘定歳出予算決算表」の額と固定財産との増加額が一致しない。詳細は不明であるが, ここでは「資本勘定歳出予算決算表」の額を用いている。
出所：内務省鐵道廳（編）[1891]～[1894]; 遞信省鐵道局（編）[1895]～[1897]; 鐵道作業局（編）[1898]～[1906]; 帝國鐵道廳（編）[1907]; 鐵道院（編）[1909]～[1919]; 鐵道省（編）[1920]～[1943]; 鐵道省總務局（編）[1943]; 大川・野田・高松・山田・熊崎・塩野谷・南（編）[1967]に基づき筆者作成。

れる。

しかし, 撤去・廃滅高は補充費・改良費（すなわち資本的支出）の額に比して過少のきらいがある。細野も,「國鐵には改良補充工事の爲撤去されながら資本よりは差引かれざる財産, 即ち幽靈財産が相當に存在する疑が多分にあるのである（細野[1934b], 62頁）」と述べている。詳細は補章1に譲るが, 少なくとも 1906（明治 39）年の「鉄道国有化」以降, 国有鉄道は過大資本化の状態にあった。それに加えて, 補充費・改良費による固定資産会計も過大資本化を促進する一因であったといえる。

第 4 章

昭和初期における減価償却論争

I. 序

　前章にて論じたように，国有鉄道では「補充費」・「改良費」による実体資本維持を指向した固定資産会計が実施されていた。しかしこのことは，国有鉄道が減価償却を実施しなかった理由としては不十分である。なんとすれば，時価償却の実施によって，減価償却の枠組内であっても実体資本維持を達成することは可能であるからである。事実，昭和に至り，減価償却の実施に関する議論が展開されている。本章では，この昭和初期における減価償却論争の展開を検証することで，国有鉄道が減価償却を実施しなかった理由を明確にする。

II. 減価償却論争の展開

　1927（昭和2）年1月19日の第52回帝国議会衆議院本会議において，武藤山治（衆議院議員）が片岡直温（大蔵大臣）に鉄道益金の性格とその一般会計繰入に関する質問を行った。これは関東大震災以降の不況対策に関連したもので，具体的には，鉄道益金1億5,800万円を「國民ニ配當シ（衆議院事務局（編）[1927]，73頁）[1]」，営業収益税（6,500万円），地租（6,000万円）を全廃し，残額3,000万円をもって義務教育費を国庫負担にすべきであると述べた。これに対し片岡は，改良費を益金から支弁しているため，益金全額

---

[1] 武藤は国有鉄道を株式会社に例えてかかる比喩表現を用いたが，これは鉄道益金の一般会計繰り入れを意図していたと考えられ，片岡もその意図を了解して答弁している。

を一般会計に繰り入れることはできないと答弁した（衆議院事務局（編）[1927]，73-74頁）。この議論は，その直後に起こった金融恐慌や1929（昭和4）年以降の昭和恐慌を背景として，この後2,3年間議会や政府内で展開された。

　この問題に対する鉄道省の見解の要旨は，鉄道益金は民間事業の利益と異なり，減価償却費に相当する部分が含まれているため不可能であるというものであった。それでは減価償却を実施し，適正な損益計算を行うべきではないかとの意見に対しては，国有鉄道では取替と改良は同時に行われるため，減価償却費相当額を算出するのは困難であると回答された（日本国有鉄道（編）[1971b]，454-455頁）。

　減価償却論争は1935（昭和10）年の第67回帝国議会で再燃し，2月7日の衆議院予算委員第六分科会で，清水徳太郎（衆議院議員）が内田信也（鉄道大臣）に対し，減価償却に関する見解について質問を行った。この質問に対して内田は，本議会では法案提出は見送るものの，減価償却は必要であるとの見解を示した（鐵道省經理局主計課（編）[1941]，157-158頁）。この答弁にしたがって，同年6月には鉄道省経理局が太田哲三を嘱託として招き，減価償却に関する研究を開始した。

　この議論における種々の主張は，**図表4-1**の通りであった。これらの主張を概観すると，「原価配分[2]」や「価値移転・回収計算」の観点から発言されたものも存在するが，「資本維持」の観点からの主張が非常に多いことがわかる。また，減価償却を「財産評価」と混同している意見も存在する。

---

[2] 国有鉄道会計がほぼ現金主義によっていたことは第2章で述べた通りである。しかし，減価償却を原価配分手段として捉えることは発生主義における観念である。かかる意見の存在は，昭和初期の国有鉄道会計において発生主義思考の萌芽が出現したことを示している。

図表4-1　国有鉄道の減価償却論争における意見

必要論	1. 損益計算を不正確とし，事業の経済性を不明確にする。 2. 益金は事業益金であって，自由処分を許すべき過剰金であるという誤解を一掃するのに必要である。 3. 益金の外部流出が行われる場合は事業純益以上の流出のおそれがあり，このような場合には事業の危機を招来する。 4. 設備の維持保全を不可能とし，更新資金を得がたく財政を困難に陥らしめる。 5. 固定財産が過大に表示され，資本の水割りを生じ，不健全な財政に導き，さらに収益利回率は不当となり，収益力を正当に示さないこととなる。 6. 資本の維持を期しがたい。 7. 固定財産は常時の保守により完全に維持することができるといっても，陳腐化と機能的減価については，保守によって完全に維持することはできない。 8. 固定財産の更新資金不足の場合公債発行による更新資金の獲得が可能かどうか疑問である。 9. 事業費の抑制をすることができない。 10. 帝国鉄道の会計組織を改正し一般の企業会計組織と同様にするためには必要である。
不要論	1. 減価償却を行わなくとも固定財産の維持は取替法によっているので必要がない。 2. 減価償却費は，鉄道のサービスコストの要素としては重要であるが，原価計算制度を別に制定し，その中に減価償却制度を包含させればよい。 3. 鉄道会計においては，名目資本維持の必要がない。 4. 固定財産の減損を現行のように固定財産とともに資本の減却をすれば，減価償却の必要はない。 5. 鉄道会計においては損益計算の必要がなく，したがって減価償却の必要がない。 6. 損益計算を行い益金を明確にするときは，益金の自由処分の気風を助長して益金の外部流出を促し，経営を困難にする。 7. 減価償却を行わなくとも固定財産の過大評価とならない。 8. 減価償却を行わなければ資産の実体維持ができないという非難もあるが，資産の更新資金がなければ減価償却を行わないのと同様である。 9. 事務上の困難多く事務費が巨額となる。事務費を小額とすれば完全な償却事務が行えず気休め的償却となる。 10. 財界不況時の益金不足は改良的取替えの一時的延期で足りる。
その他	1. 原価計算上からは減価償却は必要である。 2. 財産計算上からは評価の一手段として減価償却は必要である。 3. 減価償却により固定資産は流動資産で回収されるが，この流動資産を償却資産とするか，新設設備に投資するか，運転資金を増加させるかは経営政策の問題であり，減価償却本来の目的ではない。 4. 経営政策上からは積立金を設けなければ減価償却の必要はない。

出所：日本国有鉄道（編）［1971b］，457-462頁に基づき筆者作成。

結局，太田は減価償却不要の意見を提出し，1939（昭和14）年2月17日の第74回帝国議会貴族院決算委員小委員会で池井啓次経理局長が省内の結論として減価償却不要の答弁を行った。これによって減価償却論争は一応の終結をみたのである（日本国有鉄道（編）[1971b]，456, 462-466頁）[3]。

Ⅲ. 減価償却不要の理由

1. 取替資産と認識される固定財産

　国有鉄道が，減価償却ではなく補充費・改良費による会計処理を採用していた理由としてまず考えられるのは，かかる会計処理が国有鉄道における固定財産の性質に適するとみなされていたのではないかという点である。補充費・改良費は補充・改良工事が実施された際に計上されるという点において，取替法や廃棄法に類似している。すなわち，固定財産が取替資産であると考えられていたのではないかということである。

　第3章で述べたように，補充費・改良費は，今日でも取替資産の代表として扱われる軌道（レール・枕木・転轍機など）のみならず，あらゆる固定財産に適用されていた。国有鉄道では，開業当初より車輌の保存期限（耐用年数）に関しては何ら規定されず，局部的な補修によって維持されていた（帝國鐵道大觀編纂局（編）[1927]，第3編591頁）。このため，国有鉄道の固定財産が取替資産とみなされていたとの仮説は，少なくとも補充費・改良費の

---

[3] なお，減価償却論争の発端となった鉄道益金の一般会計繰入については，「臨時的な財政支援の必要性から昭和11年度（1936年度）から昭和12年度（1937年度）にかけて一般会計へ総額37,000,000円，昭和13年度（1938年度）から昭和21年度（1946年度）までに総額727,000,000円が臨時軍事費財源に繰り入れられた（佐々木[2011]，414頁）」とされる。しかし，これらは貸借対照表の借方に計上されているため（運輸省鐵道總局總務局（編）[1948b]，186頁），貸付金の形態をとっていたと考えられる。

導入時においては一定の妥当性を有しているといえる。

　しかし大正時代に入ると，部分的取替による固定財産維持の不備が指摘されるようになった。例えば，1916（大正5）年に島安次郎（鉄道院工作局長）は，鉄道経営上諸般の不利をきたすため，車輛の保存期限を設けるべきであると主張した（帝國鐵道大觀編纂局（編）［1927］，第3編591-594頁）。ここから，少なくとも当時の技術官僚の間において，車輛の減価は認識され始めていたと考えられる。また，鉄道関係者以外でも，上田貞次郎が「鐵道の財産の中にも不斷の補充の出来るものと，出來ないものとあるから，總べて減價銷却の必要なしといふことは出來まい（上田［1917］，15頁）」との意見を述べていた。しかし，かかる意見の出現にもかかわらずそれらは無視され[4]，第二次世界大戦終結後まで補充費・改良費による固定財産の維持は実施され続けたのである。ここから，固定財産の性質とは別の事由が，補充費・改良費が計上され続けた背景に存在すると考えられる。

2.　益金の一般会計繰入圧力の牽制

　第3章において，国有鉄道を含む公企業における固定資産会計観としては，「資本維持」思考が重視され，特に固定資産の給付能力そのものの維持にかかわる「実体資本維持」概念が重視されると述べた。これは公企業会計の一般的な傾向であるが，話を国有鉄道に限った場合は事情がより複雑となる。

　補充費が計上され始めた1890（明治23）年は「官設鉄道会計法」および「作業及鉄道会計規則」施行期であった。ここでは鉄道作業（営業）活動部分のみ特別会計として独立しているが，建設費や用品資金については一般会計に属せしめられており，益金は一般会計に繰り入れられた。この状況下では，

---

[4] 特に島の主張については，第一次世界大戦に伴う輸送増を理由に却下されている（帝國鐵道大觀編纂局（編）［1927］，第3編591頁）。

「その設備が廢頽して再建造する時には一般會計でこれを負担（太田[1938]，13頁）」するのであるから，国有鉄道で厳密に減価償却を実施する動機は弱かったと考えられる。

その後，1906（明治39）年には「帝国鉄道会計法」が制定され，1909（明治42）年に改正が加えられた。このときに至って，益金は国有鉄道の資本勘定に繰り入れられ，独立採算制となった。このため，国有鉄道において資本維持を企図する必要性は高まったであろう。しかし，国有鉄道は公企業であるが故に，配当として益金を処分する必要はなく，全額の内部留保が可能であった。すなわち，十分な益金がある場合には実体資本維持のための内部留保が自動的になされたのである。

もっとも，このことをもって直ちに減価償却を実施しない理由とすることはできない。例えばインフレーションの場合には，減価償却によってまず名目資本維持を達成し，その結果として算出される利益を内部留保することで追加的に実体資本維持も達成することができるからである。むしろ，赤字の際には利益の内部留保が不可能であるから，減価償却を実施した方が最低限名目資本維持を達成することができ，国有鉄道にとっての利点は大きいはずである。

ここまでの議論では，国有鉄道において減価償却を実施しない理由のみならず，補充費・改良費を計上する積極的な理由も見出しがたい。しかし，ここに益金の一般会計繰入の可能性という特殊事情が関係する。

前述の減価償却論争において，太田は減価償却不要の理由として，「帝國鐵道の維持すべき資本は其の實質及び能力」であることの他に，「一定の計算に基く減價償却費を控除せる残餘は純然たる利益即ち自由處分が許さる可き金額なりと解せらるる惧」があることなどを挙げている（鐵道省經理局主計課（編）[1941]，50-51頁）。また西川義朗は，当時「減価償却を実施して益金を算出することになると，その純益は一般事業における利益と同一視され，自由に処分しうるものとみられやすく（西川[1978]，193頁）」なると考えられたと述べている。国有鉄道では期間損益計算のための名目資本維持ではな

く固定財産そのものの維持にかかわる実体資本維持を指向しているが，政府が完全に所有する公企業であることから益金は全額内部留保されるため，十分な額の益金が存在する場合には，減価償却の有無にかかわらず，その内部留保で実体資本維持が達成されうる。しかし，減価償却後の益金を確定してしまうと，それは処分可能な部分とみなされ，他の政府部門に繰り入れられてしまう可能性がある。そのため，敢えて減価償却を実施せずに，補充・改良工事の実施まで費用計上を遅らせることのできる補充費・改良費の計上を行い，益金の性格を曖昧にして外部への流出圧力を牽制したと考えられる。かかる会計行動は，適正な期間損益計算を犠牲にしてまでも実体資本維持を達成しようするものであり，発生主義に基づいた期間損益計算に主眼をおく近代会計理論からは大いに逸脱する会計処理である。ここに第3章で述べた公企業における収益性・損益計算の軽視が影響している。なお，このことは国有鉄道が黒字であることを前提として初めて意味をもつのであるから，非常に危うい状況であったといえる。

IV. 小括

　以上のように，国有鉄道における収益性の軽視が，近代会計理論から逸脱した会計処理を引き起こしたのである。もっとも，当時は未だ近代会計理論の形成期であり，日本国内外の企業が配当政策の一環として固定資産会計を利用していたことを鑑みると（Littleton[1966], p.228; 片野（訳）[1978], 334頁; 高橋[1930], 64-67頁），国有鉄道がとった会計行動はさほど特異ではないかもしれない。しかし，元来帝国鉄道会計法は「鐵道ノ今後經濟的ニ，又始終損益ガ明カニナルヤウニ計算スルニ必要デアラウト云フコトカラ（衆議院事務局（編）[1906], 1頁)」制定されたのであるから，かかる会計行動は当時としても批判されるべきものであったことであろう。

ただし，近代会計理論に則ることの是非にかかわらず，企業維持のためには原価計算上，減価償却費を加算することが必要である。このことは前述した太田の調査によっても認識されており（鐵道省經理局主計課（編）[1941]，18頁），1940（昭和15）年以降制度化された「輸送実費調査」では，間接実費に減価償却費が含められていた（近藤[1992]，17-20頁)[5]。しかしこのことは，「原価計算をつうじて回収した事実をかくし，会計制度上は計上せず国民の目から益金の実態をそらしたといわざるを得ない（近藤[1992]，19頁)」ことに留意すべきである。

---

[5] 「実費調査」とは原価計算を意味する。

結章

総括

Ⅰ. 本論のまとめ

　本書では，近代期日本の国有鉄道会計を俎上に載せ，固定資産会計の展開と複会計システムの伝播の関連について検証してきた。本論の総括を行うにあたり，序章で示した論点を再掲し，その検証結果について概観したい。

1. 国有鉄道会計に複会計システムは導入されたのか。
2. 国有鉄道会計では減価償却が実施されたのか。
3. 減価償却が実施されたのであれば，如何なる減価償却実務が展開されたのか。
4. 減価償却が実施されなかったのであれば，その理由は複会計システムの影響であるのか。
5. 減価償却が実施されなかったのであれば，如何にして固定資産の減価に対応していたのか。

　「1. 国有鉄道会計に複会計システムは導入されたのか」については，第2章において検証された。その過程において，国有鉄道会計は「予算執行会計」と「事業会計」からなる二重構造を有していることが明らかになった。「予算執行会計」は官庁会計の方式による現金収支会計であり，複式簿記を採用していなかった。一方，「事業会計」は企業会計の方式によって複式簿記を採用していた。「資本勘定」・「収益勘定」・「用品勘定」からなる「三勘定制」は「予算執行会計」において採用された制度であり，会計報告書の様式というよりは現金収支の区分を示したものであった。一方，「事業会計」においては複式簿記に基づいて通常の貸借対照表・損益計算表が作成された。国有鉄道会計制度の歴史的変遷を見るに，「予算執行会計」の三勘定制は複会計システ

ムを参照したものであるが，ストック概念をもたない現金収支会計であるために複会計システムそのものの導入とはいえず，資本的支出と収益的支出を区別するという複会計「思考」の伝播にとどまった。公企業たる国有鉄道では配当の必要性がなく，期間損益計算よりも予算議決権を握る帝国議会への予算・決算の提出が重要視されていたため，複会計「思考」は「事業会計」ではなく「予算執行会計」と結びついたと考えられる。

「2. 国有鉄道会計では減価償却が実施されたのか」，「3. 減価償却が実施されたのであれば，如何なる減価償却実務が展開されたのか」については，第3章のⅢにおいて検証された。「各庁作業費区分及受払例則」および「作業費出納条例」の下では，益金の大蔵省納付という形で「減価償戻」なる処理が行われた。しかし，「興業費」として計上された軌道・車輛・建物などは固定資産として認識されず，官庁金銭会計の域を脱していなかったため，「減価償戻」を減価償却とみなすことはできなかった。この「減価償戻」は1885（明治18）年の「鉄道会計条例」制定によって廃止され，その後も減価償却が実施された事実は第二次世界大戦終結後に至るまで看取できない。したがって，本書が分析対象とする近代期の国有鉄道では，減価償却は実施されなかったといえる。

「4. 減価償却が実施されなかったのであれば，その理由は複会計システムの影響であるのか」については，第4章において検証された。昭和初期において減価償却論争が展開されていることから，国有鉄道会計に対する複会計「思考」は減価償却導入の障壁とは考えられていなかったことがわかる。この減価償却論争は，鉄道益金の一般会計繰入の議論に関連して展開されたものであった。元来，国有鉄道は公企業であったために配当の必要がなく，益金が全額特有資本（自己資本）に振り替えられていた。このため，黒字を前提とした場合，事実上の実体資本維持となっており，減価償却の必要性が薄かった。仮に減価償却を実施した場合，残余の益金は処分可能とみなされ一般会計へ繰り入れられる可能性があったため，実施しない方が国有鉄道にとって都合がよかったのである。

「5. 減価償却が実施されなかったのであれば，如何にして固定資産の減価に対応していたのか」については，第3章のⅣおよびⅤにおいて検証された。まず前提として，国有鉄道を含む公企業では，固定資産会計観として「資本維持」思考が重視され，特に，固定資産の給付能力の維持にかかわる「実体資本維持」が指向されていた。これを企図して，「補充費」や「改良費」といった費目の計上によって固定財産の維持がなされていた。「補充費」の会計処理では，固定財産のカレント・コスト額によって現物出資に相当する仕訳と現金による費用支出に相当する仕訳が同時に切られており，これによって固定財産の新設およびその即時償却（「利益処分法」による）と同様の効果を得ていた。一方「改良費」の会計処理では，前述のように内部留保した益金を財源としてカレント・コスト額に相当する「改良費」が支出され，最終的には固定財産勘定に振り替えられていたのである。

　序章で述べたように，日本における固定資産会計の展開に関する先行研究には海運業を対象としたものが多く，鉄道会計に関する研究は等閑視される傾向にあった。その理由の1つは，日本の鉄道業が主として公企業たる国有鉄道によって展開されており，その収益性の軽視から近代会計理論にはそぐわない会計処理が実施されていたと認識されていたためであると考えられる。本書で検証してきた国有鉄道の会計処理を概観すると，そのような認識は一面においては正しいといえるだろう。しかし，一見不合理に思える会計処理であったとしても，その背後には合理性を有していた。国有鉄道会計の場合は「固定財産の維持」を至上命題とし，それに適するよう会計実務を展開してきたのである[1]。

1　この点について，佐々木重人は「わが国の鉄道業の会計実務に対する法規制が，鉄道事業の円滑な運営の根幹ともいえる固定資産の維持や更新という問題と向き合いながら発展してきた（佐々木［2011］，399頁）」と述べている。

Ⅱ．今後の展望

　以降，2つの補章が残っているが，本論の結びとして，今後の展望について触れたい。本書では時代を近代期に限定しているが，いうまでもなく国有鉄道は第二次世界大戦後も存続し，1949（昭和24）年の公共企業体への改組を経て，1987（昭和62）年まで存続した。本書の主題である固定資産会計に注目するとき，1947（昭和22）年の「国有鉄道事業特別会計法」の制定は，戦後の国有鉄道会計の転換点であった。この制定によって，翌年度より減価償却が実施されるようになったのである。これまで頑なと思えるまでに減価償却を実施しなかった背景には，実体資本維持を指向した固定財産維持の考えが存在しており，それは容易には変わらないはずである。むしろ，戦争で荒廃した鉄道設備の復興にこそ，これまでのような会計処理が有効であると考えられる。しかし，かかる会計処理の転換が実施された背景には，発生主義に基づいた近代会計理論に則ることの重要性が認知され始めたこともさることながら，例えば運賃収入の減少によって補充費・改良費による会計処理が立ち行かなくなったなどの理由が推測される。同法の内容は，1946（昭和21）年に運輸省鉄道会議において設置された「会計制度専門委員会（委員長：太田哲三）」での議論に基づくものである（佐々木［2011］，414-416頁）。同委員会での議論の詳細を分析することが必要となるであろう。

補章 **1**

「鉄道国有化」の会計

I. 序

　第3章において「補充費」・「改良費」を用いた会計処理について論じたが，そこでは同会計処理は過大資本化を促進する一因であったと結んだ。しかし，そもそもわが国の鉄道史において重要な転機となった「鉄道国有化[1]」以降，国有鉄道は過大資本化の状態になっていたのである。

　1906（明治39）年，「鉄道国有法」が制定され，主要幹線を所有していた私鉄17社の政府による買収が決定された（**図表 S1-1**）。鉄道国有化は，山田盛太郎による「軍事警察輸送機構（鉄道）に対してのその軍事的保安的統制（山田 [1977]，132頁）」との認識に代表されるように，かつての研究では軍部による主導がクローズアップされてきた。しかし，その過程において被買収鉄道およびその株主の意向を政府は無視できず，彼らに有利となる条件で買収せざるを得なくなった。買収に際しては買収価額と同額（額面）の公債を交付したのであるが，買収価額の算定方法が被買収会社に有利となり，結果的に過大資本化の状態となる事例が存在した[2]。

　鉄道国有化については，経済史・経営史・政治史分野での先行研究は多々あるものの，その会計処理を扱った先行研究は極めて少数である。その会計処理に関する先行研究も，佐藤雄能[3]（佐藤 [1929], [1943]）による買収価額算

1 　本章における「鉄道国有化」の語は，1906（明治39）年の「鉄道国有法」に基づく国有化のみを指す固有名詞として用いている。このため，表題では敢えて「　」をつけたが，これ以降は煩雑さを避けるために「　」を省略して用いる。
2 　各被買収会社を調査すると，中小私鉄の買収に際しては過小資本化が生じているが，被買収17社を総じて見ると過大資本化となっている（図表S1-5参照）。
3 　佐藤雄能（1865~1939年）は明治後期から昭和初期における鉄道官僚である。1899（明治32）年より逓信省鉄道局に勤務し，1933（昭和8）年に後身の鉄道省を退官した。鉄道国有化時は，鉄道国有準備局属兼逓信属として国有化の事務を担当している（大川 [1944]，167-168頁）。

図表 S1-1　鉄道国有化直前（1906年9月）における日本の鉄道網

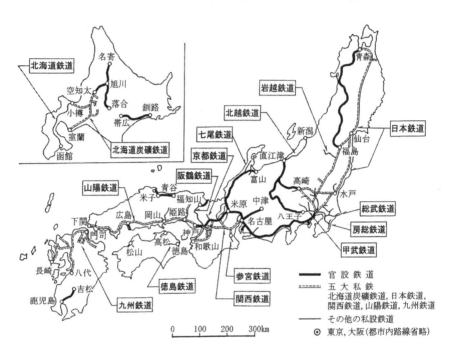

注：☐は国有化された私有鉄道である（この他，大阪市内の西成鉄道がある）。
出所：青木［2008］，197頁。

定方式の解説が主であり，鉄道国有化後の過大資本化の影響を取り扱った研究は存在しない。そのため本章では，鉄道国有化時の会計処理を明らかにした上で，それに伴う過大資本化の実態およびその影響について論じていく。

Ⅱ. 過大資本化の会計

1. 過大資本化の定義

　過大資本化には様々な定義が存在する。以下に過大資本化に関する主要な定義を概観する。

　Edward Sherwood Meade は，「過大資本化は，ある会社の証券の額面価額が利益に基づいたその実際価値を超えるという状況として定義されうる（Meade[1903], p.291)」としている。

　William Z. Ripley は，過大資本化を「物的資産に対する証券の過剰発行と定義されうる（Ripley[1914], p.601)」としている。

　高寺貞男は，財務論者の諸先行研究における過大資本化の定義を「会社証券，特に株式の額面総額が資産の再製作価値または時価をこえる超過額」，「会社証券，特に株式の額面総額が収益還元価値または株価総額をこえる超過額」の2種類に類型化し，自身は前者の定義を採用している（高寺[1979a], 4-5頁）。

　中村萬次は，「過大資本化とは，資本的資産（有形固定資産）と資本的負債（資本金および固定負債）との関係をいう。すなわち名目的な擬制資本が，機能資本の価値を上回る関係をいうのである（中村[1991], 221頁，脚注は省略)」と述べている。

　以上の先行研究を総括すると，過大資本化の定義には，①「会社証券（株式・社債）の額面価額がその実際価値を上回る状態」(Meade) と，②「会社証券（株式・社債）の額面価額が資産の価値を上回る状態」(Ripley, 高寺貞男，中村萬次）の2つが存在している。①は貸借対照表の貸方側における問題であるのに対し，②は貸借対照表の借方側と貸方側の比較の問題である。

ここでいずれの定義が適切であるかを議論することは困難であるが，以下の理由から，本書では②の定義に基づいて議論を進めることとする。後述するが，鉄道国有化に際して国有鉄道が承継したのは，鉄道資産（固定財産）と貯蔵物品（および債務）である。これらの買収価額を鉄道国有法にて規定された方式によって算出し，対価として公債を交付したのである。したがって，鉄道国有化における過大資本化を議論するにあたっては，貸借対照表の借方側と貸方側の比較を問題とする②の定義を採用することが適当である。加えて，被買収会社のうちには国有鉄道が承継しない兼業を有するものがあった。①の定義における「会社証券の実際価値」は収益還元価値あるいは市場価格を指すものであるが，これは全事業の価値を反映するものである。国有化しない事業が存在する以上，①の定義に基づくことは不適当である。

いまひとつの問題は，「資産の価値」は何によって示されるのかである。これに関して具体的に述べられているのは，高寺による「再製作価値または時価」である。しかし，本書での研究対象である国有鉄道に即した場合，その主要資産である鉄道資産（固定財産）を時価評価することは極めて困難である。このため，本章では固定財産に限り帳簿価額を用いることとする。

2. 過大資本化の会計処理

今日，過大資本化は無形資産たる「のれん」の計上によって処理される。かかる方法は鉄道国有化当時においても一般的であったのかについて，少々年代は下るが，吉田[1910]から読み取っていく。

吉田[1910]では，株式が金銭以外の財産に対して発行され，受入財産の価格が発行株式の額面価額を下回る場合，その差額を株主より取り立てうるのであれば資産として計上し，そうでなければ株式割引額として表示すべきとする。しかし，株式の割引発行は各国の法律で禁止されているため，通常は受入財産の価格を発行株式の額面価額と同額として計上する，あるいは「假

図表 S1-2　過大資本化の表示

①貸借対照表			
資産の部		負債の部	
一、工場機械器具等	50,000.00	一、株金	70,000.00
一、株式割引額	20,000.00		
合計	70,000.00	合計	70,000.00

②貸借対照表			
資産の部		負債の部	
一、工場機械器具等	70,000.00	一、株金	70,000.00
合計	70,000.00	合計	70,000.00

③貸借対照表			
資産の部		負債の部	
一、工場機械器具等	50,000.00	一、株金	70,000.00
一、暖簾	20,000.00		
合計	70,000.00	合計	70,000.00

出所：吉田［1910］，173, 174, 177 頁。筆者改編。

定虚構の資産」である暖簾を計上して事実を隠蔽しているとする。前者はイギリス会社法で採用されている方法であるが，いずれの方法も会計上は不法不正であると述べている。例として，50,000 円の工場の買収に際して 70,000 円の株式を発行した場合を考えてみると，財政状態を正当に表示するのであれば**図表 S1-2** の①のようにすべきである。しかし，前述の通り株式の割引発行は違法であるため，実際には②のように資産価格を 70,000 円として水増しする，あるいは③のように暖簾 20,000 円を計上して事実を隠蔽していると述べている（吉田[1910]，170-178 頁）[4]。

---

[4] なお，吉田［1910］における上記の内容は，Hatfield［1909］，pp.167-170（松尾（訳）［1971］，162-165 頁）の内容とほぼ同様である。これは吉田［1910］が「英会計學者「ヂクシー」「リスリー」(Lisle―筆者注)の兩氏及米会計學者「ハットフィールド」氏の數著書を参考し我國会社会計の状態と現行商法とを参酌して編著せるもの（吉田［1910］，自序 3 頁）」であるためであろう。

3. 過大資本化の問題点

　過大資本化（とりわけ鉄道業における過大資本化）の問題点を探るにあたり，19世紀後半から20世紀初頭にかけてのアメリカ鉄道業の状況を見ることが有益であろう。南北戦争後，大陸横断鉄道の建設が進められたのであるが，未開拓地域への株式投資は非常にリスクが高く，株式による資金調達が困難であった。そのため鉄道会社は，投資家に対するリターンが確実な社債による資金調達を行うようになった。その際，社債の販売促進のために，現金100ドルの払込に対して社債100ドルと株式100ドルを交付するという財務政策が採られた。さらに，未払込額の追徴を行わないことを前提とした株式の分割払込制度や社債の割引発行なども実施され，当時のアメリカ鉄道会社は過大資本化された状態であった（佐合[1986]，34-35頁）。

　鉄道会社の過大資本化に関する問題は，利用者・一般大衆との関係，および投資家との関係で発現した。まず，利用者・一般大衆にとっては，設備とサービスの悪化が問題であった。過大資本化された鉄道会社では，過大な株式・社債に対する配当・利子の支払い負担が増すため，設備の維持への支出や十分な減価償却が行われない傾向にあった[5]。さらに，無配であるか株価が低迷している会社では，追加的な株式発行による資金調達は困難であり，借入金による資金調達に依存せざるを得なくなる。しかし，利子支払い能力には限界があり，そもそも過大資本化された会社の信用力は脆弱であり借入そのものが困難である。このため，設備は老朽化したまま使用されてサービスが悪化し，増加した配当・利子を支払うために高運賃が課せられているとの批判が上がった。

---

[5] 当時のアメリカ鉄道会社における減価償却の会計処理には，現在と同様に期間費用として計上する方法の他に，減価償却準備金として配当支払い前もしくは支払い後の利益剰余金から留保する方法が存在した（中村[1991]，182頁）。このため，株主総会の動向等によって減価償却が歪められる可能性が残されていた。

過大資本化は債務不履行あるいは無配を引き起こして株価は暴落し，鉄道株に投資していた投資家は損失を被った。ただし，19世紀において，鉄道証券の所有は東部の一部の州に限られており，利用者・一般大衆に関する問題ほどには重大ではなかった。鉄道証券の所有がアメリカ全土に分散し，全国的な問題となるのは20世紀に入ってからのことである（佐合[1988]，26‒28頁）。

　以上のことより，鉄道業における過大資本化の問題点は，以下の3点に要約されるだろう。

1．配当・利子支払いの負担増による不十分な固定資産維持。
2．配当・利子支払いの負担増を賄うための高運賃。
3．会社証券の過剰発行による市場価格の下落。

　ただし，本書の研究対象である日本の国有鉄道は株式会社ではなく，日本政府が完全所有する公企業であり，鉄道国有化時には対価として被買収会社に対し公債が交付された（後述）。このため，日本の国有鉄道における過大資本化の問題点は，公企業の性格を踏まえて以下の通り修正されるだろう。

1．公債利子支払いの負担増による不十分な固定財産維持（固定財産維持問題）。
2．公債利子支払いの負担増を賄うための高運賃（運賃問題）。
3．公債の過剰発行による市場価格の下落（公債市場価格問題）。

Ⅲ．「鉄道国有法」の制定過程

　明治期の鉄道国有化運動には3回の高揚期がある。すなわち，「第1回目

は，第1次鉄道ブームに終わりを告げた1890年恐慌を背景とするものであり，第2回目は日清戦争前後からの第2次鉄道ブームに続く1897〜98年恐慌と1901年恐慌を背景とするものであり，そして第3回目は，日露戦争中に準備され実現されたものである（桜井［1986a］，101頁）」。

1890（明治23）年恐慌は日本資本主義初の恐慌である。これに起因する私設鉄道会社の資金調達の困難および鉄道建設の停滞を背景として，鉄道国有化運動が高揚した。かねてより鉄道の官設官営主義を主張していた井上勝（鉄道庁長官）は，「鉄道政略ニ関スル議」なる建議書を提出し，それに基づいて鉄道公債法案と私設鉄道買収法案が1891（明治24）年の第2回帝国議会に提出された。しかし，この時期の国有化運動は「鉄道敷設法」を成立させたのみで，私設鉄道の買収は実現されないままであった。

2回目の国有化運動は，1898（明治31）年に東京・京都両商業会議所が，政府と貴衆両院へ鉄道国有化の建議・請願を提出したことに端を発する。元来，自由党が鉄道の国有化を提唱していたこともあり，1899（明治32）年には同党の星亨らが鉄道国有建議案を第13回帝国議会に提出し，可決された。翌年の第14回帝国議会には，鉄道国有調査会の答申に基づいた鉄道国有法案および私設鉄道買収法案が提出されたが，旧自由党内の対立もあって，審議未了で廃案となった。

3回目の国有化運動は，1904〜05（明治37〜38）年に大浦兼武（逓信大臣）と田健治郎（逓信次官）との協議の後，鉄道国有法案が閣議（当時は第1次桂太郎内閣）に提出されたことに始まる。このときは調査不十分により閣議決定はなされなかったが，山之内一次（鉄道局長）を主任とする調査委員会が設置され，「鉄道国有ノ趣旨概要」・「私設鉄道買収調査概要」が作成された。これらに基づく国有化法案は，閣議決定（桂内閣での閣議決定後，内閣は総辞職したため，次の第1次西園寺公望内閣で修正の後再度閣議決定された）の後，第22回帝国議会に提出され，修正の後に可決された（桜井［1986a］，101-102, 109-110頁；桜井［1986b］，114頁）。

ところで，鉄道国有化に対する被買収会社の反応はどのようなものであっ

たであろうか。宇田正は,「国有化には原則として反対ないし抵抗の姿勢を示したケースは,採算路線を擁して経営基盤が安定しているか,ないしはその発展が約束されている交通市場に立地した関西以西の幹線的大私鉄グループにおいて見られる(宇田[1976],101頁)」と述べている。例えば,当時日本最大の私鉄であった日本鉄道は,成立事情や資本によって「半官鉄」の性格を帯びており,ある程度国有化を必然と受け止めていたようである。また甲武鉄道は,既に1902(明治35)年には参謀本部から買収の内交渉があり,同年12月の臨時株主総会では過半数が買収に賛成していた。このように東日本の大私鉄が買収を受け入れる一方で,関西鉄道は「一般運送ノ用ニ供スル鐵道ハ總テ國ノ所有トス但シ一地方ノ交通ヲ目的トスル鐵道ハ此ノ限ニ在ラス(鉄道国有法第1条,傍点は筆者)」という条文を盾に「鉄道国有除外請願書」を提出した。それと同時に,どのみち国有化は不可避との現実的判断から,買収価額算出を有利にしようと建設投資を増やす計画を進めていた(後述)。また,三菱財閥との関係が深い九州鉄道も国有化に反対であった。第1次西園寺内閣での閣議に際して,岩崎弥太郎の女婿である加藤高明外相が抗議の辞職をしている。さらに,国有化に反対ではないが,買収価額の算定が有利になるよう法律改正を請願する動きが,北越鉄道や京都鉄道などの地方中小私鉄に見られた(宇田[1976],100-104頁)。

　以上のような状況を鑑みると,鉄道買収の過程において被買収会社が優位に立つであろうことは容易に想像がつく。このことは,後述する買収価額の算定において顕在化する。

Ⅳ. 買収価額の算定式—「私設鉄道法」と「鉄道国有法」—

　鉄道国有化当時,私有鉄道を規制する法律は1900(明治33)年制定の「私設鉄道法」であった。当該法では「政府ハ本免許状下付ノ日ヨリ満二十五箇

図表 S1-3　鉄道買収価額の算定方法

Ⅰ.投資金を基準とするもの	1.払込株金額を基礎とするもの	
	2.建設費の決算額を基礎とするもの	A.国債を額面で交付
		B.国債を時価で交付
		C.現金を交付
	3.新に建設する金額によるもの	
	4.分解売却方法によるもの	
Ⅱ.利益金を基準とするもの	1.利益の配当を基礎とするもの	
	2.株式の時価を基礎とするもの	A.買収当時の時価によるもの
		B.数年間の株価の平均によるもの
	3.益金を基礎とするもの	A.平均益金を市場金利で還元し現金を交付
		B.平均益金を基礎として現金を交付
		C.平均益金を国債利率で還元し国債を交付
Ⅲ.上記の折衷法		

注1：網掛は佐藤［1929］に記述のないものである。
注2：本章における「建設費」とは，特に断りがない限り，ストック項目たる固定財産額を意味する。
出所：佐藤［1929］，144-161頁；佐藤［1943］，182-198頁に基づき筆者作成。

年ノ後鐵道及附屬物件ヲ買上クルノ權ヲ保有ス（第72条）」として，政府による強制買収権および買収価額の算定式が規定されていた。しかし，鉄道国有法においては私設鉄道法とは異なる算定式を新たに規定している。本節では，両者の詳細について概観する。なお，佐藤雄能によると，鉄道買収価額の算定方法は**図表S1-3**のように分類される。

1.「私設鉄道法」における買収価額規定

私設鉄道法では，以下のように買収価額算定式が規定されていた。

> 第73條　前條ニ依リ鐵道及附屬物件ヲ買上クルトキハ前五箇年ニ株券價格ヲ平均シテ買上價格ヲ定ム
> 　　前項ノ價格ガ會社ニ於テ前五箇年ニ株主ニ支拂タル純益金ノ配當平

均額ノ二十倍ノ金額ヲ超ユルトキハ該金額ヲ以テ買上價格ト爲スヘシ
第74條　鐵道及附屬物件ノ狀態不完全ナルトキハ其ノ補修ニ要スル費額ヲ前條ノ金額ヨリ控除シタルモノヲ以テ買上價格ト爲スヘシ
　前項補修ニ要スル費額ニ付協議調ハサルトキハ鑑定人ノ意見ヲ聽キ政府之ヲ定ム
　鑑定人ノ選定ニ關スル規則ハ敕令ヲ以テ之ヲ定ム

すなわち，第73条においては，①過去5年間の平均株価と②過去5年間の平均配当額の20倍の数値を比較して大きい金額を買収価額とすること，第74条においては，固定資産の状態が不完全である場合には，補修費額を買収価額から控除すること，補修費額について協議がまとまらない場合は，鑑定人の意見を聴いた上で政府が決定すること，鑑定人の選定は勅令によることが定められた。

佐藤雄能は，②過去5年間の平均配当額の20倍の数値について，「是迄配当金として受けて居つた金額を得せしむる趣旨だとすれば，金利は年五分と看做したものと思はれる（佐藤[1929]，154頁）」と述べている。すなわち，かかる数値は過去5年間の平均配当額を5％で資本還元を行った結果である[6]。私設鉄道法に規定された買収価額算定方法を式にすると，以下の通りとなる（V：買収価額，P_t：t期の平均株価，D_t：t期の平均配当）。

$$V = \max\left(\frac{\sum_{t=-5}^{-1}P_t}{5}, \frac{\frac{\sum_{t=-5}^{-1}D_t}{5}}{0.05}\right) = \max\left(\frac{\sum_{t=-5}^{-1}P_t}{5}, \frac{20\sum_{t=-5}^{-1}D_t}{5}\right)$$

しかし佐藤は，かかる算出方法の欠点を指摘している。まず，①の方法については以下の通り欠点を挙げている（佐藤[1929]，145-146頁）。

---

[6] ここでの割引率5％は，買収の対価として交付する公債のクーポン・レートであると推測される。私設鉄道法には買収の対価についての規定は存在しないが，1892（明治25）年の鉄道敷設法には「私設鐵道買收費用ハ公債ヲ發行シ代價トシテ其ノ會社ニ交付スヘシ（第12条）」と規定されている。

1．「取引所の取引にかけられてない株式の價格は，どうして其の價格を定めるか」。
2．「數箇所の取引所で取引せられて居る株式は，日本全國の各取引所の平均に依るか」。
3．「優先株のあるとき，殊に數年間の拂込額が相違するときには，如何にして其の平均價格を算出するか」。
4．「舊株と新株とあつて，拂込金額の相違するときには，如何にして其の平均價格を算出するか[7]」。
5．「平均價格に依るには，毎日の取引株式數と其の取引價格との積數を調査して，計算せねばならぬ，若し全國各取引所の五箇年間の平均價格を調査することとならば，容易のことではないのである」。
6．「又株式價格に依るときは，被買收鐵道會社が，兼業を有するけれど之を買收しないで，鐵道だけを買收する場合に，其の價額の算定は殆と出來ないことに爲る，假令兼業がないとしても，其の鐵道の一部分を買收する場合にも，亦株式價格では，買收價額の算定は出來ぬことに爲る」。
7．「鐵道の建設費が，全部株金で支辨せられて居るならば，他の事情を除けば，株式價格で買收價額を算定するは，必しも不當ではなからうが，實際上鐵道の建設費は，多少こそあれ借入金に依らぬものは，殆どないくらいである，斯る場合に債務をば承繼せず只株式價格で鐵道を買收せんとするは不合理の甚しいものである」。

---

[7] 明治初期より，株式会社では「株式分割払込制」が採用されており，法的には1890（明治23）年の旧商法で制度化された。この制度は，株主の株式払込負担の軽減，会社の資本金遊休化の回避および配当支払いの負担軽減を目的としたものである。株式購入時には最低限その金額の1/4を払い込むだけでよく，残額は取締役の請求があり次第払い込んでいた。配当は実際に払い込まれた金額に対して支払われたが，未払込額のある株式でも1株の議決権を行使することが可能であった。株式市場においては，払込割合の低い株式の方が相対的に高い株価がついていた。また，鉄道会社に限っていえば，資本金額の1/10以上の払い込みで登記が可能であった（野田［1980］，205-212頁；青地［2014］，269-278頁）。

また，②の方法については，以下のような欠点を指摘している（佐藤[1929]，154頁）。

8．「會社は利益の中より，法定準備金其の他の積立を爲すとか，財産價額を消却するとか，後期繰越金を爲すとか，配當金以外の利益はあるので，單に配當金のみを標準としては，實際に伴はないものと爲る」。
9．「鐵道業が會社に依りて經營せられ，他に兼業を有しない場合に限り，適用し得る」。

上記の算出方法に対する佐藤の批判は，主として運用上の困難性（1〜5），および被買収会社が兼業を有する場合の不合理性（6,9）の見地からなされたものである[8]。このため，「鉄道国有法」では新たな買収価額の算定式が規定されたのである。

2. 「鉄道国有法」における買収価額規定

鉄道国有法では買収価額について以下のように規定している。

第5條　買收價格ハ左ニ揭クルモノトス
　一　會社ノ明治三十五年後半期乃至明治三十八年前半期ノ六營業年度間ニ於ケル建設費ニ對スル益金ノ平均割合ヲ買收ノ日ニ於ケル建設費ニ乘シタル額ヲ二十倍シタル金額
　二　貯藏物品ノ實費ヲ時價ニ依リ公債券面金額ニ換算シタル金額但シ借

---

[8] 7については，企業合併を行って負債も承継するのであれば合理性は保たれるが，ここで求めているのは「鐵道及附屬物件」，すなわち資産のみの買収価額であるため，佐藤の指摘通り問題は残るだろう。8についても，理論上，配当を割り引いて導出されるのは株主資本の時価であるため，やはり資産のみの買収価額としては不適切である。

入金ヲ以テ購入シタルモノヲ除ク

　前項第一號ニ於テ益金ト稱スルハ營業收入ヨリ營業費,賞與金及收益勘定以外ノ諸勘定ヨリ生シタル利息ヲ控除シタルモノヲ謂ヒ益金ノ平均割合ト稱スルハ明治三十五年後半期乃至明治三十八年前半期ノ毎營業年度ニ於ケル建設費合計ヲ以テ同期間ニ於ケル益金ノ合計ヲ除シタルモノノ二倍ヲ謂フ

第6條　借入金ハ建設費ニ使用シタルモノニ限リ時價ニ依リ公債券面金額ニ換算シ買收價格ヨリ之ヲ控除ス

　會社カ鐵道及附屬物件ノ補修ヲ爲サス又ハ鐵道建設規程ニ依リ期限內ニ改築若ハ改造ヲ爲ササル場合ニ於テハ其ノ補修,改築又ハ改造ニ要スル金額ハ前項ノ例ニ依リ買收價格ヨリ之ヲ控除ス

第7條　資本勘定ニ屬スル支出ハ借入金ヲ以テシタルモノヲ除クノ外順次ニ建設費及貯藏物品ニ對シ之ヲ爲シタルモノト看做ス

　借入金ノ支出ハ前項ノ支出ノ後ニ爲シタルモノト看做ス

第8條　會社カ明治三十八年前半期ノ營業年度末ニ於テ運輸開始後六營業年度ヲ經過シタル線路ヲ有セサル場合又ハ第五條第一項第一號ノ金額カ建設費ニ達セサル場合ニ於テハ政府ハ其ノ建設費以內ニ於テ協定シタル金額ヲ以テ第五條第一項第一號ノ金額ニ代フ

第12條　買收代價ハ買收ノ日ヨリ五箇年以內ニ於テ券面金額ニ依リ五分利付公債證書ヲ以テ之ヲ交付ス但シ五十圓未滿ノ端數ハ之ヲ五十圓トス

　會社殘餘財產ノ分配ハ前項公債證書ヲ以テス

　（第3項省略）

附則

第二條ニ揭クル會社ノ本法發布以後ニ於ケル貯藏物品ノ購入,建設費ノ增減及債務ノ負擔ニ付テハ主務大臣ノ認可ヲ受クヘシ

前項ノ認可ヲ受ケサルモノニ付テハ政府之ヲ承繼セス但シ政府ハ其ノ額ヲ査定シ又ハ相當ノ補償ヲ徵シテ之ヲ承繼スルコトヲ得

上記の条文による規定を要約すると，以下の通りとなる。

1. 買収価額は下記㋐㋑の合計である。ただし，借入金によって建設・購入したものは控除する。
   ㋐　1902（明治35）年後半期から1905（明治38）年前半期にわたる6営業年度の益金の合計を同期間の建設費の合計で除して2倍したものに買収日における建設費をかけた額の20倍の額（下式参照。なお，Vは買収価額，π は益金，C_t は t 期における建設費を示し，$t = -6$ は1902年度後半期，$t = -1$ は1905年度前半期，$t = 0$ は買収日を示す）。

$$V = \frac{\sum_{t=-6}^{-1} \pi_t}{\sum_{t=-6}^{-1} C_t} \times 2 \times C_0 \times 20 = \frac{40 C_0 \sum_{t=-6}^{-1} \pi_t}{\sum_{t=-6}^{-1} C_t}$$

   ㋑　貯蔵物品の時価。
2. 1.の金額が建設費に達しない場合や1905（明治38）年前半期末において開業後6営業年度を経過した路線を有しない場合は，政府と鉄道会社との協定によって買収価額を決定する。
3. 買収代価は買収日から5年以内に五分利付公債によって交付される。
4. 法律発布以降の建設費・貯蔵物品・債務の増減については主務大臣（逓信大臣）の認可を必要とする。
5. 無認可の建設費・貯蔵物品・債務は原則として承継しないが，その額を査定して代価を交付（資産の場合）ないし徴収（負債の場合）することで承継しうる。

買収価額の大部分を占めると考えられる1.㋐の算定式は，「鐵道業者が従来得て居った営業上の益金と買収せられた後に，國債證券（五分利公債―筆者注）の利子として得る所と同一ならしむる趣旨に出づるもの（佐藤［1929］，158頁）」であった。もっとも，算定式を見ると，買収された後には従来の益金の約2倍の額が公債利子として得られることとなり，この記述とは齟齬が生じる[9]。

V. 鉄道国有化の実施

1. 被買収会社の対応

　上記のような買収価額の算定による鉄道国有化の強制に対し，被買収会社の反応が様々であったことは前述した通りである。しかし，次第に大方の被買収会社が鉄道国有化は不可避と考えるようになり，現実路線として買収価額の吊り上げを画策し始めた。買収価額の吊り上げは，①買収日における建設費を増加させるか[10]，②益金割合を増加させるか，いずれかの方法によった（桜井［1986b］，117-120頁）。

　政府は①への対策として，鉄道国有法の附則第1項において，建設費の増加に対する主務大臣の認可という一応の規制を設けていた。しかし実際には，佐藤をして「なかなかそんな規定に抑へられる様な，おとなしい私設鐵道會社は一つだつてありませんでした（佐藤［1933］，23-24頁）」と言わしめる状況であった。申請した建設費が認可されなかった鉄道会社は，北海道炭礦・甲武・日本・山陽・九州・総武・関西・参宮の各鉄道であったが，いずれの会社も無認可建設費額は総建設費額に対して非常に小さな割合しか占め

---

9 前記鉄道国有法第5条第2項の後半部（「益金ノ平均割合ト稱スルハ明治三十五年後半期乃至明治三十八年前半期ノ毎営業年度ニ於ケル建設費合計ヲ以テ同期間ニ於ケル益金ノ合計ヲ除シタルモノノ二倍ヲ謂フ（傍点は筆者）」）における「二倍」の文言は，1906（明治39年）2月17日に閣議（第1次西園寺公望内閣）へ提出された法案の段階では存在していない。同法案は閣議にて修正の後，3月3日に第22回帝国議会へ提出されたが，ここでは「二倍」の文言が見られることから，同閣議での修正時に挿入されたことが推測できる（日本国有鉄道（編）［1971a］，180-185頁）。おそらくは被買収会社およびその株主に配慮したものと推察されるが，詳細については不明である。

10 鉄道国有法第5条の一に規定された算定式に基づくと，買収日における建設費が1円増額するごとに買収価額は $40\sum_{t=-6}^{-1}\pi_t / \sum_{t=-6}^{-1} C_t$ 円増加することとなる。

ていない。すなわち，鉄道会社の建設費認可申請は大方受理されたこととなる。また，無認可建設費に関しても，附則第2項の規程によって政府による買収の可能性が残されており，実際には決算額以上に査定されて買収価額に組み入れられた（**図表S1-4**）。

②による買収価額の吊り上げにはいくつかの方法が存在した。例えば，政府は益金割合の算出における「建設費」について，会計年度末の決算額を用いるつもりであった。しかし，1907（明治40）年5月13日に甲武鉄道から建設費額を「開業線及未開業線ニ區分シ更ニ其開業線建設費中半期ノ中間ニ於テ使用ヲ開始シタル部分ニ限リ使用開始ノ月ニ依リ月割計算（遞信省（編）［1909］，812頁）」とすべき旨の具申が，同年6月12日には山陽鉄道から「未開業中ノ該線建設費ハ毎営業年度末（「年度末」の間違いか―筆者注）建設費ノ合計ヨリ控除（遞信省（編）［1909］，813頁）」すべき旨の具申が提出された。被買収会社側としては，算出式の分母を小さくすることで益金割合を増加させる意図があったようであるが，これに対し，政府は甲武鉄道の具申を採用することにした（遞信省（編）［1909］，812-818頁；佐藤［1943］，439-440頁）。その他にも，甲武鉄道の清算人が「所得税金ハ営業費中ヨリ除外（遞信省（編）［1909］，822頁）」する旨の陳情書を提出する，営業費に属すべきものを建設費に振り替えるなど，被買収会社側は様々な方法を模索しており，そのほとんどが政府によって容認された（野田［1980］，301頁；桜井［1986b］，120頁）。

以上のように，買収手続は被買収会社に有利に進められたのであるが，その理由は鉄道国有法で定められた審査委員の制度にも求めることができる。同法第9条では，権利義務の承継や計算に異議のある場合，あるいは第8条に該当する会社との協定が成立しない場合に審査委員が決定を行う旨が規定されていた[11]。しかし，「國有準備局は一度審査委員會を開くときは，一々委員會に付さなければならぬことに爲り，買収事務の結了を遅延せしめるに至ることを恐れ，極力委員會を開くことを避けようと努め，會社の主張は少しでも理由の付け得ることは之を容れた（佐藤［1943］，440頁）」のである。

図表 S1-4　鉄道買収代価明細表

会社名	買収日における建設費 A	建設費に対する益金平均割合 B	買収価額 (A×B×20) C	無認可建設費 決算額 D	無認可建設費 査定買価額 E	買収価額計 (C＋E) F	資本勘定所属以外の土地 G	買収価額総計 (F＋G) H
北海道炭礦	12,152,354.687	0.124939306256	30,366,135.280	10,461.530	11,550.767	30,377,686.047	110,971.953	30,488,658.000
甲武	4,895,013.288	0.145186570165	14,213,803.800	51,374.674	56,723.721	14,270,527.521	—	14,270,527.521
日本	55,057,845.419	0.124967668648	137,609,011.680	55,110.059	61,465.602	137,670,477.282	—	137,670,477.282
岩越	2,729,243.134	—	2,521,498.000	—	—	2,521,498.000	—	2,521,498.000
山陽	38,128,695.580	0.102973818840	78,525,147.820	146,387.896	163,854.820	78,689,002.640	—	78,689,002.640
西成	1,751,238.595	—	1,704,509.318	—	—	1,704,509.318	—	1,704,509.318
九州	56,323,731.692	0.100979731826	113,751,106.440	2,320,867.795	2,593,727.978	116,344,834.418	—	116,344,834.418
北海道	11,365,391.121	—	11,365,391.121	—	—	11,365,391.121	—	11,365,391.121
京都	3,457,794.206	—	3,340,468.500	—	—	3,340,468.500	—	3,340,468.500
阪鶴	6,932,817.617	—	6,927,850.000	—	—	6,927,850.000	—	6,927,850.000
北越	7,307,031.866	0.053013837279	7,307,475.960	—	—	7,747,475.960	—	7,747,475.960
総武	6,153,763.604	0.104435349336	12,853,409.040	15,618.074	17,745.795	12,871,154.835	—	12,871,154.835
房総	2,215,543.623	—	2,135,000.000	—	—	2,135,000.000	—	2,135,000.000
七尾	1,532,488.730	—	1,490,000.000	—	—	1,490,000.000	—	1,490,000.000
徳島	1,331,748.463	—	1,310,000.000	—	—	1,310,000.000	—	1,310,000.000
関西	24,789,882.782	0.072635863482	36,012,690.820	102,687.037	117,182.514	36,129,873.334	—	36,129,873.334
参宮	2,772,299.758	0.099144393358	5,497,159.560	36,824.002	38,355.247	5,535,514.807	—	5,535,514.807
合計	238,896,884.165	—	467,370,657.339	2,739,331.067	3,060,606.444	470,431,263.783	110,971.953	470,542,235.736

注：網掛の欄は計算の誤りがあるが、1円未満と少額であるため、原典のままとした。
出所：逓信省（編）［1909］、附録58頁。一部改変。

2. 鉄道国有化による過大資本化

　結果，鉄道国有化における過大資本化は**図表S1-5**のようになった。買収価額の算定では被買収会社の益金額が変数となっているため，収益性の高い路線を有する会社の買収において過大資本化が発現する傾向にあった。収益性の低い路線を有する会社の買収については過小資本化の状態にあったが，17社合計額としては，212,570,669円33銭9厘が過大となっている。17社の純資産総額が243,624,330円66銭1厘であるから，約1.87倍の過大資本化であり，これは資産の過大表示として現れた。

　次に，買収後の国有鉄道は，過大資本化を貸借対照表上どのように処理していたかについて検証する。**図表S1-6, 7**は1907（明治40）年度および1908（明治41）年度における国有鉄道の資産負債表（貸借対照表）である[12]。この借方には「のれん」に相当する勘定科目を見出すことはできず，代わりに「公債差減」なる勘定科目が存在している。これは1907,1908年度のみに計上されている。ここから鉄道買収公債は割引発行され，吉田［1910］が示す過大資本化の表示方法の①に相当するとも推測できるが，鉄道国有法が「買収代価ハ買収ノ日ヨリ五箇年以内ニ於テ券面金額ニ依リ五分利付公債證書ヲ以テ之ヲ交付ス（第12条，傍点は筆者）」と規定しており，実際も割引発行された形跡は見受けられない（大藏省（編）［1956］，880-883頁）。また，仮に割引発行であるとしても，その割引額は過大資本化額に比して過小である。一方，固定財産勘定を見ると，国有化以前の固定財産価額に被買収会社から承継する資産総額を加味したとしても，明らかに過大である。このため，国有鉄道の貸借対照表における過大資本化の表示方法は，固定財産の過大表示

---

[11]「左ニ掲クル場合ニ於テハ政府ハ審査委員ヲシテ決定ヲ爲サシムヘシ／一　權利義務ノ承繼ニ關シ又ハ計算ニ關シ會社ニ於テ異議アルトキ／二　前條ノ場合ニ於テ協定調ハサルトキ（第9条，第2, 3項は省略）」。

[12] 原典では縦書きであるが，紙幅の都合上，横書きとしている。

図表 S1-5　鉄道国有化による過大資本化

被買収会社	承継資産総額 A	承継借入金（純額）B	純資産額（A-B）C	公債交付総額 D	過大(小)資本化額 (D-C)
北海道炭礦	13,015,431,883	283,331,778	12,732,100,105	30,997,100,000	18,264,999,895
甲武	5,804,689,529	—	5,804,689,529	14,599,550,000	8,794,860,471
日本	60,895,085,026	—	60,895,085,026	142,523,600,000	81,628,514,974
岩越	2,750,328,971	110,328,971	2,640,000,000	2,422,000,000	▲218,000,000
山陽	42,366,107,680	5,060,000,000	37,306,107,680	76,639,200,000	39,333,092,320
西成	2,230,788,595	301,238,595	1,929,550,000	1,846,900,000	▲82,650,000
九州	69,889,758,605	2,986,250,000	66,903,508,605	118,508,150,000	51,604,641,395
北海道	11,442,975,216	—	11,442,975,216	6,131,500,000	▲5,311,475,216
京都	3,475,508,284	55,000,000	3,420,508,284	3,296,400,000	▲124,108,284
阪鶴	7,630,742,428	3,237,000,000	4,393,742,428	4,284,350,000	▲109,392,428
北越	7,396,161,255	3,670,000,000	3,726,161,255	3,721,800,000	▲4,361,255
総武	6,468,669,422	475,069,422	5,993,600,000	12,406,050,000	6,412,450,000
房総	2,234,903,683	1,080,000,000	1,154,903,683	960,400,000	▲194,503,683
七尾	1,550,864,420	446,010,000	1,104,854,420	994,300,000	▲110,554,420
徳島	1,359,410,611	596,000,000	763,410,611	697,200,000	▲66,210,611
関西	26,198,871,855	6,326,680,912	19,872,190,943	30,437,550,000	10,565,359,057
参宮	3,540,942,876	—	3,540,942,876	5,728,950,000	2,188,007,124
合計	268,251,240,339	24,626,909,678	243,624,330,661	456,195,000,000	212,570,669,339

出所：逓信省（編）[1909]、附録 47、57 頁に基づき筆者作成。

図表 S1-6　1907（明治40）年度資産負債表

資　　産	金　　額	負　　債	金　　額
現　　金	一一九,五二七,八五〇	未　還　資　本	二八三,三五五,二一七,五九一
前　拂　金	五,七〇〇,一四四,六七六	既　還　資　本	七一,二三三,九一六,三八五
固　定　財　産	三六一,八九七,九一九,三九三	特　設　資　本	二五,七一八,三二三,一六四
用　品　資　金	五,〇〇〇,〇〇〇.〇〇〇	歳入歳出外受入	一一六,七五九,一五〇
鐵　道　用　品	七,六〇九,九五九,三三六	合　　計	三八〇,四六四,二一六,二九〇
公　債　差　減	一三六,六六五,〇三五		
合　　計	三八〇,四六四,二一六,二九〇		

注：図表 2-20 の再掲。
出所：鐵道院（編）［1909］, 53-54 頁。

図表 S1-7　1908（明治41）年度資産負債表

資　　産	金　　額	負　　債	金　　額
現　　金	六三,九九三,九七〇	未　還　資　本	六五五,七一六,一二三,八九七
固　定　財　産	七三二,八五四,二五八,三〇九	既　還　資　本	六一,七〇三,五七七,八一六
前　拂　金	九,三〇七,〇九七,四〇三	特　設　資　本	三六,四六七,二八六,七七八
用　品　資　金	五,〇〇〇,〇〇〇.〇〇〇	歳入歳出外受入	六三,九九三,九七〇
鐵　道　用　品	三,四八三,六九四,一八四		
公　債　差　減	三,二一一,九三八,五九五		
合　　計	七五三,九五〇,九八二,四六一	合　　計	七五三,九五〇,九八二,四六一

出所：鐵道院（編）［1910］, 71 頁。

（吉田［1910］が示す方法の②）であったと確認できる。

　国有鉄道は何故，過大資本化を固定財産の過大表示によって処理したのであろうか。吉田［1910］に示された方法のうち，①は鉄道買収公債が割引発行されていないために採用はできず，採りうる方法は②資産の過大計上か③のれんの計上である。当時の日本ではのれんの計上はほとんど例を見なかったこともあり，資産の実在性を強調するためには，現物資産の過大計上が適当だと考えられていたのではないだろうか。特に，国有鉄道における固定財産は，鉄道公債の担保となりうるものであり，鉄道公債の信用および市場価格の維持のためには，無形資産よりも有形の固定財産として計上すべきであると判断されたのではないかと推測される。

3. 鉄道買収公債の交付

鉄道国有法には,「政府ハ明治三十九年ヨリ明治四十八年迄ノ間ニ於テ本法ノ規定ニ依リ左ニ揭クル私設鐵道株式會社所屬ノ鐵道ヲ買收スヘシ（第2条）」,「買收代價ハ買收ノ日ヨリ五箇年以內ニ於テ券面金額ニ依リ五分利付公債證書ヲ以テ之ヲ交付ス（第12条）」とあった。鉄道買収期間を10年以内とし，鉄道買収公債の交付期間を5年以内としたのは，公債の交付が一度に集中した場合の市場価格下落を回避するためであった。しかし，被買収鉄道会社が前述のような方法をもって買収価額の吊り上げを画策したため，政府は日程を繰り上げ，1907（明治40）年10月までに予定していた17社全てを買収したのである（野田[1980]，298頁）。

買収開始直後，日本は恐慌に見舞われ，鉄道株や公債の価格下落が深刻となった。それでも公債価格は80円台の相場を維持していたが（**図表S1-10**参照），鉄道株は公債に換算して62～3円まで低落していた。そのため，被買収会社の株主は鉄道買収公債の早期交付を求め，全国手形交換所聯合会・全国商業会議所聯合会からも早期交付の建議が提出されたが，政府は一層の公債価格下落を懸念してこれらには応じなかった。銀行などの金融資本家はこの状況に乗じて鉄道株に買い向かい，鉄道株の銀行への集中が生じた。

1908（明治41）年に第1次桂太郎内閣が成立し，緊縮財政や国債整理などの政策により，公債価格の下落は1908年後半より上昇に転じた。政府は1909（明治42）年3～4月に，1906（明治39）年中に買収した各鉄道会社の株主に鉄道買収公債を交付し，6～7月に残りの各鉄道会社の株主にも交付した（**図表S1-8**）。この際，公債価格への悪影響を恐れて甲種登録国債[13]の形式で交付したのであるが，流動性を欠く登録国債は旧株主にとって不評

---

[13] 1906（明治39）年の「国債ニ関スル法律」によって規定された国債の一種である。所有権その他の権利が日本銀行に登録され，証券は発行されない。登録除却によって証券の現物を受け取ることは可能であったが，手続が複雑であった（野田[1980]，344頁）。

図表 S1-8　買収日・公債交付日・交付額

会社名	買収日	交付日	交付額
京釜	1906年7月1日	1908年6月30日	20,123,800
北海道炭礦	10月1日	1908年3月31日	30,997,100
甲武	10月1日	1908年5月15日	800,000
		1909年3月31日	13,799,550
日本	11月1日	1909年4月30日	142,523,600
岩越	11月1日	1909年4月30日	2,422,000
山陽	12月1日	1908年4月30日	1,500,000
		1909年5月31日	75,139,200
西成	12月1日	1909年5月31日	1,846,900
九州	1907年7月1日	1909年6月30日	118,508,150
北海道	7月1日	1909年6月30日	6,131,500
京都	8月1日	1909年7月31日	3,296,400
阪鶴	8月1日	1908年6月30日	273,650
		1909年7月31日	4,010,700
北越	8月1日	1909年7月31日	3,721,800
総武	9月1日	1908年7月15日	150,000
		1909年7月31日	12,256,050
房総	9月1日	1909年7月31日	960,400
七尾	9月1日	1908年6月30日	100,000
		1909年7月31日	894,300
徳島	9月1日	1908年10月31日	100,000
		1909年7月31日	597,200
関西	10月1日	1909年7月31日	30,437,550
参宮	10月1日	1909年7月31日	5,728,950

出所：大蔵省（編）［1956］，881-882頁に基づき筆者作成。

であった（野田［1980］，344-345頁）。

VI. 国有鉄道における過大資本化の問題

過大資本化の問題点は、本章Ⅱ.3.で述べた通りである。本節では、上記3点の問題について、その実態について論じる。

1. 固定財産維持問題

国有鉄道における固定財産の維持については、第3章において論じた通りである。国有鉄道では名目資本維持を指向する減価償却ではなく、実体資本維持を指向する「補充費」・「改良費」による会計処理が実施されていた。**図表3-12**で示したように、1931（昭和6）年度を除いて「撤去・廃滅高」を上回る補充費・改良費が計上されており、固定財産の維持は達成されていたと考えられる。

しかし、**図表3-12**では補充費・改良費額を物価指数にて調整しているにもかかわらず、撤去・廃滅高以上に計上されているというのは過大計上の可能性がある。鉄道国有化時の会計処理に加えて、固定財産の維持に際しても過大資本化が促進されていたと考えられる。

2. 運賃問題

アメリカ鉄道会社での過大資本化に伴う高運賃は、配当や利払いの負担増が輸送原価に転嫁された結果であった。しかし、当時の日本の国有鉄道では、運賃設定のための原価計算は実施されていなかった。したがって、原価

図表 S1-9　旅客運賃率の変化

距離 (マイル)	1人1マイルあたり（円）					
	一等		二等		三等	
	1902年	1907年	1902年	1907年	1902年	1907年
0.1　～50	0.049500	0.041250	0.028875	0.024750	0.016500	0.016500
50.1　～100	0.042000	0.032500	0.024500	0.019500	0.014000	0.013000
100.1～200	0.033000	0.025000	0.019250	0.015000	0.011000	0.010000
200.1～300	0.027000	0.020000	0.015750	0.012000	0.009000	0.008000
300.1～	0.024000	0.017500	0.014000	0.010500	0.008000	0.007000

注：1902年の賃率表では，1マイル未満の距離は記載されていない。
出所：松岡［1914］，578-582頁に基づき筆者作成。

　計算上，鉄道買収公債の利子が輸送原価に転嫁されたことを確認することはできないが，実際に設定された運賃率が鉄道国有化前後で如何に変化したかを検証する。

　まず，旅客運賃について検証する。旅客運賃は1人1マイルあたりの運賃率が設定されており，距離が長くなるにしたがって運賃率が逓減する「遠距離逓減法」を採っている。鉄道国有化以前の運賃率は1902（明治35）年に設定されたものであったが，国有化後の1907（明治40）年に改定された（**図表 S1-9**）。改定前後の旅客運賃率を比較すると，改定によって賃率は低減している。ここから，旅客にとって過大資本化の影響を受けることはなかったと考えられる。なお，この後，1918（大正7）年にも賃率改定が実施され，ここでは賃率が上げられることになるのであるが，これは，第1次世界大戦に伴うインフレーションの影響である（中川［1936］，184頁）。

　次に，貨物については，1901（明治34）年に逓信省告示第37号によって，「鉄道作業局大貨物運賃，手数料，及等級表」が制定されていた。国有化後は「遠距離逓減法」を貨物運賃にも導入するなど，一般割引に修正を加えた程度で，1912（明治45・大正元）年まで現行であった（松岡［1914］，661，682頁）。

　上記のことより，鉄道国有化に伴う賃率の変化は，上昇どころかむしろ割

引が強化されており，鉄道買収公債利子の運賃への転嫁を看取することはできない。

3. 公債市場価格問題

　鉄道国有化に際して多額の公債が発行され，その結果として公債の市場価格が下落するであろうことは容易に想像できる。このことは，政府にとっては今後の公債発行に支障をきたす可能性があった。**図表 S1-10** に五分利公債市場価格の推移を示しているが，1910（明治43）年後半から緩やかな下落傾向を示している。しかし，1908（明治41）年後半から1910年半ばまでは，公債の市場価格は上昇傾向にあった。この理由として，まず鉄道買収公債（甲号五分利公債）の需要増が考えられる。

　前述の通り，鉄道買収公債は流動性を欠く甲種登録国債として交付された。ここに，鉄道買収公債の市場取引を制限して公債市場価格の維持を図ろうとする政府の意図を看取することができる。しかし，公債を交付された旧株主からは当然の如く忌避されて証券の発行請求が続出し，1909（明治42）年度末には既に，公債交付総額476,318,880円[14]のうち，証券発行375,940,600円（約78.9％），甲種登録99,264,050円（約20.8％），償還済1,114,150円（約0.2％）となっていた（大藏省〔編〕[1956]，882頁）。釜江廣志によると，旧株主は資産運用において債券に対する選好を有していたわけではないため，登録解除によって証券が発行された鉄道買収公債（甲号五分利公債）は売却されやすかったが，その利回りの高さから市場の需要を集めたとされる（釜江[2016]，64頁）。

　これに加えて，1909（明治42）年の「帝国鉄道会計法」改正も公債市場価

---

[14] 「京釜鉄道買収法」による京釜鉄道旧株主への交付額を含んでいるため，図表S1-5の数値とは異なっている。

図表 S1-10　五分利公債市場価格の推移

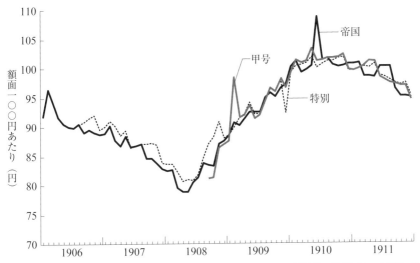

注：「帝国五分利公債」（年利5％，5年据置，55年償還）は一般公債，「特別五分利公債」（年利5％，5年据置，25年償還）は日露戦争に関する臨時事件公債，「甲号五分利公債」（年利5％，5年据置，50年償還）は鉄道国有化に関する鉄道買収公債である。
出所：大蔵省理財局（編）［1911］，750-757頁に基づき筆者作成。

格維持の理由として挙げられる。1906（明治39）年の鉄道国有法と同時に「帝国鉄道会計法（1906年）」も制定され，それまで一般会計にて処理されていた建設費も特別会計化された。しかし，同法では益金は一般会計に繰り入れることが規定されており，完全に一般会計から独立した特別会計とはいえなかった。そのため，益金を内部留保して公債の元利償還あるいは固定財産の改良に充当し，鉄道公債の信用および市場価格を維持しようと企図して，新たな「帝国鉄道会計法（1909年）」を制定したのである（島［1950］，171-179頁）。

　しかし，以上のような状況・施策にもかかわらず，1910（明治43）年後半以降の公債市場価格は緩やかな下降基調となった。当時が「日露戦費公債と鉄道買収公債とによる公債累積の時代であり，それが金融界を圧した時代であった。それ故にまた，その整理の時代でもあった（大内［1974］，120頁）」ことは事実であり，公債市場価格の下降基調はその反映であろう。そもそも

鉄道国有化を実施した第2次桂内閣は非募債主義を原則としており，鉄道国有化後初めて鉄道公債が起債されたのは1924（大正13）年であった。その方法も，大蔵省預金部の引き受けによる起債であった。無論，この間にも国有鉄道において資金需要は発生しており，大蔵省預金部・他の特別会計・一般会計からの借入金や償還期限1年以内の「鉄道証券」や「鉄道債券」によって資金調達を実施していた（大蔵省（編）［1956］，678-680頁；日本国有鉄道（編）［1972a］，445頁）。かかる方法によって，鉄道公債起債の困難さを回避した資金調達が実施されたのである。

Ⅶ. 小括

本章では，鉄道国有化の会計処理を俎上に載せ，それに伴う過大資本化の実態とその影響について検証してきた。以下に，その結果を総括する。

第一に，鉄道国有化によって，国有鉄道には承継した純資産額に対して約1.87倍の過大資本化が発生していた。もっともこれは買収した17社を総じた数値であり，個別には過小資本化の買収事例も散見される。鉄道国有法で規定された買収価額算定式では，建設費に対する益金の割合が用いられており，過大資本となるか過小資本となるかは被買収会社の収益性の高低に依存する傾向にあった。国有鉄道は過大資本化に対して，固定財産の過大表示で対応しており，今日のようにのれんの計上は行われなかった。この背景には，鉄道公債の信用および市場価格の維持のために，固定財産の実在性を強調する目的があったのではないかと推測される。

第二に，過大資本化によって本来生じるであろう問題のうち，「固定財産維持問題」および「運賃問題」は，さほど顕著に発現しなかった。固定財産維持については，撤去・廃滅高を上回る補充費・改良費の計上によって固定財産そのものの維持にかかわる実体資本維持が達成されていた。運賃につい

図表S1-11　1955（昭和30）年度日本国有鉄道資産再評価

	a 1954（昭和29）年度決算	b 1955（昭和30）年度決算	b/a
①有形固定資産取得原価合計額	286,475,809,036.00	2,146,360,640,889.00	7.492
②減価償却引当金合計額	20,633,261,334.08	880,400,437,743.00	42.669
③（特別）補充取替引当金	117,002,791,993.51	0.00	―
④補充工事引当金	4,808,458,493.26	0.00	―
⑤帳簿価額＝①－（②＋③＋④）	144,031,297,215.15	1,265,960,203,146.00	8.789

注1：補充工事引当金は，補充工事費（有形固定資産）の即時償却分である。
注2：1955（昭和30）年度中に追加取得された有形固定資産には再評価がなされていない。
出所：佐々木［2011］，418頁。一部改変。

ては，国有化後に鉄道買収公債利子が運賃に転嫁されるような現象は看取されず，むしろ賃率の引き下げが実施されていた。また「公債市場価格問題」については，国有化直後には鉄道買収公債の需要増や帝国鉄道会計法の改正によって市場価格が維持されていたものの，1910（明治43）年後半からは緩やかな下落傾向にあった。しかし，そもそも鉄道国有化後の政府は非募債主義を原則としており，借入金や償還期限1年以内の「鉄道証券」・「鉄道債券」による資金調達を行うことで，鉄道公債起債の困難さを回避していた。

　太平洋戦争後，1947（昭和22）年には帝国鉄道会計法の廃止と国有鉄道事業特別会計法の制定がなされ，これによって減価償却が開始された。しかし戦後のインフレーション下において取得原価に基づいた減価償却では自己金融が不十分であったため，1950（昭和25）年以降，取替原価に基づいた減価償却費と取得原価に基づいた減価償却費の差額が「（特別）補充取替引当金」として補助的に計上された。その後，1955（昭和30）年には減価償却のための基盤整理として，同年4月1日を基準日として取替原価への資産再評価が実施された（**図表S1-11**：佐々木［2011］，416-419頁）。過大資本化の結果として過大評価された固定財産は，有耶無耶のまま太平洋戦争後の資産再評価によって適正化されたのである。

補章 2

私有鉄道における複会計システムと固定資産会計

I. 序

　本書の主題は，近代期日本の国有鉄道会計の実態解明であるが，それは前章までにおいて一応の達成をみた。本章では，国有鉄道会計との比較対象として同時期の私有鉄道会計の実態解明を行う。

II. 私有鉄道会計法規の変遷

　日本における最初の私有鉄道は，1881（明治14）年に設立された日本鉄道である（営業開始は1883（明治16）年）。当時は私有鉄道に関する一般的法規が存在しなかったため，政府は日本鉄道に「日本鉄道会社会計規則」を付与した。ここでは第4条において，「興業費（資本的支出に相当）」と「営業費（収益的支出に相当）」の区別が規定されていたが，会計報告書については規定されなかった（金戸[1993b]，104-109頁）。

　私有鉄道に関する最初の一般的法規は，1887（明治20）年の「私設鉄道条例」である。これは日本鉄道会社特許条約書に基づき，取捨増補して制定された（星野[1986b]，43-44頁）。私設鉄道条例は諸鉄道会社に対して，固定資産に関する収支を計上する「資本勘定」と固定資産の維持や営業に関する収支を計上する「収益勘定」の設置を規定した。このことは，資本的収支と収益的収支の区別を意味する[1]。この他，1890（明治23）年には「軌道条例」が制定されているが（和久田[1981]，24頁），ここに会計に関する条規を見出すことはできない。

　1900（明治33）年には「私設鉄道法」が制定されて私有鉄道に関する法規

図表 S2-1　近代期日本の私有鉄道会計法規

制定年	法規名	備考
1887 (明治20)	私設鉄道条例	・「資本勘定」・「収益勘定」を設置。 ・「日本鉄道会社特許条約書」を基とする。
1900 (明治33)	私設鉄道法 私設鉄道株式会社会計準則	・「資本勘定」・「収益勘定」・「積立金勘定」・「雑勘定」を設置。 ・鉄道会社は当準則に則り独自の会計規程を策定する。
1910 (明治43)	軽便鉄道法 軽便鉄道会計準則	・「資本勘定」・「収益勘定」を設置。 ・鉄道会社は当準則に則り，独自の会計規程を策定する。
1919 (大正8)	地方鉄道法 地方鉄道会計規程	・私設鉄道と軽便鉄道に関する法規を統一。 ・勘定の区分を廃止。 ・鉄道会社の会計を直接的に規制する。
1923 (大正12)	軌道会計規程	・1921（大正10）年の「軌道法」による。 ・地方鉄道会計規程を準用。

出所：佐藤 [1917]，1-3 頁；佐藤 [1928]，1-2 頁に基づき筆者作成。

はより詳細となった。同法第20条に「主務大臣ハ會社ノ會計ニ關スル準則ヲ設クルコトヲ得」と規定されており，同年には逓信省令第32号によって「私設鉄道株式会社会計準則」が公布された（久野 [1975]，19 頁）。加えて，「私設鉄道法」では認可その他の条件が煩雑であるとの理由から，1910（明治43）年には「軽便鉄道法」が制定され，同年の閣令第14号によって「軽便鉄道会計準則」が公布された（佐藤 [1917]，1 頁；青木・老川 [1986]，148-149 頁）。両準則について重要な点は，鉄道経営者は「此準則に準じて會計に關する規程を設け，監督官廳に届出で其規程に依り會計を整理（佐藤 [1917]，2 頁）」するのであり，各鉄道会社が直接的に両準則によって規制されるのではないということである。

1　会計報告書については鐵道局（編）[1887] に記載があるが，修正の跡が見られるので，草案であったと考えられる。そこでは，「資本勘定収支報告表」・「本期間資本金支出明細表」・「資本勘定予算表」・「収益勘定収支報告表」・「純益勘定報告表」・「総勘定報告表」・「建築及保全工事報告書」・「運輸報告書」・「汽車報告書」の調製を経営者に求めているが，具体的な様式については記載がない（鐵道局（編）[1887]，31 丁）。

しかし，1918（大正7）年には私設鉄道法の適用を受ける会社は皆無となったため，1919（大正8）年には私設鉄道法と軽便鉄道法を廃止し，新たに「地方鉄道法」を制定して法規を一本化した（青木・老川[1986]，156頁）。それに伴い，私設鉄道株式会社会計準則・軽便鉄道会計準則は廃止となり，同年の閣令第14号によって「地方鉄道会計規程」が制定された。軌道に関しては，1921（大正10）年の「軌道法」制定に伴い，1923（大正12）年の鉄道省令第7号によって「軌道会計規程」が定められた。地方鉄道会計規程・軌道会計規程は準則と異なり，鉄道会社の会計を直接的に規制するものである（佐藤[1928]，1-2頁）。

以上の会計法規の変遷をまとめると，**図表S2-1**のようになる。

Ⅲ. 私有鉄道会計に関する先行研究

序章では私有鉄道会計に関する先行研究を取り上げていなかったため，ここで改めて私有鉄道会計，特に複会計システムと固定資産会計に焦点を当てた先行研究を概観する。

久野秀男は，日本鉄道会社会計規則および私鉄鉄道条例に言及するものの，特に私鉄鉄道条例については資本勘定・収益勘定の区分が示されただけにとどまるものであったと述べている。その後の私設鉄道法に伴う私設鉄道株式会社会計準則では「四勘定の複会計制」がとられたと述べている。ここでは有価証券は低価法によって，その他の資産は「実費決算（取得原価）主義」によって評価することが定められたが，この資産評価規定には減価償却の実施を許容するかについての議論があった。これについては，その後の地方鉄道法に伴う地方鉄道会計規程において「消却」を容認する趣旨が明確化されたとしている（久野[1975]，19-21頁）。

この他，久野は明治・大正・昭和初期の減価償却実務の検証を行っており，

鉄道会社としては京浜電気鉄道・名古屋鉄道・湘南電気鉄道・小田原急行鉄道を取り上げている。これらの鉄道会社では費用計上による償却が実施されているが，特に前三者では政策的な償却額の決定が指摘されている（久野［1971］，24-25頁；久野［1972a］，75-76, 81-84頁）。

高寺貞男は，まず日本鉄道を取り上げ，同社が政府からの建設利息・利益の補給を受けていたことから営業収益の少ない開業直後でも減価償却を実施することはできたにもかかわらず，日本鉄道会社会計規則の下付によって政府の会計統制を受けたと述べている。その後の私鉄鉄道条例では，私有鉄道に複会計制度とともに取替会計が強制され，複会計制度の下でも計上することができた「工場機械償却（補償）積立金」について，1900年代に入って計上していたのは日本鉄道のみであったと述べている（高寺［1979b］，249-250頁）。

大橋英五は，私鉄の減価償却は地方鉄道会計規程によって制度上認められたが，これは明治後期以降の減価償却についての議論を受けて政策的に実施されたものであると述べている。また，上記規程は減価償却を容認するものの，積極的な実施を規定するものではなく，多くの私鉄は基本的に取替法を採用し，減価償却は大手私鉄によって昭和初期より実施されたと述べている。また，その減価償却も第一義的には配当政策の視点から展開されたと述べている（大橋［1985］，85-98頁）。

先行研究は以下の通りに要約することができるであろう。まず複会計システムについて，高寺は1887（明治20）年の私設鉄道条例を複会計システムとみなすが，久野は資本勘定と収益勘定の区分が示されただけにとどまるものであったと述べている。一方で，久野は1900（明治33）年の私設鉄道株式会社会計準則をもって「四勘定の複会計制」とみなしている。次に固定資産会計について，高寺は私設鉄道条例の下では取替法が強制され，一部日本鉄道のみにおいて「工場機械償却（補償）積立金」が計上された（すなわち，「利益処分法」による減価償却が実施された）と述べている。久野は私設鉄道株式会社会計準則の下で減価償却を許容するかの議論が実施され，1919（大

正8）年の地方鉄道会計規程によって明確に容認されたと述べている。大橋は地方鉄道会計規程による減価償却の制度化に触れつつ，実務上多くの鉄道企業では取替法が採用され，減価償却は配当政策の視点から大手私鉄において昭和初期より実施されたと述べている。

以上の要約から，本章での論点を以下のように抽出することができる。

1．私設鉄道条例では複会計システムが規定されたのか。
2．私設鉄道株式会社会計準則では複会計システムが規定されたのか。
3．地方鉄道会計規程以前に減価償却は実施されていたのか。実施されていなかったとすればそれは複会計システムの影響によるものか。
4．地方鉄道会計規程以降は如何なる減価償却実務が展開されたのか。

Ⅳ. 会計報告書の変遷と複会計システムの影響

1．「私設鉄道条例」期以前―日本鉄道の会計

まず，「私設鉄道条例」期以前の私有鉄道会計実務を探るため，日本鉄道の会計報告書を検証する。日本鉄道は日本における私有鉄道の嚆矢であり，私設鉄道条例制定より前に設立された数少ない企業である。前述のように，当該鉄道の特許条約書が私設鉄道条例の基礎となったことを鑑みると（星野［1986b］，43-44頁），同条例以前の会計実務の検証に最も適当な企業であるといえるだろう。

日本鉄道は，1881（明治14）年に東京～青森間の鉄道を建設・経営する目的で設立された。発起人（および役員）には士族・在官有志・華族などが名を連ね，政府からの特許条約書には，開業まで年8％の利子補償および開業後10～15年間の8％までの利益補填，鉄道局への建設・運行の全面委託が

規定されていた。1883（明治16）年7月の上野～熊谷間の仮営業に始まり，1891（明治24）年には青森までの路線が全通し，その他の支線も建設された。1906（明治39）年の国有化まで，最大の私有鉄道であり続けた（中村［2004］, iii-iv頁）。

日本鉄道は，半年を1会計年度とし，1882（明治15）年6月30日付で『第一回報告』を作成している。会計に関する報告書としては，「日本鉄道会社株式明細表」・「日本鉄道会社株金収入区分表」・「停車場及車類一切附属単線路建築予算書」・「明治十五年下半期本社費予算書」・「総収支報告表」・「本社費支出報告表」・「建築費支出報告表」が掲載されている。「総収支報告表」・「本社費支出報告表」・「建築費支出報告表」は勘定式で作成されており，「総収支報告表」貸方に計上された「本社費」の内訳が「本社費支出報告表」で，「建築費」の内訳が「建築費支出報告表」で示されている（**図表 S2-2**）。勘定体系から，一見すると複会計システムにも見えるが，資本的収入・支出，収益的収入・支出の対比は行われていないため，単に主要会計報告書とその明細表と見るべきであろう。

1882（明治15）年12月31日付の『第二回報告』では会計に関する報告書が変更され，「日本鉄道会社株金領収表」・「明治十六年上半期本社費予算書」・「会計報告表」・「十五年下半年本社費予算幷ニ支出報告表」が掲載されている。勘定式の報告書は「会計報告表」のみであり，全ての勘定残高が計上されている（日本鐵道會社（編）［1883a］, 13頁）。かかる様式は，一部附属諸表の加除はあるものの，『第三回報告』も同様である。

なお，この時期は未だ路線建設中であり，実際の運行は行われていなかった。このため，計上できる項目は資本的収支のみであり，上記の「総収支報告表」や「会計報告表」は，イギリス運河会計と同様，資本勘定とみなすこともできる。

1883（明治16）年12月31日付の『第四回報告』からは，前述の通り同年7月に上野～熊谷間の仮営業が行われるようになったこともあり，「会計報告表」に加えて「（十六年下半季）損益勘定表」が作成されるようになった（日

図表 S2-2　日本鉄道における会計報告書（1882（明治 15）年 6 月 30 日付）

日本鐵道會社
第一回
總收支報告表
明治十五年六月三十日

勘定科目	金	額	勘定科目	金	額
資本金	八五七,七九八	○○ ○	本社費	二九,七七〇	○○ ○
（株式第二表ヲ見ヨ）			（會計第二表ヲ見ヨ）		
			建築費	三〇〇,〇〇〇	○○ ○
			（同第三表ヲ見ヨ）		
			大藏省	五一九,六六三	○○ ○
			第十五國立銀行	八,三六五	○○ ○
	八五七,七九八	○○ ○		八五七,七九八	○○ ○

日本鐵道會社
第一回
本社費支出報告表
從十四年一月至十五年六月三十日

勘定科目	金	額	勘定科目	金	額
本社費	二九,七七〇	○○ ○	俸給	五,四五九	六〇 三
			雑給	八,四四七	〇二 三
			事務諸費	三,六六三	三九 四
			取調課	七六六	○○ ○
			假株券状製造費	一,二六四	〇二 ○
			第十五國立銀行	六,九四六	三五 ○
			假出金	二,九〇五	○○ ○
			現金	三一八	六一 ○
	二九,七七〇	○○ ○		二九,七七〇	○○ ○

日本鐵道會社
第一回
建築費支出報告表
明治十五年六月三十日

勘定科目	金	額	勘定科目	金	額
第一區興業費	三〇〇,〇〇〇	〇〇〇	俸級及廳中費	六五一	七八七
			土工	五〇	四〇〇
			溝渠	三二	五六七
			線路	一,四一八	二九〇
			測量費	五	四〇六
			假工事	一,〇九三	〇八〇
			貯蓄品	七八五	一二六
			第十五國立銀行	一七七,九二八	七七四
			假出金	一一八,〇〇七	〇〇一
			現金	二七	四六九
	三〇〇,〇〇〇	〇〇〇		三〇〇,〇〇〇	〇〇〇

注：「建築費支出報告書」の「仮出金」額は，正しくは「一一八,〇〇七.一〇一」である。
出所：日本鐵道會社（編）[1882]，39-41頁。

本鐵道會社（編）［1884a］，21-22頁）。ここで，貸借対照表・損益計算書[2]からなる会計報告書の体系が確立された。

しかし，1884（明治17）年12月31日付の「第六回報告」では，貸借対照表に相当する「会計報告表」に代わって，残高試算表に相当する「総勘定表」が掲載されるようになる（日本鐵道會社（編）［1885a］，24-25頁）。理由は不明であるが，この様式は1893（明治26）年6月30日付の「第二十三回報告」まで続くこととなる。

かかる様式は，1893（明治26）年12月31日付の『第二十四回報告』に変更され，「総勘定表」に代わって「貸借対照表」が掲載された（日本鐵道株式會社（編）［1894a］，16頁）[3]。これは（旧）商法（1890年）の施行によるものであろう。

以上より，日本鉄道の会計報告書からは複会計システムの特徴を見出すことはできず，したがって私設鉄道条例の下では複会計システムは採用されていなかったことがわかる。

なお，私設鉄道条例に続く「私設鉄道株式会社会計準則」期の会計実務一般については次節にて論じるが，参考までに同時期における日本鉄道の会計報告書について述べたい。1900（明治33）年12月31日付の『第三十八回報告』からは，利益処分に関する項目が分離された純粋な「損益計算書」が作成されるようになり，貸借対照表ともども，縦書きに様式が変更された（日本鐵道株式會社（編）［1901a］，6-7，27-28頁）。この様式変更は，私設鉄道法とそれに伴う私設鉄道株式会社会計準則，および（新）商法（1899年）の施行による変更であると考えられる。かかる様式は，鉄道国有化による会社の解散まで続くこととなる。

---

[2] ただし，利益処分の項目も記載されているため，正確には損益および利益処分計算書である（久野［1987］，414-416頁）。

[3] 貸借対照表（および財産目録）は当初附表の扱いであったが，「第二十七回報告」より本文である「事業報告書」に含められている（日本鐵道株式會社（編）［1895b］，19頁）。

2.「私設鉄道株式会社会計準則」期
　——「四勘定制」と複会計システム

(1) 法規上の会計報告書

　ここでは1900（明治33）年以降の「私設鉄道株式会社会計準則」期を対象に，特に複会計システムの影響という観点からその会計報告書の様式について検証する。

　まず前提として，1900年当時の私有鉄道は株式会社形態を採らなければならなかった。そのため，私有鉄道は上記の法規のみならず（新）商法（1899年）にもしたがう必要があった。当時の商法では，第2編「會社」，第4章「株式會社」，第4節「會社ノ計算」において株式会社の計算書類が規定されている。第190条には，「取締役ハ定時總会ノ会日ヨリ一週間前ニ左ノ書類ヲ監査役ニ提出スルコトヲ要ス／一　財産目録／二　貸借對照表／三　營業報告書／四　損益計算書／五　準備金及ヒ利益又ハ利息ノ配當ニ關スル議案」とあり，第192条には「取締役ハ第百九十條ニ掲ケタル書類ヲ定時總会ニ提出シテ其承認ヲ求ムルコトヲ要ス／取締役ハ前項ノ承認ヲ得タル後貸借對照表ヲ公告スルコトヲ要ス」とある。このように，当時の株式会社は財産目録，貸借対照表，営業報告書，損益計算書，準備金および利益または利息の配当に関する議案（利益処分計算書に相当）の作成，これらの株主総会への提出，株主総会での承認後に貸借対照表の公告が義務付けられており，私設鉄道会社もその例外ではなかった[4]。

　次に，私設鉄道法第66条には，「會社ハ營業年度毎ニ營業報告書ヲ調製シ定時總会後一週間以内ニ主務大臣ニ差出スヘシ」とあり，その様式が明治33

---

[4] 上記の書類のうち，営業報告書は明らかに計算書類ではなく，その位置付けは不明瞭である。また，記載事項について何ら規定されず，その内容は慣行に委ねられた。慣行では，営業報告書内に諸計算書類が掲載されて総括的な1つの書類となり，業務や計算書類の説明報告事項が記載されていた（武田[1982]，227頁；三代川[1984]，48頁）。

図表 S2-3　「私設鉄道株式会社会計準則」における四勘定

	資本勘定	収益勘定	積立金勘定	雑勘定
入	・株金払込未済高 ・株金払込高 ・債券発行額 ・上記より生じる利息 ・他勘定等より補充する金額 ・運輸開始前に生じた収入 ・社債発行の益金(注)	・運輸開始後に営業上生じる収入	・各積立金 ・上記より生じる利息 ・社債発行の益金(注)	・他の勘定に含まれない項目（職員積立金、救済金、契約保証金、配当未払金など）
出	・営業上収益を生じる物件の創設・改良に要する資金 ・建設・営業用貯蔵物品購入代金	・鉄道の維持・保存費 ・営業上要する費用	・各積立金より支出すべき金額	

注：社債プレミアムを意味する。社債償還金の出所によって，資本勘定か社債償還準備積立金勘定のいずれかに計上する。
出所：私設鉄道株式会社会計準則第4-7条，佐藤［1917］，15-16頁に基づき筆者作成。

年逓信省告示第408号（「私設鉄道営業報告書様式」）によって示されている。同告示における様式では，まず社務総況，工事，運輸，会計の各事項に関する記述を求め，添付諸表として，「資産表（財産目録に相当）」・「勘定総表」・「損益計算表」・「営業費明細表」・「建設費明細表」・「貯蔵物品明細表」・「建設費予算及財源表」・「職員表」の作成を規定している。

私設鉄道株式会社会計準則は，第1条に「私設鐵道株式會社ハ本則ニ準シ會計ニ關スル規程ヲ設ケ之ヲ届出ツヘシ其ノ變更ヲ爲シタルトキ亦同シ」とあり，前述の如く鉄道会社の会計実務を直接的に規制する性格のものではない。第3条では，「會社ノ勘定ハ左ノ四種ニ區別スルコトヲ要ス／一　資本勘定／一　収益勘定／一　積立金勘定／一　雑勘定」と定められ，第4～7条において各勘定に計上すべき項目が列記されている（**図表S2-3**）。本書ではこの制度を便宜上「四勘定制[5]」と呼称する。資本勘定と収益勘定の設置は，資本的収支と収益的収支の区別を意図したものであろうが，第11条には「資本勘定及収益勘定ニ關聯スル費用ハ一定ノ標準ヲ定メ區分スルコトヲ要ス」とあり，区別の基準は各鉄道会社において定めることが可能であった。また，

積立金勘定に関しては，第6条第1項において「各積立金勘定ハ其ノ種類ニ依リ商法第百九十四條ニ依ル積立金，配當準備金，社債償還準備金等ノ積立金及是等各積立金ヨリ生スル利息ヲ入トシ資本缺損補塡金，配當平準支出金及社債償還元利支出金等各積立金ヨリ支出スヘキ金額ヲ出トスルヲ例トス（傍点は筆者）」と示されている。すなわち，積立金勘定は設定する積立金の種類に応じて複数設けることが可能であったことがわかる。

第12条には「會社ハ毎事業年度末日ニ於ケル各勘定ノ貸借一覽表ヲ調製シテ之ヲ差出スヘシ」と定められている。この条文には各勘定貸借一覧表の提出先が明記されていないが，佐藤雄能によると，監督官庁（当準則制定当時は逓信省）への提出が義務付けられているという（佐藤[1917]，14頁）。このように，「四勘定制」は，監督官庁への報告様式として設定されたものであった。

以上，私設鉄道会社に課された会計規定を主に会計報告書の観点から論述した。これらを総括すると，**図表S2-4**の通りとなる。

準則上の「四勘定制」を観察するに，資本勘定と収益勘定において資本的収支と収益的収支の区別が企図されており[6]，雑勘定が一般貸借対照表に相当するものであると考えられる。当該準則は各勘定間の有機的結合関係について言及していないが，多くの鉄道会社が当時既に複式簿記を採用していたため，政府は複式簿記の採用とそれに伴う勘定間の有機的結合関係を当然想定していたと考えられる[7]。当該準則第12条の「各勘定ノ貸借一覽表」という文言も政府が複式簿記の採用を想定していたという根拠となり得るであろう。

以上のように，私設鉄道株式会社会計準則の条文を読み解く限り，「四勘

---

[5] 後述するように，同準則に基づいて設置されうる積立金勘定は1つとは限らず，正確には「四種勘定制」とでもいうべきであろうが，久野秀男がこの勘定体系を「四勘定の複会計制（久野[1975]，20頁）」と称していることや，国有鉄道会計の「三勘定制」との対比から「四勘定制」と称することとする。

[6] ただし，資本勘定において建設及営業用貯蔵物品が計上されており，1868年鉄道規制法での複会計システムにおける資本的支出概念とはやや異なっている。

[7] 例えば，和田[1899]では私有鉄道会社における複式簿記について言及している。

図表 S2-4　私有鉄道の法定会計報告書（「私設鉄道株式会社会計準則」期）

法規	報告書	報告対象
私設鉄道法	・営業報告書 （資産表、勘定総表、損益計算表、営業費・建設費・貯蔵物品明細表、建設費予算及財源表、職員表を含む）	監督官庁 （主務大臣）
私設鉄道株式会社会計準則	・四勘定（資本、収益、積立金、雑勘定）貸借一覧表	
商法	・財産目録 ・貸借対照表 ・営業報告書 ・損益計算書 ・準備金および利益または利息の配当に関する議案	株主総会 （貸借対照表のみ、公告の義務あり）

出所：筆者作成。

定制」は複会計システムの勘定体系に基づいた会計報告書の作成を意図していたことが窺える。

(2) 実務上の会計報告書

本書では，「四勘定制」の実例として，九州鉄道と伊予鉄道の会計報告書を俎上に載せる。「四勘定制」は監督官庁への報告様式として設定されたものであったため，原則として営業報告書に記載されるべき性格のものではない。しかし，これらの会社は四勘定を，株主向けの営業報告書にも附属諸表として掲載していたのである。

九州鉄道は 1888（明治 21）年に設立され，1907（明治 40）年の国有化時には第 2 位の資本規模を誇っていた（東條[1984]，119-122 頁）。九州鐵道は，1900（明治 33）年度下半期より営業報告書に四勘定を掲載していた。九州鐵道株式會社（編）［1901a］は，「事業報告」・「計算報告」・「財産目録」・「貸借對照表」・「附属諸表」によって構成されている。事業報告は「總務ノ部」・「工務ノ部」・「運輸ノ部」・「濱車ノ部」・「計理ノ部」に，「計算報告」は「總勘定ノ事」・「損益勘定ノ事」・「利益分配ノ事」に細分化されている。なお，計算報告は縦書き漢数字によって記載されているが，財産目録・貸借対照表・附属諸表は勘定式で，横書き・漢数字・位取り記数法によって記載されてい

る。附属諸表には四勘定と損益計算表が含められている。四勘定が附属諸表として扱われている理由は，それらが本来監督官庁向けのものであるためであろう。**図表 S2-5** は九州鉄道の四勘定を示している。

　九州鉄道における四勘定の計上項目，特に資本勘定・収益勘定に計上している項目は，私設鉄道株式会社会計準則によって規定されたものと大いに異なっている。資本勘定は借方残高を生じ，貸方へは収益勘定と積立金勘定から流用高が振り替えられている。資本勘定の借方残高は，1907（明治 40）年に九州鉄道が国有化されるまで毎期生じており（九州鐵道株式會社（編）[1901a]〜[1907b]），このことは資本的支出を資本的収入によって賄うことができていないことを示している[8]。

　一方，伊予鉄道は幾度かの合併を経て今日も存在している。伊予鉄道は，1900 年度下半期の営業報告書のみに四勘定を掲載していた。同社の四勘定も附属諸表として扱われている。伊豫鐵道株式會社（編）[1901]は，「社務總況」・「工事」・「運輸」・「濱車」・「會計」および附属諸表によって構成されている。「會計」の章では，財産目録・貸借対照表・総勘定・損益勘定・利益金分配案が縦書き・漢数字で掲載されている。附属諸表には，四勘定が勘定式・横書き・漢数字・位取り記数法で掲載されている（**図表 S2-6**）。

　伊予鉄道の四勘定は，九州鉄道のものと比較してより私設鉄道株式会社会計準則に忠実である。ただし，各勘定間の有機的結合関係は部分的にしか達成されていない。収益勘定での「営業収入合計」と「営業費合計」の差額（28,390.479 円）は雑勘定における「当期間益金」の額に相当し，収益勘定残高（利益）が雑勘定へ振り替えられていることがわかる。しかし，資本勘定と積立金勘定は他勘定から完全に独立している。これは両勘定が各々有している「預ヶ金」で残高が処理されているためである。複会計システムが生成された London and Birmingham 鉄道における一般貸借対照表の嚆矢は，資本

---

[8] しかし，資本勘定における計上項目が準則と異なっていることから，そもそも九州鉄道における資本的支出・資本的収入の概念が一般の概念とは異なっていたとみなすこともできる。

勘定・収益勘定の残高を集約した「現金（CASH）」勘定であったが（澤登[2002]，10‑11頁），伊予鉄道では「預ヶ金」が集約されていなかったのである。

　以上のように，私設鉄道株式会社会計準則上では複会計システムの導入を企図して規定された「四勘定制」であったが，その会計実務は千差万別であったといえる。その理由は，前述の通り，当準則に基づいて各自の会計規程を設定することが各鉄道会社に求められていたことによる。「四勘定制」は1919（大正8）年の地方鉄道会計規程によって廃止されることとなるが，これについて原口亮平は，「特に鐵道準則（私設鉄道株式会社会計準則―筆者注）の之（「四勘定制」―筆者注）に關する規定には意味の不明なるものがあり，其の趣旨徹底せざるものありしを廢止したるは，當然のことである（原口[1919]，66頁）」と述べている。当時においても「四勘定制」の効果が疑問視されていたことが窺える。

図表 S2-5　九州鉄道における四勘定（1900（明治33）年度下半期）

資本勘定貸借一覧表
明治三十四年三月三十一日

借　　方			貸　　方		
科　目	金　　額		科　目	金　　額	
拂込未濟株金	一〇,五二八,八九五	〇〇〇	株　　金	四〇,七五〇,〇〇〇	〇〇〇
興　業　費	三〇,四九五,一三二	二四〇	社　　債	一,七二七,〇〇〇	〇〇〇
貯　藏　品	九八一,六二〇	三一八	假　受　金	七,六〇一	五七八
假　出　金	一,七九九,四四三	七七二	當座借越金	一五〇,〇〇〇	〇〇〇
假出物品	二七五,六六六	七一五	支拂未濟物品代	一七	〇七三
有價證券	四〇,〇〇〇	〇〇〇	雜　收　入	一,八四九	九六四
流用金利子	八,八四九	九六四	他勘定ヨリ流用高	一,四八六,一三九	三九四
合計	四四,一二九,六〇八	〇〇九	合計	四四,一二九,六〇八	〇〇九

収益勘定貸借一覧表
明治三十四年三月三十一日

借　　方			貸　　方		
科　目	金　　額		科　目	金　　額	
營　業　費	一,二九六,〇五六	九九六	運輸收入	二,五一八,九六一	六九六
未收入金	四八,七七五	一八〇	雜　收　入	一四〇,七二九	六二七
假　出　金	一四,七六四	五三九	假　受　金	一四,六六〇	八〇四
預　　金	二三八,三五七	七〇三	前季越高	三九,〇七九	八六六
缺　損　金	七三,三四八	一八一			
資本勘定ニ一時繰替金	一,〇四六,一三九	四九三			
合計	二,七一七,四四一	九九三	合計	二,七一七,四四一	九九三

積立金勘定貸借一覧表
明治三十四年三月三十一日

借　　方			貸　　方		
科　目	金　　額		科　目	金　　額	
有價證券	五四,〇六七	六〇〇	積　立　金	四九九,二〇〇	〇〇〇
預　　金	一九,一八七	一四三	雜　收　入	一四,〇五四	七四三
資本勘定へ流用高	四四〇,〇〇〇	〇〇〇			
合計	五一三,二五四	七四三	合計	五一三,二五四	七四三

雜勘定貸借一覧表
明治三十四年三月三十一日

借　　方			貸　　方		
科　目	金　　額		科　目	金　　額	
假　出　金	六三	五九一	身元保證金	三一二,七五七	〇一四
有價證券	一九一,六〇二	一四〇	假　受　金	六,〇〇七	八四三
預　　金	一四七,二二八	五九一	支拂未濟賦金	二〇,〇二六	六一五
			支拂未濟社債利子	一〇二	八五〇
合計	三三八,八九四	三二二	合計	三三八,八九四	三二二

注：「収益勘定貸借一覧表」中の「資本勘定ニ一時繰替金」の金額は，正しくは「一,〇四六,一三九.三九四」である。
出所：九州鐵道株式會社（編）[1901a]，33-34頁。

図表 S2-6　伊予鉄道における乙四勘定（1900（明治33）年度下半期）

資本勘定表
明治三十三年十二月三十一日調

支出				収入			
科　目	金　額	合　計		科　目	金　額	合　計	
高濱横河原間立花	二七九,一三三	〇四三		株	六〇〇,〇〇〇	〇〇〇	六〇〇,〇〇〇	〇〇〇
森松間建設費	二三七,二八二	五四三					
外側郡中間建設費							
古町道後一番町間建設費	五九,九六九	九三三					
建設費合計		五七六,四〇七	五一九				
貯　蔵　物　品	七,九三二	六一九					
預　ヶ　金	一五,六六二	八六二	一三,五八二	四八一			
合　　　計		六〇〇,〇〇〇	〇〇〇	合　　　計		六〇〇,〇〇〇	〇〇〇

収益勘定表
自明治三十三年七月至全年十二月

支出				収入			
科　目	金　額	合　計		科　目	金　額	合　計	
線路保存費	六,七一三	〇〇七		客　車　収　入	五三,九三六	八九三〇		
演　車　費	一二,六三六	〇九四		貨　車　収　入	七,五九八	六五一		
運　輸　費	一〇,三六四	〇二五		雑　　収　　入	三,〇一七	三〇一		
総　係　費	六,四二九	二三六		営業収入合計		六四,五五二	八四一
営業費合計		三六,一六二	三六二				
準備積立金	一,五〇〇	〇〇〇		前期繰越金		一,三六六	四八一
役員賞与金	四三五	〇〇〇					
配　当　金	二七,〇〇〇	〇〇〇					
後期繰越金	二,八二一	九六一					
合　　計		六五,九一九	三二三	合　　計		六五,九一九	三二三

雑収入内譯

預ヶ金利子　　　　　　　　一,九七一,六二〇　　　　入場券代　　　　　　　二〇,八九〇
株式名替手数料　　　　　　　　七〇,二五〇　　　　公衆電報取扱手数料　　八一,九一〇
冥　加　金　　　　　　　　　三五二,一〇四　　　　雑　　　入　　　　　一四〇,一二〇
不用品資却代　　　　　　　　三六六,五,四六七　　　　　計　　　　　　　三,〇一七,三〇一
賠　償　金　　　　　　　　　　一四,九四〇

積 立 金 勘 定 表

明治三十三年十二月三十一日調

支			収	入	
科 目	金 額	合 計	科 目	金 額	合 計
有価証券	三八二一	七〇〇	準 備 積 立 金	一九,一〇〇	〇〇〇
預 ヶ 金	一八,七〇〇	三〇〇			
合 計	一九,一〇〇	〇〇〇	合 計	一九,一〇〇	〇〇〇

雑 勘 定 表

明治三十三年十二月三十一日調

支			収	入	
科 目	金 額	合 計	科 目	金 額	合 計
有価証券	三,五六六	二,五一〇	支 払 未 済 配 当 金	六,六五	九二〇
仮 出 金	八,一三七	二,五六八	仮 受 金	三,〇〇〇	七,四九
未 収 入 金	三,二一二	二,〇五	身 元 保 証 金	三,〇五四	二,五〇
預 ヶ 金	二七,三九五	三,〇四	職 員 積 立 金	一,〇〇四	一,五八〇
			未 拂 繰 越 金	一,九二四	五,五八七
			前 期 益 金	一,三二六六	四八二
			当 期 間 益 金	二八,三六九	四七九
合 計		三九,四一一 〇一七	合 計		三九,四一一 〇一七

注:「雑収入ノ内譯」は原典では縦書きをてである。
出所:伊豫鐵道株式會社(編)[1901], 33–36頁。

3. 「地方鉄道会計規程」期の私有鉄道会計
　―複会計システムからの離脱

　佐藤雄能は，「地方鐵道會計規程に於ては勘定別は全然之を廢止し，唯資本的収支と収益的収支との整理方法を規定したるに止まれり（佐藤[1928]，40頁）」と述べており，これによって私有鉄道における「四勘定制」，すなわち複会計システムは廃止されたといえる。ただし，同規程には「鐵道及附屬物件ノ建設及改良ニ要スル費用，貯藏物品ノ購入代金，借入金ノ償還金，借入金ノ運輸開始前ニ屬スル利子等ハ資本金，借入金其ノ他ノ資金ヲ以テ之ヲ支辨スヘシ（第3条）」，「鐵道及附屬物件ノ保存費其ノ他ノ營業費，建設及改良ノ費用ニ充當シタル借入金ノ運輸開始後ニ屬スル利子，株式公賣ニ因リテ生スル差損金等ハ營業収入ヲ以テ之ヲ支辨スヘシ（第4条）」との規定があり，資本的収支と収益的収支の区別は企図されていた。

V. 固定資産会計

1. 「地方鉄道会計規程」制定まで

　1887（明治20）年の私設鉄道条例，1900（明治33）年の私設鉄道法および私設鉄道株式会社会計準則には，固定資産会計に関する規定は存在していない。高寺貞男は「減価償却の欠如した官設鉄道会計は私設鉄道にも適用されたため，私鉄会計における減価償却の展開は阻止されてしまい，それが制度上可能となったのは大正期の半ばを過ぎてからであった（高寺[1974]，76-77頁）」と述べているが，それ以前にも減価償却を実施していた鉄道会社は存在した。

例えば，前述した日本鉄道は当時から減価償却を行っていた数少ない企業である。日本鉄道の会計報告書では，しばしば「償却」の文字が看取されるが，固定資産に関連すると明確に判明するものとしては，『第二十四回報告』において利益処分の形式によって計上された「興業費償却高」が最初である（日本鐵道株式會社（編）[1894a], 17 頁）。ただし，これは「新橋工場ニ於テ燒失シタル玉車製造費」および「神流川橋梁改築ノ爲メ廢棄ニ屬シタル假橋費」に対処するものであった（日本鐵道株式會社（編）[1894a], 11 頁）。規則的な計上としては，『第四十一回報告』以降，利益処分の形式で「工塲機械償却金」が計上されている（日本鐵道株式會社（編）[1902b], 30 頁）。すなわち，日本鉄道において減価償却が実施されたといえるのは，『第四十一回報告』(1902（明治 35）年 6 月期）以降のことであり，「利益処分法」によって実施されていた。

　この他にも，京浜電気鉄道では 1912（明治 45）年度上半期から「固定資本償却」という勘定科目名で「費用処理法」による減価償却を行っている（久野[1971], 24-25 頁)[9]。このことから，上記の法規は固定資産会計（減価償却）の規定は欠いているものの，それを排除するものではなかったということが判明する。もっとも当時は，原則として減価償却費が税法上の損金として認められていなかったこともあり[10]，減価償却を実施する企業は少数であった。

---

[9] ただし，その金額は政策的に決められたものであり（久野[1971], 25 頁），「正規の減価償却」とはいえないものであった。

[10] ただし，日本郵船・東洋汽船・大阪商船の 3 社が減価償却金の損金不算入を不服として行政訴訟を行い，1903（明治 36）に船舶についてのみ減価償却費を損金とすることが認められている。かかる措置は第一次世界大戦時に一転して否認されたが，1920（大正 9）年の所得税法改正で減価償却費全般が損金算入されることとなった（木村[1965], 110-118 頁)。

2.「地方鉄道会計規程」期

　私有鉄道に関する法規において減価償却が規定されたのは，1919（大正8）年の地方鉄道会計規程が最初である。ここでは「財産價額ヲ消却シタルトキハ消却額ヲ原價ヨリ控除シタル残額ヲ以テ實費決算額トス（第9条2）」と規定されている。もっともこれはその文言から読み取れる通り，減価償却の実施を強制するものではなかった。また，大正8年鉄道院告示第64号「地方鉄道法施行規則第四十九条営業報告書様式」では，鉄道会社の営業報告書様式が提示されており，その損益計算表の支出欄には「財産価額消却金」が掲載されている（**図表S2-7**）。これについて佐藤雄能は，「財政上の鞏固を圖らんが爲に，其の減損額を財産價額及建設費より控除する（佐藤[1928]，115-116頁）」ものであるとしている。もっとも他の文献では，「財産価額償却金」として，「實際減失したとか，撤去したとかの場合には，其の（鉄道財産および貯蔵物品―筆者注）價額を必ず償却せねばならぬ，（中略）有價證券の時價が，下落した場合には，其の額を償却金として計上せねばならぬ（佐藤[1929]，86-87頁）」と述べており，これは「財産評価」の考えに基づくものである。また，**図表S2-7**では明らかに「費用処理法」であるが，佐藤は「益金處分として之を償却する（佐藤[1928]，111頁）」と述べている。

　加えて佐藤は，「減損塡補金」の設定について論じている。これに関する規定は存在しないが，「建造物價格の自然的減損，即ち使用の寬嚴，年月の經過等に依り，減損したるを塡補するもの（佐藤[1929]，622-623頁）」であり，資本維持を指向したものであることがわかる。減損塡補金は「毎年度減損評價額だけ財産價額を償却し，建設費より同金額を控除」する償却方法と，「財産價額を償却することなく，其の儘に据置いて，別に積立金を設くる」積立方法とに分類された。さらに償却方法は，「償却額を損益計算に算入して，當該年度の營業支出と爲す」方法と「純益金處分として，株主總会の承認を經て，翌年度に整理する」方法とに細分類された（佐藤[1929]，624頁）。

図表 S2-7　損益計算表様式（「地方鉄道会計規程」期）

第二表						
\multicolumn{7}{c}{損益計算表}						
\multicolumn{7}{c}{自　年　月　日至　年　月　日　　　　鐵道}						
収入		支出			損益	
科目	金額	科目	金額			
	圓		圓		圓	
客　車　収　入		保　　存　　費				
貨　車　収　入		汽　　車　　費				
運　輸　雑　収		運　　輸　　費				
		總　　係　　費				
		諸　　　　　税				
		建設營業關聯費分擔額				
計		計				
雑　　収　　入		鐵道業負擔諸利子				
		社　債　差　損　金				
		財産價額消却金				
		雑　　　　　損				
合　　　　計		合　　　　計				
軌　道　業　収　入		軌　道　業　支　出				
船舶運送業収入		船舶運送業支出				
總　　　　計		總　　　　計				

備考
 1 雑損ハ其ノ主ナル内譯金額ヲ欄外ニ説明スヘシ
 2 各事業ニ於テ諸利子ヲ分擔シタルトキハ其ノ金額ヲ欄外ニ記載シ其ノ計算方法ヲ説明スヘシ
 3 鐵道業負擔諸利子ハ其ノ内譯ヲ記載スヘシ
 4 財産價額消却金ハ其ノ内容ヲ説明スヘシ

出所：大正 8 年鉄道院告示第 64 号。

以上のように，佐藤の論述には若干の矛盾点があるものの，地方鉄道会計規程以降，私有鉄道は「費用処理法」・「利益処分法」のいずれの減価償却方法も容認されていたことがわかる。もっとも，当時は減価償却を「財産評価」あるいは「資本維持」手段とみなしており，「原価配分」を指向する減価償却観は未だ一般的ではなかった。また，会計報告書に現れる勘定科目は多様であった。

　ところで，かかる減価償却の容認は，税務行政とのかかわりによるものである。1918（大正7）年に大蔵省内規として，主秘第177号主税局通牒「固定資産ノ減価償却及時価評価損認否取扱方ノ件」が各税務監督局に通達され，主税局作成の「固定資産堪久年数表」に基づいた減価償却額を損金算入の限度とすることが定められた。1920（大正9）年には，「所得税法施行上取扱方心得（大蔵大臣達）」によって「法人ノ資産減價償却及繰越缺損金ノ補塡ハ其ノ事業年度ノ損金ト認ムヘキモノナルヲ以テ法人ノ計算ニ於テ純益金ノ處分トシテ之ヲ爲シタル場合ト雖其ノ純益ノ生シタル事業年度ニ於ケル總損金中ニ之ヲ算入スヘキモノトス（第3条）」と通達され，ここでは「費用処理法」・「利益処分法」ともに損金算入が認められたが，実際には「費用処理法」における間接法および「利益処分法」による場合には損金算入が否認されて課税所得とされた（濱沖[2005]，67-71頁）。しかし「利益處分項目を以てしたものに就いては，翌期首に於ける決算仕譯または繰越記入に當りて，當該資産科目を減額整理するものに限り，これを損金と認めるに至つた（神馬[1940]，337頁）」。したがって，減価償却を実施するに際して上記いずれの方法を採用したとしても，税務上は大差がなかったと考えられる（小野[2008]，147頁）。

　以上が法規等によって規定された減価償却制度の概要であったが，実際の鉄道会社において減価償却は如何に実施されてきたのであろうか。当時は既に相当数の鉄道会社が存在していたため，当時の鉄道会社における減価償却実務の全体像を把握することとしたい。史料としては，野村商店（大正13年度以降は大阪屋商店）調査部（編）『株式年鑑』を用いて分析する。ただし，

当該史料は全企業を網羅したものではないことに留意すべきである。

まず，減価償却を実施していた鉄道会社数と減価償却実施率は**図表S2-8**の通りである。実施企業数・実施率ともに概ね右上がりの傾向を示している。このことは，減価償却が次第に鉄道企業に定着していったことを示している。次に，減価償却処理方法の内訳を**図表S2-9**に示す。これによると，処理方法が「利益処分法」から「費用処理法」へと徐々に移行していることがわかる。このことは，減価償却への恣意性の混入が多少なりとも排除されつつあるということを示している。このように，私有鉄道では減価償却の実施が徐々にではあるが定着し，その実施における恣意性の混入も徐々に排除されていったということが推察される。経済史分野では，齊藤直が「1930年代には減価償却の費用化が進展するとともに，大企業部門において減価償却が定着するに至った（齊藤[2011]，152頁）」という結果を導出しているが，鉄道会社も例外ではないといえよう。

上記の理由を明確にすることは困難であるが，今後の課題として仮説を提示したい。小野武美は，株式会社の所有構造と減価償却行動の関係性について実証分析を行い，「法人大株主企業は償却前利益の水準如何に拘らず比較的安定した減価償却費を計上していた（小野[2008]，152頁）」との結果を導出している。また，経済史分野では志村嘉一が，1931（昭和6）年の満洲事変以後，個人株主の後退と法人大株主の進出がなされ，特に鉄道会社では電力会社による株式の保有が進展していたと述べている（志村[1969]，406-428頁）。電力会社による鉄道株保有の目的は，安定的な電力供給先の確保にあり，いわゆる「永久的株主」（第1章Ⅳ参照）であったと考えられる。これらのことから，永久的株主たる法人大株主（電力会社）の増加により，長期的な企業維持を目的として安定的な減価償却の実施を指向するようになったと推測できる。

図表 S2-8　私有鉄道の減価償却実施状況

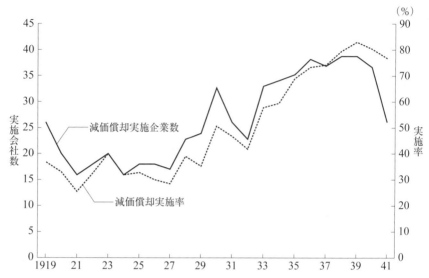

注：減価償却実施率＝『株式年鑑』における減価償却実施企業数／『株式年鑑』における抽出企業数
出所：野村商店調査部（編）［1920］〜［1923］；大阪屋商店調査部（編）［1924］〜［1942］に基づき筆者作成。

図表 S2-9　減価償却処理方法の内訳

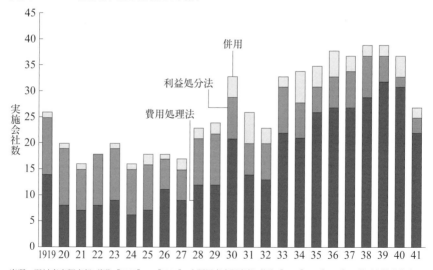

出所：野村商店調査部（編）［1920］〜［1923］；大阪屋商店調査部（編）［1924］〜［1942］に基づき筆者作成。

3. 戦時期における減価償却の確立

　参考までに，その後の固定資産会計の一般的状況について言及する。私有鉄道を含む私企業の会計は，昭和初期の「産業合理化」の一環として作成されたいわゆる「商工省準則」を経て，1940（昭和15）年の「会社経理統制令」・「会社経理統制令施行規則」による国家統制を受けるようになった（千葉[1998]，48-50頁）。これらは1938（昭和13）年制定の「国家総動員法」第11条[11]に基づいて制定されたものである。当初，固定資産会計に関する条規[12]は，「多大な償却増を会社に求めると，利益が減り，配当が減って，その結果株価が下がる（久保田[2001]，157頁）」可能性があったためにその発動が延期されていたが，1942（昭和17）年に「会社固定資産償却規則」が制定され，減価償却の実施が強制された。ここでは「會社ハ毎事業年度其ノ固定資産ニ付標準償却額ヲ下ラザル金額ノ償却ヲ爲スベシ（第2条1）」，「前項ノ償却ハ償却スベキ金額ヲ固定資産ノ帳簿價格ヨリ直接控除シテ之ヲ爲スベシ（第2条2）」と新たな耐用年数に基づいた標準償却額と「費用処理法」の直接法が規定されたが，「我國会社の償却の實情に照すと此の標準償却額を其の儘一擧に強制すると經濟界に對し重大な影響を與へる（伊原[1942]，30頁）」ために当面の緩和規程を設け，私有鉄道の場合には標準償却額の50%を強制償却額とした（会社固定資産償却規則第15条）。このように，戦時下における統制経済の下で，規則的な減価償却（「正規の減価償却」）が実施されることとなったのである。

11　「政府ハ戰時ニ際シ國家總動員上必要アルトキハ敕令ノ定ムル所ニ依リ會社ノ設立，資本ノ増加，合併，目的變更，社債ノ募集若ハ第二回以後ノ株金ノ拂込ニ付制限若ハ禁止ヲ爲シ，會社ノ利益金ノ處分，償却其ノ他經理ニ關シ必要ナル命令ヲ爲シ又ハ銀行，信託會社，保險會社其ノ他敕令ヲ以テ指定スル者ニ對シ資金ノ運用ニ關シ必要ナル命令ヲ爲スコトヲ得」。

12　「會社ハ閣令ノ定ムル所ニ依リ固定資産ノ償却ヲ爲スベシ但シ主務大臣ノ許可ヲ受ケタルトキハ此ノ限ニ在ラズ（会社経理統制令第31条）」。

Ⅵ. 小括

　本章では，私有鉄道における複会計システムと固定資産会計の関連性について検証した。ここで，本章において明らかにすべき問題点について再度確認したい。

1．私設鉄道条例では複会計システムが規定されたのか。
2．私設鉄道株式会社会計準則では複会計システムが規定されたのか。
3．地方鉄道会計規程以前に減価償却は実施されていたのか。実施されていなかったとすればそれは複会計システムの影響によるものか。
4．地方鉄道会計規程以降は如何なる減価償却実務が展開されたのか。

　「1.私設鉄道条例では複会計システムが規定されたのか」については，日本鉄道の会計報告書を俎上に載せて検証したが，複会計システムの採用を看取することはできなかった。国有鉄道会計の分析において，「勘定」という語の概念について，T字型の勘定や会計報告書ではなく，現金収支の区分を指し示すものであると述べた。当該条例において規定された「資本勘定」・「収益勘定」も，同様に現金収支の区分を示したものであったと考えられる。
　「2.私設鉄道株式会社会計準則では複会計システムが規定されたのか」については，1900（明治33）年の私設鉄道株式会社会計準則で規定された「四勘定制」を，複会計システムの導入を企図した制度とみなすことができる。しかし，当該準則は各鉄道会社の会計実務を直接的に規定するものではなく，それに則って各社が独自の会計規定を策定することが求められており，その実務は千差万別であった。また，「四勘定制」は監督官庁への報告様式であったため，株主向けの営業報告書に掲載していた会社は極めて少数であっ

た。

「3.地方鉄道会計規程以前に減価償却は実施されていたのか。実施されていなかったとすればそれは複会計システムの影響によるものか」については，日本鉄道や京浜電気鉄道など少数の鉄道会社では減価償却を実施していた。しかし，その計上額は政策的に決定されたものであり，「正規の減価償却」とはいえないものであった。

「4.地方鉄道会計規程以降は如何なる減価償却実務が展開されたのか」について，まず前提として，当該規程以降「費用処理法」・「利益処分法」両方の減価償却方法が容認されていたが，当時は減価償却を「資本維持」もしくは「財産評価」の手段とみなす考えが主であり，今日のような「原価配分」思考は一般的ではなかった。実際の減価償却実施状況を概観すると，時代を経るにつれて減価償却実施企業が増加し，特に恣意性の混入が少ない「費用処理法」が定着するようになった。その後，1942（昭和17）年の会社固定資産償却規則によって，いわゆる「正規の減価償却」が実施されるようになったのである。

私有鉄道では国有鉄道と異なり，複会計システムや減価償却の導入が積極的に企図されていたといえる。ただし，複会計システムに関しては監督官庁への報告様式であったこともあり，鉄道会社側というよりも政府側が積極的であったと見るべきであろう。もっとも，複会計システムの特徴である資本的収支と収益的収支の区別が処分可能利益計算の一環であったことを鑑みると，監督官庁への報告様式として導入しても複会計システムの利点が発揮されたとは考えにくい。このことが地方鉄道会計規程において「四勘定制」が廃止された理由と考えられる。一方，減価償却については，先行研究によってその会計行動と企業統治との関係性が指摘されている（小野[2008]；浦[2014]）。今後，私有鉄道会社についても，ケーススタディの蓄積によって本章での研究結果の補強と一般化を行わなければならないであろう。

附属資料

図表 1-2　London and Birmingham 鉄道 1837 年 6 月期会計報告書

CAPITAL STOCK.

Dr.						Cr.					
1837.	To CALLS,	£.	£.	s.	d.	1837.	By Railway Works and		£.	s.	d.
June 30.	£85. per Share on	2,500,000	2,125,000	0	0	June 30.	Stations 2,269,329 1 8				
	Nil on £25. Shares	625,000					Less Penalties received 1,505 0 0		2,267,824	1	8
	Capital in Shares	3,125,000					,, Locomotive Engines and Carriages		29,747	4	4
	To LOANS, (as per Abstract), in part of	1,375,000	1,045,717	2	9		,, Land & Compensation 601,010 3 1 Less Land re-sold and Rents 1,352 10 8		599,657	12	5
	£4,500,000						,, Miscellaneous Charges, included in general Disbursements		185,568	13	7
							,, Calls on Shares, Balance of Account		13,556	12	1
							,, Cash		74,362	18	8
			£3,170,717	2	9				£3,170,717	2	9

INCOME.

Dr.						Cr.					
1837.	To INTEREST.		£.	s.	d.	1837.	By Interest on Loans		£. 16,617	s. 5	d. 9
June 30.	On Exchequer Bills and Banker's Balances		18,788	0	9	June 30.	,, Cash		4,434	8	7
	,, Calls in Arrear		2,263	13	7						
		£	21,051	14	4			£	21,051	14	4

CASH.

Dr.						Cr.					
1837.			£.	s.	d.	1837.	By BANKERS,		£.	s.	d.
June 30.	To Capital Stock, Balance of Account		74,362	18	8		London Division		41,533	4	4
	,, Income, ditto		4,434	8	7		Birmingham Division		37,264	2	11
		£	78,797	7	3			£	78,797	7	3

R. CREED,　　} Secretaries of the
C. R. MOORSOM,　} Board.

(出所：London and Birmingham Railway（ed.）[1837], p.28.)

図表 1-3　London and Birmingham 鉄道 1838 年 12 月期会計報告書

Dr.   CAPITAL ACCOUNT.   **Cr.**

December 31st, 1838.	£	s.	d.	£	s.	d.	December 31st, 1838.	£	s.	d.	£	s.	d.
To Stock, viz.—							By Calls on £100. Shares	2,249,225	0	0			
Land and Compensation	637,869	6	7				Ditto. £25. ditto	124,525	0	0	2,373,750	0	0
Works of Road and Stations	3,830,212	17	8				By Loans on Debentures	2,125,000	0	0			
Locomotive Department, viz.—							Ditto on Notes	365,500	0	0			
Engines and Tenders, Tools and Implements	67,093	16	6				Ditto on Account	75,967	12	0	2,566,467	12	0
Stores Account	1,510	0	0				By Sundries, viz.						
Carrying Department, viz.—							Produce of Sale of Forfeited Shares	4,444	15	10			
Coaches,Trucks,Horse-Boxes, Waggons, Cranes, &c.	127,249	12	4	4,663,935	13	1	Fines, Land, and Materials resold, &c.	5,273	3	7			
To Charges, viz.							Interest on Calls in Arrears, Exchequer Bills, and Bankers' Balances	28,184	13	5			
Obtaining Act of Incorporation	72,868	18	10								37,902	12	10
Law Charges for General Business	10,339	9	3				By Balance				40,696	11	5
Conveyancing and Land Agency	11,027	5	10										
Engineering	85,802	15	5										
Advertizing, Printing, Direction, Office, Salaries of Secretaries, &c. and Sundries, (including Travelling)	43,727	13	1										
				223,766	2	5							
To Debenture Charges, (including ad valorem Duty)	10,077	18	0										
To Interest on Loans previously to General Opening on 17 Sept.	121,037	2	9										
				131,115	0	9							
				£5,018,816	16	3					£5,018,816	16	3

Dr.   REVENUE ACCOUNT,   **Cr.**
Six Months, ending December 31st, 1838.

December 31st, 1838.	£	s.	d.	£	s.	d.	December 31st, 1838.	£	s.	d.	£	s.	d.
To Maintenance of Way between London and Tring, from 17th Sept.	7,175	14	4				By Receipts, viz. Passengers, Parcels, Mails, and Merchandize	219,973	8	0			
To Locomotive Account, viz.—							Deduct for Intermediate Coaching	16,558	4	7			
Coal, Coke, Repairs, Salaries, Wages, Oil, Tallow, Waste, and Incidental Charges	16,091	5	1								203,415	3	5
To Carrying Account, viz.—							By Interest on Cash Balances from 17th September	961	19	4			
Salaries, Wages of Police, Porters, &c. Stationery, Repairs, Gas, Oil, and Tallow	25,538	3	5								204,377	2	9
Mileage Duty	8,816	9	4				By Balance of Revenue Account to 30th June				29,853	19	3
To General Charges, viz.—													
Engineering, Law Charges, Advertizing, Printing, Direction, Office, Salaries, Secretaries, Clerks, and Sundries, (including Travelling)	14,983	10	1										
				72,605	8	3							
To Reserve for Depreciation of Stock, viz.—													
Locomotive Stock	5,007	0	0										
Carrying do.	6,305	0	0										
				11,312	0	0							
To Interest on Loans from 17th Sept.				33,854	15	5							
Balance				116,458	18	4							
				£234,231	2	0					£234,231	2	0

Dr.   RESERVE ACCOUNT, for Depreciation of Stock, (*Dec. 31st*, 1838.)   **Cr.**

					Locomotive.	Coaching.	Total.
To Balance			£16,812	By Reserve, June 30, 1838	£3,500	£2,000	£ 5,500
				By " December 31,	£5,007	£6,305	£11,312
					£8,507	£8,305	£16,812

Dr.   BALANCE, (*December 31st*, 1838.)   **Cr.**

	£	s.	d.		£	s.	d.
To Cash Account	121,724	18	8	By Revenue Account	116,458	18	4
" Capital Account	40,696	11	5	" Reserve Account	16,812	0	0
" Sundry Accounts for Balances due to the Company	11,332	1	8	" Loan Creditors' Account	33,854	15	5
				" Sundry Accounts for Balances due by the Company	6,627	18	0
	£173,753	11	9		£173,753	11	9

(出所：London and Birmingham Railway (ed.) [1839], pp.37-38.)

図表 1-4　1868年鉄道規制法における一般貸借対照表

[No. 13.]　Dr.　　　　　　　　GENERAL BALANCE SHEET.　　　　　　　　Cr.

	£ s. d.		£ s. d.
To Capital Account, Balance at Credit thereof, as per Account No. 4 „ Net Revenue Account, Balance at Credit thereof, as per Account No. 10 „ Unpaid Dividends and Interest .. „ Guaranteed Dividends and Interest payable or accruing and provided for „ Temporary Loans .. „ Lloyd's Bonds and other Obligations not included in Loan Capital Statement, No. 3 . „ Balance due to Bankers .. „ Debts due to other Companies .. „ Amount due to Clearing House .. „ Sundry Outstanding Accounts .. „ Fire Insurance Fund on Stations, Works, and Buildings „ Insurance Fund on Steamboats .. „ Special Items ..		By Cash at Bankers—Current Account .. „ Cash on Deposit at Interest „ Cash invested in Consols and Government Securities „ Cash invested in Shares of other Railway Companies not charged as Capital Expenditure „ General Stores—Stock of Materials on hand . „ Traffic Accounts due to the Company .. „ Amounts due by other Companies 　Do.　Do.　Clearing House 　Do.　Do.　Post Office „ Sundry Outstanding Accounts .. „ Suspense Accounts (if any) *to be enumerated* „ Special Items ..	
	£		£

（出所：Regulation Railways Act 1868, First Schedule, No.13.）

図表 1-5　1868年鉄道規制法における収益勘定

[No. 9.]　Dr.　　　　　　　　REVENUE ACCOUNT.　　　　　　　　Cr.

Half Year ended	EXPENDITURE.	£ s. d.	Half Year ended	RECEIPTS.	£ s. d.	£ s. d.
	To Maintenance of Way, Works, and Stations } see Abstract A.			By Passengers ..		
	„ Locomotive Power　do.　B.			„ Parcels, Horses, Carriages, &c.		
	„ Carriage and Waggon Repairs } do.　C.			„ Mails		
	„ Traffic Expenses　do.　D.			„ Merchandise ..		
	„ General Charges　do.　E.			„ Live Stock		
	„ Law Charges ..			„ Minerals ..		
	„ Parliamentary Expenses ..			„ Special and Miscellaneous Receipts—		
	„ Compensation (Accidents and Losses) ..			*Such as Navigations, Steamboats, Rents, Transfer Fees, &c.*		
	„ Rates and Taxes ..					
	„ Government Duty ..			*Details.*		
	„ Special and Miscellaneous Expenses (if any) ..					
	„ Balance carried to Net Revenue Account					
		£				£

（出所：Regulation Railways Act 1868, First Schedule, No.9.）

図表2-12　1890(明治23)年度総勘定表

總　勘　定　表

明治二十四年三月三十一日

第三表

勘定科目	借方	勘定科目	貸方
建　設　費	32,760,840.591	資　本　金	32,971,702.003
貯　藏　物　品		据置運轉資本	2,000,000.000
建　設　所　屬	208,375.825	營　業　收　入	4,213,804.055
營　業　所　屬	1,865,521.778	支拂未濟勘定	
營　業　費	2,001,273.089	建　設　所　屬	20.727
補　充　費	444,330.462	營　業　所　屬	142,586.432
受　拂　勘　定	46,098.062		
未　收　入　金	14,946.253		
備　　　品	11,923.014		
前　渡　官　吏	2,506.314		
金　　　庫	1,972,297.829		
合　計	39,328,113.217	合　計	39,328,113.217

(出所：内務省鐵道廳（編）[1891]，第3表。)

図表 2-13　1894（明治 27）年度鉄道作業之部受入・払出

受入之部	
歳入ノ収入濟額	六、四九四、〇三三圓
収入未濟額	三六六、四三七
据置運轉資本ニ属スル現金ノ持越額	二八三、一一〇
總生産品ノ價格	一三一、三八四
合計	七、二七四、九六四
拂出之部	
歳出ノ支出濟額	三、五八三、三九七
支出未濟額	二六三、三七九
据置運轉資本額	二〇〇、〇〇〇
賣拂代價收入濟物品ノ價格	六九、二二五
賣拂代價收入未濟既出物品ノ價格	八、五八六
合計	四、〇九九、五八七
差引純益	三、一七五、三七七

（出所：遞信省鐵道局（編）［1895］，40-41 頁。）

図表2-14　1894（明治27）年度鉄道作業之部純資産負債

貸　方

一金　貳拾萬圓　　　　　　　　　運　轉　資　本　額
一金貳拾六萬三千三百七拾九圓　　現金未渡契約人
合計金四拾六萬三千三百七拾九圓

借　方

一金四萬三千三百六拾九圓　　　　現　　　　金
一金五萬三千五百七拾三圓　　　　生　　産　　品
一金八千六百貳圓　　　　　　　　代價未納諸品買受人
一金三拾五萬七千八百三拾五圓　　現金未納契約人
合計金四拾六萬三千三百七拾九圓

（出所：遞信省鐵道局（編）［1895］，43頁。）

図表2-15　1894（明治27）年度官設鉄道用品資金之部受入・払出

受入之部
歳入ノ収入濟額　　　　　　　　　　二、一一〇、五三五
収入未濟額　　　　　　　　　　　　　　一一一、五〇四
資金ニ属スル現金ノ持越高　　　　　一、〇三〇、九四二
總貯藏物品ノ價格　　　　　　　　　三、八七四、九〇二
合計　　　　　　　　　　　　　　　七、一二七、八八三

払出之部
歳出ノ支出濟額　　　　　　　　　　三、〇一四、七八四
支出未濟額　　　　　　　　　　　　　一二七、七八四
資金額　　　　　　　　　　　　　　一、八〇〇、〇〇〇
前受金　　　　　　　　　　　　　　　一六五、九九五
代價收入濟物品ノ價格　　　　　　　一、八八四、四一四
代價收入未濟既出物品ノ價格　　　　　一〇七、〇四六
損失ニ歸シタル物品ノ價格　　　　　　　二二、二五八
合計　　　　　　　　　　　　　　　七、一二一、九四六
差引純益　　　　　　　　　　　　　　　　五、九三七

（出所：遞信省鐵道局（編）［1895］，44-45頁。）

図表2-16　1894(明治27)年度官設鉄道用品資金之部純資産負債

貸　方

一　金百八拾萬圓　　　　　　　　　　　　資　金　總　額
一　金拾六萬五千四百四拾五圓　　　　　　前　受　金
一　金拾貳萬七千七百八拾四圓　　　　　　現金未渡契約人
　　合計金貳百九萬三千貳百貳拾九圓

借　方

一　金拾貳萬五百四拾壹圓　　　　　　　　現　　金
一　金百八拾六萬千七百八拾四圓　　　　　貯　藏　物　品
一　金拾壹萬貳百五拾八圓　　　　　　　　代價未納諸品買受人
一　金千貳百四拾六圓　　　　　　　　　　現金未納契約人
　　合計金貳百九萬三千貳百貳拾九圓

(出所：遞信省鐵道局（編）［1895］，47-48頁。)

図表2-17　1907(明治40)年度資本勘定歳入歳出

資本勘定歳入豫算決算

科目	年度當初豫算額	追加額	計	決算額	殘額
鐵道資金收入	二六,〇〇〇,〇〇〇・〇〇〇	二,五九六,五四一・〇〇〇	二八,五九六,五四一・〇〇〇	二八,四九〇,六六一・四〇一	一〇五,八七九・五九九
一般會計受入	二六,〇〇〇,〇〇〇・〇〇〇		二六,〇〇〇,〇〇〇・〇〇〇	二六,〇〇〇,〇〇〇・〇〇〇	―
一般會計受入					
雜收入				一九六,六八二・五三七	一九六,六八二・五三七
物件賣拂代				一三一,五五二・一五七	一三一,五五二・一五七
買收鐵道會社引繼金受入		二,五九六,五四一・〇〇〇	二,五九六,五四一・〇〇〇	二,一六二,四二六・七〇七	四三四,一一四・二九三
合計	二六,〇〇〇,〇〇〇・〇〇〇	二,五九六,五四一・〇〇〇	二八,五九六,五四一・〇〇〇	二八,四九〇,六六一・四〇一	一〇五,八七九・五九九

資本勘定歳出豫算決算

科目	年度當初豫算額	追加額	年度末豫算額	決算額	殘額
鐵道建設及改良費					
建設費	一九,六二〇,〇〇〇・〇〇〇		一九,六二〇,〇〇〇・〇〇〇	一七,六四五,一九七・四〇二	一,九七四,八〇二・五九八
總係費	三一〇,〇〇〇・〇〇〇		三一〇,〇〇〇・〇〇〇	二二六,九八三・二九六	八三,〇一六・七〇四
福島青森間鐵道	八〇二,〇〇〇・〇〇〇		八〇二,〇〇〇・〇〇〇	八一六,二四八・一二七	△一四,二四八・一二七
八王子名古屋間鐵道	一,八〇〇,〇〇〇・〇〇〇		一,八〇〇,〇〇〇・〇〇〇	一,八二二,五〇二・一二七	△二二,五〇二・一二七
八代鹿兒島間鐵道	四,三〇〇,〇〇〇・〇〇〇		四,三〇〇,〇〇〇・〇〇〇	三,六二七,五八五・二九九	六七二,四一四・七〇一
福知山國府津間鐵道	二,一〇〇,〇〇〇・〇〇〇		二,一〇〇,〇〇〇・〇〇〇	一,八七七,五三〇・一四〇	二二二,四六九・八六〇
富山直江津間鐵道	二,六〇〇,〇〇〇・〇〇〇		二,六〇〇,〇〇〇・〇〇〇	二,三三七,四〇三・九七一	二六二,五九六・〇二九
北海道鐵道	二,六八〇,〇〇〇・〇〇〇		二,六八〇,〇〇〇・〇〇〇	二,一〇六,四三九・六二九	五七三,五六〇・三七一
喜多方新津間鐵道	一,九五〇,〇〇〇・〇〇〇		一,九五〇,〇〇〇・〇〇〇	一,二四二,四一二・九七七	七〇七,五八七・〇二三
岡山字野間鐵道	一,〇七八,〇〇〇・〇〇〇		一,〇七八,〇〇〇・〇〇〇	一,〇六二,四〇八・七七五	一五,五九一・二二五
改良費	六,六六六,〇〇〇・〇〇〇		三,六六六,〇〇〇・〇〇〇	一〇,八三二,三二〇・三六二	八,八三三,六七九・六三八
車輛改良費	六,三六〇,〇〇〇・〇〇〇		三,三六〇,〇〇〇・〇〇〇	一,三六六,五九七・四二一	一,九六三,四〇二・五七九
合計　改良費	三六,〇〇〇,〇〇〇・〇〇〇		三六,〇〇〇,〇〇〇・〇〇〇	二九,八四四,一一五・一八五	三,一五五,八八四・八一五

(出所：鐵道院（編）［1909］, 47-48頁。)

図表2-18　1907(明治40)年度収益勘定歳入歳出

(出所：鐵道院（編）[1909], 49-51頁。)

附属資料 | 215

図表2-19　1907(明治40)年度用品資金会計歳入歳出

用品資金歳入豫算決算

科目	豫算額	決算額	差引豫算殘額
鐵道用品收入	二六,三二〇,〇六六	二三,四五八,一〇,九六六	二,八六〇,一三五,一〇〇
用品辨償金	二,一六〇,〇六一,〇〇〇	一,九五六,九六九,三九〇	二,〇三,〇九一,六一〇
用品修繕代	二,〇六六,六八一,〇〇〇	三,九五二,三六九,七一〇	八,八五,六八八,七一〇
雜違約金	四,一六六,〇〇〇	七,〇四三,九七七	二,八七七,九七七
雜收入	六一,〇〇〇	二,四六二,九四〇	二,四〇一,四六〇
鐵道用品代金收入	六三五,六六四,〇〇〇	一,四〇一,〇五四,六七五	一,七六五,三九〇,六七五
合計	一六,三〇,〇六〇,〇〇〇	二三,五八八,六八四,二六五	二,七三六,六七五,七六五

用品資金歳出豫算決算

科目	年度當初豫算額	年度末豫算現額	決算額	殘額
鐵道用品費	二八,二七六,〇〇〇	二八,二七六,〇〇〇	一八,六一九,六一一	六,六五六,三八九
奏任諸給	六二,四〇〇,〇〇〇	六二,四〇〇,〇〇〇	四五,一八〇,八七〇	二〇,二五九,三〇
判任諸給	九二,四七〇,〇〇〇	九二,四七〇,〇〇〇	七四,七七五,〇〇〇	三,六九五,九二四
退官賜金	九七,〇〇〇	九七,〇〇〇	一一七,〇〇〇	八一二,〇〇〇
死亡賜体給	二六,〇〇〇	二六,〇〇〇	—	二六,〇〇〇
休職體給	二六,七一六,〇〇〇	二六,七一六,〇〇〇	一六,二一九,一一	六,八四〇,八八九
用品及工作費	二,五〇〇,九七八,〇〇〇	二,三〇〇,二一五,〇〇〇	一,九五五,四四〇,一〇三	三,八八,七七,八九四
工作費	二,三〇〇,〇〇〇	二,三〇〇,〇〇〇	四五,四〇七,四七〇	三,八四三,五八二,五三〇
諸拂戻金	—	—	—	—
合計	二六,三〇,〇六〇,〇〇〇	二六,三〇,〇六〇,〇〇〇	一九,七〇四,二一八,三二四	三,三七,八五二,七六

(出所：鐵道院（編）[1909],52-53頁。)

図表 2-20　1907（明治 40）年度 資産負債表

資産	金額	負債	金額
現　金	二九,五〇七,六八四〇	未　償　還　資　本	二六,八五五,三二七五一
前　拂　金	五,八七〇,一四一六二五	既　償　還　資　本	七二,二五,九九六,六五
固　定　財　産	三五七,一八九,九九五五二	特　設　資　本	二五,七八,三二四,六四
用　品	三,五〇〇,〇〇〇,〇〇	歳入歳出外受入	二,六七九,二四〇
資　產　金　合　計	三八〇,七〇四,三六二四〇		

資産	金額
鐵道用品差減	一三六,六六七,五
公債	七,七九〇,九九,一八六
負債金額合計	三八〇,七〇四,三六二四〇

（出所：鐵道院（編）[1909], 53-54 頁。）

図表 2-21　1907（明治 40）年度 損益計算表

損失金	額	總利益金	額
鐵道作業費	二九,八三九,九二六四	鐵道作業收入	七一,九五三,五一六四
小　計	三三,二八八,九八九一	用品資金益金繰入	七一五,二一〇,〇〇〇
差引金金一般會計へ繰入	三七,〇六八,五一六四	小　計	七二,〇六八,五一六四
合　計	七二,〇六八,五一六四	合　計	七二,〇六八,五一六四

（出所：鐵道院（編）[1909], 57 頁。）

図表 2-22　1907（明治 40）年度用品資金損益勘定表

損益勘定表

損失金	金額	総利益金	金額
鐵道用品費	三,〇八二,六八二,三四	鐵道用品收入	
支出金本年度末ノ方未濟増ニ	四七四,六六六,三二四	物品價格現在高本年度末ニ比シ前年ノ方増	
資金増加額比前年末ニ	三,七五六,〇〇〇,〇〇〇		
計	三〇四,六七〇,四七一	計	三,二五八,八九一,五八五
差引金金収金勘定歳入へ繰入	七,一六六,一〇六,六八六		七,一六六,一〇六,六八六

（出所：鐵道院（編）［1909］, 62-63 頁。）

図表 2-23　1907（明治 40）年度用品資金資産負債表

資産負債表

資産	金額	負債	金額
現金	六,〇三七,九四五,二一	資金	一〇,〇〇〇,〇〇〇,〇〇〇
貯蔵品	三,九四四,五二七,一六	前受金	五,四〇〇,一四〇,六六
工場勘定物品		支出未濟金	四七四,六六六,三二四
合計	一〇,六〇九,二七九,四〇一	利益金	七,一六六,一〇六,六八六
		合計	一〇,六〇九,二七九,四〇一

（出所：鐵道院（編）［1909］, 63 頁。）

図表2-24　1909(明治42)年度積立金勘定歳入歳出

歳入		本年度豫算額	決算額	豫算殘額
積立金		六〇九,三一〇.〇〇〇円	六〇九,三一〇.〇〇〇円	円

歳出		本年度豫算額	決算額	豫算殘額
補塡金 補塡金 補塡金		六〇九,三一〇.〇〇〇円	円	六〇九,三一〇.〇〇〇円

(出所：鐵道院（編）［1911］, 79頁。)

附属資料

図表2-25　1921（大正10）年度　資本勘定歳入歳出

	大正十年度	大正九年度	大正八年度
歳入			
鐵道資金收入	二八七,六〇〇,四三二 円	一五四,五七八,八五九 円	一〇〇,六〇四,一二三 円
用品勘定過剰金繰入	九五〇,三六九	—	—
合計	二八八,五五〇,七九九	一五四,五七八,八五九	一〇〇,六〇四,一二三
歳出			
鐵道建設及改良費	一八三,二八五,三六六	一六七,一九四,五一〇	一三九,六五四,八八七 円
國債償還金	一〇,〇一五,八六四	一一〇,九九五	一四,九三七
用品資金補足	五五,一二八	—	—
合計	一九三,三五六,三五八	一六七,三〇五,五〇五	一三九,六七〇,八二三

（出所：鐵道省（編）［1923a］, 149-150 頁。）

図表2-26　1921（大正10）年度　用品勘定歳入歳出

	大正十年度	大正九年度	大正八年度
鐵道用品及工作收入	一七四,八七二,〇八四 円	二〇七,六五六,三〇四 円	二〇一,二五四,九六六 円
鐵道用品及工作費	一五八,二〇七,三三六	一九三,六六七,〇三二	二二一,二四九,三九六

（出所：鐵道省（編）［1923a］, 150 頁。）

図表2-27　1921（大正10）年度収益勘定歳入歳出

	大正十年度	大正九年度	大正八年度
歳入　運輸収入	三九二,八七二,二二六円	三四七,一〇九,〇二四円	三〇三,四一五,八二四円
雑収入	七,四三二,一七四	五,四二九,九〇六	八,三六〇,〇一八
假収入及立替金受入	六六,三一〇,三三五	六四,五二〇,五五〇	五七,五〇〇,六八二
前年度繰入金	—	五〇,一五六,八二	四,二五九,一〇七
積立金ヨリ受入	—	—	四,五〇〇,〇〇〇
計	四六五,九三九,七三五	四三三,二〇八,九六四	三六八,〇三五,六三一
歳出　事業費	三三七,二四六,二九五	二四六,二七九,六六〇	二〇五,一五二,九六六
利子及債務取扱諸費	五三,七九八,九九	五八,七九三,六八〇	五二,七九一,二六六
諸拂戻及立替金	六八,五六二,四三一	六六,八五六,五三一	五八,九二五,九九二
地方鐵道補助	九,二四〇,六〇六	六一〇,五一二	七六三,五二二
合計	三五〇,四〇一,七二二円	三六二,六三五,七六九円	三〇八,六三三,七五〇円

（出所：鐵道省（編）［1923a］, 151-152 頁。）

図表 2-28　1921(大正 10)年度貸借対照表

(一) 帝國鐵道貸借對照表

借　方		貸　方	
種　目	金　額	種　目	金　額
現　金	143,537,326	特　有　資　本	652,163,802,651
預　金	57,553,958,150	借　入　資　本	1,127,405,203,947
收　入　未　濟	73,441,460	公　債	1,039,709,843,320
固　定　財　産	1,707,308,884,650	借　入　金	77,932,360,627
貯　蔵　物　品	15,246,957,621	鐵道會社ヨリ承繼シタル債務	9,763,000,000
工　場　勘　定	816,127,044	支　出　未　濟	1,430,362,327
		歳　入　歳　出　外　勘　定	143,537,326
計	1,781,142,906,245	計	1,781,142,906,245

(出所：鐵道省（編）［1924］，第四編 10 頁。)

図表 2-29　1921(大正 10)年度用品資金損益計算表

用品資金損益計算表

損　失		利　益	
種　目	金　額	種　目	金　額
鐵道用品及工作費	158,207,377,942	鐵道用品及工作收入	174,872,844,030
前年度收入未濟	67,152,126	收　入　未　濟	73,441,460
支　出　未　濟	1,430,362,327	前年度支出未濟	855,598,410
物品價額前年度ニ比シ減	15,176,674,830		
差引過剰額	920,316,675		
計	175,901,883,900	計	175,801,883,900

(出所：鐵道省（編）［1924］，第四編 11 頁。)

図表 2-30　1921(大正 10)年度損益計算表

(一) 帝國鐵道損益計算表

損	失	利	益
種　目	金　額	種　目	金　額
鐵　道　作　業　費	349,487,645.630	鐵　道　作　業　收　入	465,939,734.323
補　　助　　費	914,065.980		
差　引　益　金	115,538,022.713		
計	465,939,734.323	計	465,939,734.323

(出所：鐵道省（編）[1924]，第四編 12 頁。)

図表 2-31　1921(大正 10)年度用品資金勘定調表

用 品 資 金 勘 定 調 表

勘　定　科　目	大正十年度末	大正九年度末	比　較　増　減	
貸方	貯　藏　物　品	15,246.958	29,844.821	△	14,597.863
	工　場　勘　定	816.127	1,394.939	△	578.812
	現　　　金	18,551.094	8,129.956 △	26,681.050
	收　入　未　濟	73.442	67.152	6.290
	計	34,687.621	23,176.956	11,510.665
借方	用　品　資　金	32,336.942	22,321.358	10,015.584
	支　出　未　濟	1,430.362	855.598	574.764
	資本勘定へ繰入	920.317	—	920.317
	計	34,687.621	23,176.956	11,510.665

(出所：鐵道省（編）[1924]，第四編 13 頁。)

図表 3-2　1909(明治 42)年度収益勘定歳出予算決算

収益勘定歳出豫算決算

鐵道作業費	年度當初豫算額	年度末豫算現額	決算額	豫算殘額
事業費	円	円	円	円
俸給及諸給	八,二五三,九二三,〇〇〇	八,二五三,九二三,〇〇〇	七,六九五,六二八,九五〇	八,五七,六七〇,〇五一
保係費	八〇,七二一,五六〇,〇〇〇	八〇,七二一,五六〇,〇〇〇	七八,二〇一,二五九,二九五	八,五二〇,三〇〇,〇八六
保存費	三,七五〇,六〇〇,〇〇〇	三,七五〇,六〇〇,〇〇〇	三,七八九,二二七,八七〇	八,四五,七七二,五三〇
汽車費	九,九五〇,五三〇,〇〇〇	九,九五〇,五三〇,〇〇〇	九,五〇,八二〇,七九五	一,七七,七〇九,二三〇
運輸費	七,六九五,六二七,三六〇	八,六四〇,八五六,二五〇	八,一四,三二〇,七九〇	六,二五,七四八,二六〇
電氣費	二,二〇三,二五〇,〇〇〇	一〇,三五七,六二〇,〇〇〇	九,七九,六〇八,五二七	六,二五,四八六,九五〇
船舶費	一,五五八,四五〇,〇〇〇	一,五五八,四五〇,〇〇〇	一,九四,七八九,三二〇	一,七二,六二七,一三五
補充費	一,二六五,〇八三,〇〇〇	一,二六五,〇八三,〇〇〇	一,〇六,六八八,八六二	二,四五六,五六二,四二五
利子及債務取扱諸費	四,八〇〇,〇〇〇,〇〇〇	四,八〇〇,〇〇〇,〇〇〇	八,九六,六四五,四七六	二,四五,六四三,六五〇
諸拂戻金及缺損補填金	二,九九,六二六,〇〇〇	二,九九,六二六,〇〇〇	二,七九,六五二,三六七	九,八七,一六五,二五〇
諸立替金	一,九四三,二五六,〇〇〇	一,九八〇,四五九,六二〇	一,二五〇,四〇三,六四〇	三,〇八,四九,六〇〇
缺損補填金	六,八五,五四三,〇〇〇	六,八四,五八八,六二〇	六,八九,五八七,四〇	五,八〇,四九,六〇〇
	一,三四,七,〇〇〇	一,三四,七,〇〇〇	一,一六六,八五〇	二,四〇,一五〇
合計	八,五,四三,九二一,〇〇〇	八,五,三五三,九二三,〇〇〇	七,四五,七三,二八,九四九	八,五七,六六八,〇五一

(出所：鐵道院（編）[1911]，78頁。)

図表 3-3 1909（明治 42）年度固定財産増減

本年度ニ於ケル固定財産ノ増減及年度末現在高左ノ如シ

	円
年度首價額	七三二、八五四、二五八・三〇九
本年度中增	三八、一〇〇、八八五・三九二
前受金ニ對スル精算高	七、二四〇、五八九・〇八四
建設及改良費決算高	二六、四九八、五〇〇・九三八
補充費決算高	二、五四二、二三四・六四九
土地其他讓受等	
本年度中減	一、八一九、五六〇・七二一
土地車輛其他讓渡等	一、二三一、一二八・九四一
改良補充工事ノ結果撤去シタル高	六七九、六五四・八八七
廢滅等ニ歸シタル高及	
前年度組入額ノ内訂正減	五九、〇一六二・九六一
	六一、三一一〇・九三
差引現在高	七六九、六二四、〇一四・七六〇

（出所：鐵道院（編）［1911］, 80-81 頁。）

図表3-4　1909(明治42)年度資本増減

年度	特有資本	借 公債	借入金	會計ニ承繼セル債務 資本	計	合計
年度首價額	一四三,八〇八,九九六.八六六	五九九,三二四,九五一	—	一七六,二二三,一二三	—	七四〇,六四五,〇四九.八六六
本年度中増　鐵道資金収入	一七,五五五,七五〇.二六五	二,〇四五,八〇〇.〇〇〇	二〇,一二六,九九二.〇〇〇	三二,七四二,九五四.六八五	五四,九一五,七四六.六八五	七二,四七一,四九六.九五〇
補充費決算額	三,二九二,三二四.六四九	一,九六三,〇〇八.〇〇〇	—	—	一,九六三,〇〇八.〇〇〇	五,二五五,三三二.六四九
債務整理公債発行差損	—	八一,七九二.〇〇〇	—	—	八一,七九二.〇〇〇	八一,七九二.〇〇〇
土地其他譲受等	一,八七五,九三五.二四二	—	—	—	—	一,八七五,九三五.二四二
本年度中減　負債償還額	—	三,五四三,九四〇.〇〇〇	—	—	三,五四三,九四〇.〇〇〇	三,五四三,九四〇.〇〇〇
土地其他譲渡等	四五三,〇一二.四〇七	—	—	—	—	四五三,〇一二.四〇七
用品及工作ノ計算上生ジタル不足額	八一,七九二.〇〇〇	—	—	—	—	八一,七九二.〇〇〇
前年度繰入額ノ内訂正減	六二,三一一.〇九五	—	—	—	—	六二,三一一.〇九五
差引年度末現在高	一五九,五四八,八六六.八二一	五九二,六九四,七三〇.〇〇〇	二〇,一二六,九九二.〇〇〇	一四〇,六八二,〇〇〇.〇〇〇	六三五,四七九,九二二.〇〇〇	七六四,九六五,七六八.八二一

(出所：鐵道院（編）［1911］, 82頁。)

図表3-5　1909(明治42)年度損益計算表①

損		利	
種目	金額	種目	金額
鐵道作業費	七六,九五三,二八九.九四九 円	鐵道作業収入	八四,八二九,二五三.二七 円
差引益金	一〇〇,三四〇,五四.二六八		
積立金勘定へ繰入	六九,三一〇,〇〇〇		
資本勘定へ繰入	九,四三四,七四三.二六八		
合計	八四,八二九,二五三.二七	合計	八四,八二九,二五三.二七

(出所：鐵道院（編）[1911]，82-83頁。)

図表 3-6　1909（明治 42）年度損益計算表②

科目			金額
營業收入		旅客收入	四三,五一一,九九〇.〇四六円
		貨物收入	三七,五二一,二六五.〇二〇
		雜收入	一,二〇一,七八七.一九一
		收入合計	八二,二三四,四三.二五七
營業費		總係費	一〇,八九五,九三六.二六二
		保存費	八,四七二,八三五.二六七
		汽車費	一,九四七,一八三.二二七
		運輸費	一,九八二,四四七.七八七
		電氣費	一〇,二〇〇,〇六五.八三三
		船舶費	一,〇八〇,〇一一.八一九
		小計	一,二二三,六〇〇.一二三
			四二,〇六〇,九六九.〇二三
鐵道軌道監督及線路調查費			九六,五五五,八八七
補充費			二,五四二,二三四.六四九
利子及債務取扱諸費			二七,五〇二,五六二.四三〇
支出合計金			七二,二〇二,三八一.九八九
差引金			一〇,〇三四,〇五四.二六八

（出所：鐵道院（編）［1911］，83 頁。）

図表 3-8　1909 (明治 42) 年度資本勘定歳入予算決算

資本勘定歳入豫算決算

科目	本年度當初豫算額	追加豫算額	本年度末豫算現額	決算額	豫算殘額
鐵道資金收入	二,九四,六七一,〇〇〇円	三,五三二,九五〇,〇〇〇円	三二,七七七,六二一,〇〇〇円	三五,二九五,九四八,六九三	二,五一八,三二七,六九三 △
鐵道益金繰入金	七,五七六,八六六,〇〇〇		七,五七六,八六六,〇〇〇	九,六三四,七五〇,六三八	一,〇五七,八八四,六三八 △
借入金	二,五五七,一九五,〇〇〇	一,三〇〇,〇〇〇,〇〇〇	三,八五七,一九五,〇〇〇	四〇,一三四,九五八,〇〇〇	一,八〇七,六四三,〇〇〇
雜收入	六〇九,〇三六,〇〇〇		六〇九,〇三六,〇〇〇	一,三六,二一五,九九七	一七,一七九,九九七 △
一般會計受入金				二,五五二,一〇六,九九七	二,五五二,一〇六,九九七 △
買收鐵道會社引繼金受入		四三,九三〇,〇〇〇	四三,九三〇,〇〇〇	四三,九三〇,〇〇〇	
公債募集金		二一,〇〇〇,〇〇〇,〇〇〇	二一,〇〇〇,〇〇〇,〇〇〇	一九,六九〇,〇〇〇,〇〇〇	一,三一〇,〇〇〇,〇〇〇
鐵道用品及工作收入	三八,六三六,〇〇〇		三八,六三六,〇〇〇	一七,六九六,〇〇七,一〇七	二八,六九三,一四三
用品賣拂代	六,八二,一〇八,〇〇〇		六,八二,一〇八,〇〇〇	一〇,七七九,六六二,〇七	三,九六二,四四六,一〇七 △
用品修繕料				七,五二,六一七,四四四	七,五二,六一七,四四四 △
雜收入	七,七六九,〇〇〇		七,七六九,〇〇〇	七,七五四,一七四,四四	一四,八二五,八五六
合計	六七,四六〇,一三一,〇〇〇	三五,六〇三,二八〇,〇〇〇	七七,〇〇三,四一一,〇〇〇	五五,〇六四,三一五,八〇三	一七,九三六,一二五,八九六

備考　△印ハ豫算超過ノ分ナリ以下同シ

(出所：鐵道院 (編) [1911], 72-73 頁。)

図表 3-9　1909（明治 42）年度資本勘定歳出予算決算

資本勘定歳出予算決算

項目	前年度ヨリ繰越高	本年度当初予算額	追加予算額	本年度末予算現額	決算額	予算残額
鐵道建設及改良費						
建設費	九六二、七六六五	一三一、〇二六千円	—			
総係費	六六、三三五・六五五	二一〇、〇〇〇・〇〇〇	—			
福島青森間鐵道	二六、〇九一・六九九	一〇、〇〇〇・〇〇〇	—			
八王子名古屋間鐵道	五五、八二一・九九四	一、六〇〇・〇〇〇	—			
八代鹿兒島間鐵道		一、八〇〇・〇〇〇	—			
福知山境ヶ市間鐵道		四、一〇〇・〇〇〇	—			
道知山園部間鐵道		二、一〇〇・〇〇〇	—			
富山直江津間鐵道		一、九〇〇・〇〇〇	—			
北海道鐵道	五〇〇、〇〇〇・〇〇〇	九、九〇〇・〇〇〇	—			
喜多方新津間鐵道		一、八〇〇・〇〇〇	—			
岡山宇野間鐵道		三〇六、七〇七	—			
宇佐大分間鐵道		一、八〇〇・〇〇〇	—			
山田鳥羽間鐵道		一、〇〇〇・〇〇〇	—			
車輛費	八三、四五三・三六六	七、〇四〇・〇〇〇	—			
改良費		三八、八〇〇・〇〇〇	二、五四〇・〇〇〇			
改　計	一、六六九、六八四・三一七	七二、八〇〇・〇〇〇	—			
鐵道用品及工作費	二六三、四五三、八六八	一五、二三六・二五七	—			
工作費		二三三、八八八・〇〇〇	—			
用品及諸給與		一五、〇〇〇・〇〇〇	—			
俸給及工作費		一五、〇〇〇・〇〇〇	—			
用品及工作費		一二三、〇〇〇・〇〇〇	—			
踏拂戻金		三四三、三二八・〇〇〇	—			
工作費		三六六・〇〇〇	—			
計		一、二三、〇〇〇・〇〇〇	—			
負債償還金						
負債償還金						
合　計	二、六五三、六六八・六七	六、八四〇・〇〇〇	二、五四〇・〇〇〇			

（出所：鐵道院（編）[1911]、74-75 頁。）

図表3-10　1909(明治42)年度資産負債表

資産	金額	負債	金額
現金収入未済金	七五九七,五八四.四五 円	特有資本	一五九,四八六三六.八二 円
固定財産	一,一六二,九八五.四〇	公債	六二三,五四七,五二〇.〇〇〇
貯蔵物品	六九,六三四,〇一四.七六〇	借入資金	五九二,一三六,七五〇.〇〇〇
工場勘定	八五〇,六六九.四四五	借入金	二〇,一三六,九三二.〇〇〇
前拂金	二〇六,五〇四.三二九	鐵道會社ヨリ承繼シタル債務	一四〇,六六,一〇〇.〇〇〇
		支出未済	七三,一二六,九三一.二六九
		積立金	六〇九,三二〇.〇〇〇
		歳入歳出外勘定	一〇二,三五七,八.六〇
		前受金	二,五四三,二三六.三三
合計	七六八,三六九,九四八.二〇三	合計	七六八,三六九,九四八.二〇三

(出所：鐵道院（編）［1911］，80頁。)

図表 S1-7　1908（明治 41）年度資産負債表

資産金	金額	負債金	金額
現金	六三,九五二.九七〇 円	未還資本	六五五,七六一,一三三.八九七 円
固定財産	七三,二八五,二三六.二九〇	既還資本	六,一七〇,三五七.八六六
前拂金	九,三〇七,〇七九.四〇三	特設資本	三六,四八七,二六六.七八
用品費金	三,四八三,六八九.一八四	歳入歳出外受入	六三,九五二.九七〇
鐵道用品減	五,〇〇〇,〇〇〇.〇〇〇		
公債差減	三二,三四一,六二.五九五		
合計	七五三,九五〇,九二.四九二	合計	七五三,九五〇,九二.四九二

（出所：鐵道院（編）[1910]，71 頁。）

図表 S2-2　日本鉄道における会計報告書（1882（明治15）年6月期）

日本鐵道會社　　　　　　　第六號
第一回
總收支報告表　　　　第一表
明治十五年六月三十日

勘定科目	金額	勘定科目	金額
資本金（株式第二表ヲ見ヨ）	八五七,七九八〇〇〇	本社費（會計第二表ヲ見ヨ）	二九,七七〇〇〇〇
		建築費（同第三表ヲ見ヨ）	三〇〇,〇〇〇〇〇〇
		大藏省	五一九,六六三〇〇〇
		第十五國立銀行	八,三六五〇〇〇
	八五七,七九八〇〇〇		八五七,七九八〇〇〇

日本鐵道會社　　　　　　　第七號
第一回
本社費支出報告表　　第二表
從十四年一月至十五年六月三十日

勘定科目	金額	勘定科目	金額
本社費	二九,七七〇〇〇〇	俸給	五,四五九六〇三
		雜給	八,四四七〇二三
		事務諸費	三,六六三三九四
		取調課	七六六〇〇〇
		假株劵狀製造費	一,二六四〇二〇
		第十五國立銀行	六,九四六三五〇
		假出金	二,九〇五〇〇〇
		現金	三一八六一〇
	二九,七七〇〇〇〇		二九,七七〇〇〇〇

一　俸給トハ社長撿査委員報酬及幹事書記ノ俸給等ヲ云フ
一　雜給トハ理事委員報酬及諸雇員給其他社員旅行費諸數料等ヲ云フ
一　事務所費トハ備品消耗品刊行役鄕便電信運搬費社中修繕費證劵印界紙其他雜費ヲ云フ
一　取調課トハ諸規則書等譯繙者ヘ報酬金其他諸取調ニ係ル諸費ヲ云フ
一　假出金トハ体給雜給事務所費株金募集費等扶算證書未遑ニ係ルモノヲ云フ

日本鐵道會社
第 一 回
建築費支出報告表
明治十五年六月三十日

第八號
第三表

勘定科目	金額	勘定科目	金額
第一區興業費	三〇〇,〇〇〇,〇〇〇	俸給及廳中費	六五一,七八七
		土工	五〇,四〇〇
		溝渠	三二,五六七
		線路	一,四一八,二九〇
		測量費	五,四〇六
		假工事	一,〇九三,〇八〇
		貯蓄品	七八五,一二六
		第十五國立銀行	一七七,九二八,七七四
		假出金	一一八,〇〇七,九〇一
		現金	二七,四六九
	三〇〇,〇〇〇,〇〇〇		三〇〇,〇〇〇,〇〇〇

一 假工事トハ假庫物假道橋等ニ
係ル諸雜工賃及物品代ヲ結タ
本科目ニ編入スルテ云フ

一 貯蓄品トハ一般工雜上ニ要ス
ル諸物品ナ一時史科目中ニ置
キ需用ノ時々之ヲ供給スルモ
ノテ云フ

一 假出金トハ神戸鐵道本局及鐵
道局出張所新橋鐵道分局本社
川口出張所其他工部省會計局
等へ假出金額ノ決算濟未達ニ
係ルテ云フ

(出所:日本鐵道會社(編)[1882], 39-41頁。)

図表 S2-5　九州鉄道における四勘定（1900（明治33）年度下半期）

第一表

資本勘定貸借一覧表

明治三十四年三月三十一日

借	方	貸	方
科　　　目	金　　額	科　　　目	金　　額
拂込未済株金	一〇,五二八,八九五,〇〇〇	株　　　金	四〇,七五〇,〇〇〇,〇〇〇
興　業　費	三〇,四九五,一三二,二四〇	社　　　債	一,七二七,〇〇〇,〇〇〇
貯　蔵　品	九八,六二〇,三八	假　受　金	七,六〇,七三八
假　出　金	一,九九九,四四三,七七二	當座借越金	一五〇,〇〇〇,〇〇〇
假出物品	二七,八六六,七〇一	支拂未済物品代	一七,〇七三
有價證券	四〇,〇〇〇,〇〇〇	雑　収　入	八,八四九,九六四
流用金利子	八,八四九,九六四	他勘定ヨリ流用高	一,四九六,一三九,三九四
合　　計	四四,一二九,六〇八,〇〇九	合　　計	四四,一二九,六〇八,〇〇九

第二表

収益勘定貸借一覧表

明治三十四年三月三十一日

借	方	貸	方
科　　　目	金　　額	科　　　目	金　　額
營　業　費	一,二九〇,五九九	運輸収入	二,五一八,八六一,九九九
未収入金	四,七七三,一八〇	雑　収　入	一四八,七二九,八二七
假　出　金	一〇一,七九六,三四	假　受　金	一〇八,六〇九,一〇二
預　　金	二三八,三五七,〇三	前季越高	三九,〇七九,八九六
鉄　損　金	七三,三四八,一八一		
資本勘定ニ一時繰替金	一,〇四六,一三九,漏查三		
合　　計	二,七一七,四四一,九九三	合　　計	二,七一七,四四一,九九三

第 三 表

積立金勘定貸借一覽表
明治三十四年三月三十一日

借	方	貸	方
科　　目	金　額	科　　目	金　額
有　價　證　券	五四,〇六七六〇〇	積　立　金	四九九,二〇〇〇〇
預　　　　金	一九,一八七一四三	雜　收　入	一四,〇五四七四三
資本勘定ヘ流用高	四四〇,〇〇〇〇〇〇		
合　計	五一三,二五四七四三	合　計	五一三,二五四七四三

第 四 表

雜勘定貸借一覽表
明治三十四年三月三十一日

借	方	貸	方
科　　目	金　額	科　　目	金　額
假　出　金	六三,五九一	身元保證金	三一二,七五七六〇一四
有　價　證　券	一九,六〇二一〇	假　受　金	六,〇〇七六八三
預　　　　金	一四七,二二八九一	支拂未濟割賦金	二〇,〇二六一五
		支拂未濟社債利子	一〇二一五〇
合　計	三三八,八九四二二	合　計	三三八,八九四二二

（出所：九州鐵道株式會社（編）［1901a］, 33-34 頁。）

図表S2-6　伊予鉄道における四勘定（1900（明治33）年度下半期）

資　本　勘　定　表

第一號表　　明治三十三年十二月三十一日調

支　　出			収　　入		
科　目	金　額	合　計	科　目	金　額	合　計
高浜復興願開及立花乗換間建設費	二七九,一三三〇四三		株　金	六〇〇,〇〇〇〇〇〇	六〇〇,〇〇〇〇〇〇
外側部中間建設費	二三七,二八二五四三				
古町道後一番町間建設費	五九,九九一九三三				
建設費合計		五九六,四〇七一九			
貯蔵物品	七,九二二六一九				
預ヶ金	一五,六六九六二一	二三,五九二四八一			
合　計		六〇〇,〇〇〇〇〇〇	合　計		六〇〇,〇〇〇〇〇〇

雑　勘　定　表

第四號表　　明治三十三年十二月三十一日調

支　　出			収　　入		
科　目	金　額	合　計	科　目	金　額	合　計
有價証券	三,五六六二五〇		支拂未済鉄賃金	六六五九二〇	
假出金	八,一三七二五八		假受金	三,〇〇〇七四九	
未収入金	三一二二〇五		身元保証金	三,〇五八二五〇	
預ヶ金	二七,三九五三〇四		職員積立金	一,〇〇四五八〇	
			未拂金	一,九二四五五七	
			前期繰越金	一,三六六四八二	
			當期間益金	二八,三九〇四七九	
合　計		三九,四一一〇一七	合　計		三九,四一一〇一七

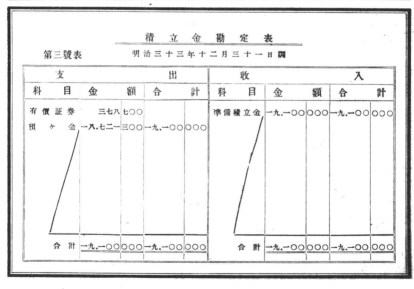

收益勘定表

第二號表　自明治三十三年七月至全年十二月

支　出			收　入		
科目	金額	合計	科目	金額	合計
線路保存費	六,七一三〇〇七		客車收入	五三,九三六八九〇	
瓦車費	一二,六五六〇九四		貨車收入	七,五九八六五〇	
運輸費	一〇,三六四〇二五		雜收入	三,〇一七三〇一	
總係費	六,四二九二三六		營業收入合計		六四,五五二八四一
營業費合計		三六,一六二三六二			
準備積立金	一,五〇〇〇〇〇		前期繰越金	一,三六六四八二	一,三六六四八二
役員賞與金	四三五〇〇〇				
配當金	二七,〇〇〇〇〇〇				
後期繰越金	八二一九六一	二九,七五六九六一			
合計		六五,九一九三二三	合計		六五,九一九三二三

雜收入內譯

預ヶ金利子　一,六〇七,八〇〇
株式名義加入手數料　一二七,五〇〇
賠償不用品賣却代金代金　二二三,〇〇〇
雜手數料　八,八〇〇
公衆電報取扱料代　五一,五一〇
入場券發賣料　一五〇,一一〇
計　三,〇一七,三〇一

積立金勘定表

第三號表　明治三十三年十二月三十一日調

支　出			收　入		
科目	金額	合計	科目	金額	合計
有價証券	三七八七〇〇		準備積立金	一九,一〇〇〇〇〇	一九,一〇〇〇〇〇
預ヶ金	一八,七二一三〇〇	一九,一〇〇〇〇〇			
合計	一九,一〇〇〇〇〇	一九,一〇〇〇〇〇	合計	一九,一〇〇〇〇〇	一九,一〇〇〇〇〇

（出所：伊豫鐵道株式會社（編）［1901］, 33-36 頁。）

図表 S2-7　損益計算表様式（「地方鉄道会計規程」期）

第二表		損　益　計　算　表				
		自　年　月　日至　年　月　日				鐵道
収　　入			支　　出			損　益
科　　目	金　額	科　　目		金　額		
客車収入 貨車収入 運輸雑収	円	保存費 汽車費 運輸費 総係費 諸税 建設費利子分担額		円		円
計		計				
雑収入		建設費利子 社債差損金 財産価額消却金 雑損				
合　計		合　計				
軌道業収入 船舶運送業収入		軌道業支出 船舶運送業支出				
総　計		総　計				

備考
1　雑損ハ其ノ主ナル内譯金額ヲ欄外ニ説明スヘシ
2　各事業ニ於テ諸利子ヲ分擔シタルトキハ其ノ金額ヲ欄外ニ記載シ其ノ計算方法ヲ説明スヘシ
3　鐵道設備據諸利子ハ其ノ内譯ヲ記載スヘシ
4　財産価額消却金ハ其ノ内容ヲ説明スヘシ

（出所：大正 8 年鉄道院告示第 64 号。）

参考資料一覧

I．一次史料（経年史料は便宜上年代順に掲載している。）

1. 年報（なお，鐵道局（編）[1888]，内務省鐵道廳（編）[1891]，[1892]，[1893] には発行年が記載されていないが，当時の年報は当該年度の翌年に発行されていることから発行年を推定した。）

Imperial Government Railways（ed.）[1885] *Japan. Annual Reports by Foreign Staff, for the Twelve Months from 1st July, 1884, to 30th, June, 1885*（邦題『雇外國人年報』，鉄道博物館所蔵）．

――――――――――――――――――[1886] *Japan. Annual Reports by Foreign Staff, for the Nine Months from 1st July, 1885, to 31st, March, 1886*（同上）．

――――――――――――――――――[1887] *Japan. Annual Reports by Foreign Staff, for the Twelve Months from 1st April, 1886, to 31st, March, 1887*（同上）．

鐵道局（編）[1887]『明治十九年度鐵道局年報』（1980 年復刻，日本経済評論社）．
―――――― [1888]『明治二十年度鐵道局年報』（同上）．
内務省鐵道廳（編）[1891]『明治二十三年度鐵道廳年報』（同上）．
―――――――― [1892]『明治二十四年度鐵道廳年報』（同上）．
―――――――― [1893]『明治二十五年度鐵道廳年報』（1981 年復刻，日本経済評論社）．
遞信省鐵道局（編）[1894]『明治二十六年度鐵道局年報』（同上）．
―――――――― [1895]『明治二十七年度鐵道局年報』（同上）．
―――――――― [1896]『明治二十八年度鐵道局年報』（同上）．
―――――――― [1897]『明治二十九年度鐵道局年報』（同上）．
鐵道作業局（編）[1898]『明治三十年度鐵道作業局年報』（1987 年復刻，日本経済評論社）．
―――――― [1899]『明治三十一年度鐵道作業局年報』（同上）．
―――――― [1900]『明治三十二年度鐵道作業局年報』（1988 年復刻，日本経済評論社）．
―――――― [1901]『明治三十三年度鐵道作業局年報』（同上）．
―――――― [1902]『明治三十四年度鐵道作業局年報』（同上）．
―――――― [1903]『明治三十五年度鐵道作業局年報』（同上）．
―――――― [1904]『明治三十六年度鐵道作業局年報』（同上）．

────────［1905］『明治三十七年度鐵道作業局年報』（同上）。
────────［1906］『明治三十八年度鐵道作業局年報』（同上）。
帝國鐵道廳（編）［1907］『明治三十九年度帝國鐵道廳年報』（同上）。
鐵道院（編）［1909］『明治四十年度帝國鐵道廳年報』（同上）。
────────［1910］『明治四十一年度鐵道院年報（國有鐵道之部）』（1983年復刻，日本経済評論社）。
────────［1911］『明治四十二年度鐵道院年報（國有鐵道之部）』（同上）。
────────［1912］『明治四十三年度鐵道院年報（國有鐵道之部）』（同上）。
────────［1913］『明治四十四年度鐵道院年報』（同上）。
────────［1914］『大正元年度鐵道院年報』（同上）。
────────［1915］『大正二年度鐵道院年報』（1983年復刻，日本経済評論社）。
────────［1916］『大正三年度鐵道院年報』（同上）。
────────［1917］『大正四年度鐵道院年報』（同上）。
鐵道省（編）［1923a］『大正十年度鐵道省年報』（同上）。

2．統計資料

鐵道院（編）［1918］『大正五年度鐵道院鐵道統計資料』（1984年復刻，日本経済評論社）。
────────［1919］『大正六年度鐵道院鐵道統計資料』（1985年復刻，日本経済評論社）。
鐵道省（編）［1920］『大正七年度鐵道院鐵道統計資料』（1984年復刻，日本経済評論社）。
────────［1922］『大正八年度鐵道院鐵道統計資料』（同上）。
────────［1923b］『大正九年度鐵道省鐵道統計資料』（同上）。
────────［1924］『大正十年度鐵道省鐵道統計資料』（同上）。
────────［1925］『大正十一年度鐵道省鐵道統計資料』（同上）。
────────［1926a］『大正十二年度鐵道省鐵道統計資料』（同上）。
────────［1926b］『大正十三年度鐵道省鐵道統計資料』（同上）。
────────［1927］『大正十四年度鐵道省鐵道統計資料』（同上）。
────────［1928a］『昭和元年度鐵道統計資料　第一編（運輸，經理，職員，保健）』（1990年復刻，日本経済評論社）。
────────［1928b］『昭和二年度鐵道統計資料　第一編（運輸，經理，職員）』（同上）。
────────［1930a］『昭和三年度鐵道統計資料　第一編（運輸，經理，職員）』（同上）。
────────［1930b］『昭和四年度鐵道統計資料　第一編（運輸，經理，職員）』（同上）。
────────［1931］『昭和五年度鐵道統計資料　第一編（運輸，經理，職員）』（同上）。
────────［1932］『昭和六年度鐵道統計資料　第一編（運輸，經理，職員）』（1991年復刻，日本経済評論社）。
────────［1933］『昭和七年度鐵道統計資料　第一編（運輸，經理，職員）』（同上）。

―――――――――［1934］『昭和八年度鐵道統計資料　第一編（運輸，經理，職員）』（同上）。
―――――――――［1935］『昭和九年度鐵道統計資料　第一編（運輸，經理，職員）』（同上）。
―――――――――［1936］『昭和十年度鐵道統計資料　第一編（運輸，經理，職員）』（同上）。
―――――――――［1938］『昭和十一年度鐵道統計資料　第一編（運輸，經理，職員）』（同上）。
―――――――――［1939］『昭和十二年度鐵道統計　第一編（運輸，經理，職員）』（1992年復刻，日本経済評論社）。
―――――――――［1940］『昭和十三年度鐵道統計　第一編（運輸，經理，職員）』（同上）。
―――――――――［1941］『昭和十四年度鐵道統計　第一編（運輸，經理，職員）』（同上）。
―――――――――［1942］『昭和十五年度鐵道統計　第一編（運輸，經理，職員）』（同上）。
―――――――――［1943］『昭和十六年度鐵道統計　第一編（運輸，經理，職員）』（同上）。
鐵道省總務局（編）［1943］『昭和十七年度國有鐵道陸運統計　第三編（會計）』（同上）。
運輸省鐵道總局總務局（編）［年代未詳］『昭和十九年度國有鐵道陸運統計』（同上）。
―――――――――――――――［1948a］『昭和二十年度國有鐵道陸運統計　第一編（運輸，經理，職員）』（1991年復刻，日本経済評論社）。
―――――――――――――――［1948b］『昭和二十一年度鉄道統計年報　第一編（運輸，経理，職員）』（同上）。

3．鉄道会社営業報告書・統計年報，株主名簿など

伊豫鐵道株式會社（編）［1901］『伊豫鐵道株式會社第廿五回報告』（1998年復刻，雄松堂出版『営業報告書集成』第六集所収）。
九州鐵道株式會社（編）［1901a］『第貳拾五回營業報告（明治三十三年度下半期）』（2006年復刻，日本経済評論社）。
―――――――――［1901b］『第貳拾六回營業報告（明治三十四年度上半期）』（同上）。
―――――――――［1902a］『明治三十四年度下半期營業報告（第貳拾七回）』（同上）。
―――――――――［1902b］『明治參拾五年度上半期營業報告（第貳拾八回）』（同上）。
―――――――――［1903a］『明治三十五年度下半期營業報告（第貳拾九回）』（同上）。
―――――――――［1903b］『明治三十六年度上半期營業報告（第參拾回）』（同上）。
―――――――――［1904a］『明治三十六年度下半期營業報告（第參拾壹回）』（同上）。
―――――――――［1904b］『明治三十七年度上半期營業報告（第參拾貳回）』（同上）。
―――――――――［1905a］『明治三十七年度下半期營業報告書（第參拾參回）』（同上）。
―――――――――［1905b］『明治三十八年度上半期營業報告書（第參拾四回）』（同上）。
―――――――――［1906a］『明治三十八年度下半期營業報告書（第參拾五回）』（同上）。
―――――――――［1906b］『明治三十九年度上半期營業報告書（第參拾六回）』（同上）。
―――――――――［1907a］『明治三十九年度下半期營業報告書（第參拾七回）』（同上）。
―――――――――［1907b］『明治四十年度上三か月間（四，五，六月）營業報告書』

(同上)。

日本鐵道會社（編）[1882]『第一回報告』(2004年復刻，日本経済評論社)。
——————[1883a]『第二回報告』(同上)。
——————[1883b]『第三回報告』(同上)。
——————[1884a]『第四回報告』(同上)。
——————[1884b]『第五回報告』(同上)。
——————[1885a]『第六回報告』(同上)。
——————[1885b]『第七回報告』(同上)。
——————[1886a]『第八回報告』(同上)。
——————[1886b]『第九回報告』(同上)。
——————[1887a]『第十回報告』(同上)。
——————[1887b]『第十一回報告』(同上)。
——————[1888a]『第十二回報告』(同上)。
——————[1888b]『第十三回報告』(同上)。
——————[1889a]『第十四回報告』(同上)。
——————[1889b]『第十五回報告』(同上)。
——————[1890a]『第十六回報告』(同上)。
——————[1890b]『第十七回報告』(同上)。
——————[1891a]『第十八回報告』(同上)。
——————[1891b]『第十九回報告』(同上)。
——————[1892a]『第二十回報告』(同上)。
——————[1892b]『第二十一回報告』(同上)。
——————[1893a]『第二十二回報告』(同上)。
——————[1893b]『第二十三回報告』(同上)。

日本鐵道株式會社（編）[1894a]『第二十四回報告』(同上)。
——————[1894b]『第二十五回報告』(同上)。
——————[1895a]『第二十六回報告』(同上)。
——————[1895b]『第二十七回報告』(同上)。
——————[1896a]『第二十八回報告』(同上)。
——————[1896b]『第二十九回報告』(同上)。
——————[1897a]『第三十回報告』(同上)。
——————[1897b]『第三十一回報告』(同上)。
——————[1898a]『第三十二回報告』(同上)。
——————[1898b]『第三十三回報告』(同上)。
——————[1899a]『第三十四回報告』(同上)。

――――――――――――――［1899b］『第三十五回報告』(同上)。
――――――――――――――［1900a］『第三十六回報告』(同上)。
――――――――――――――［1900b］『第三十七回報告』(同上)。
――――――――――――――［1901a］『第三十八回報告』(同上)。
――――――――――――――［1901b］『第三十九回報告』(同上)。
――――――――――――――［1902a］『第四十回報告』(同上)。
――――――――――――――［1902b］『第四十一回報告』(同上)。
――――――――――――――［1903a］『第四十二回報告』(同上)。
――――――――――――――［1903b］『第四十三回報告』(同上)。
――――――――――――――［1904a］『第四十四回報告』(同上)。
――――――――――――――［1904b］『第四十五回報告』(同上)。
――――――――――――――［1905a］『第四十六回報告』(同上)。
――――――――――――――［1905b］『第四十七回報告』(同上)。
――――――――――――――［1906a］『第四十八回報告』(同上)。
――――――――――――――［1906b］『第四十九回報告』(同上)。
――――――――――――――［1906c］『第五十回報告』(同上)。

London and Birmingham Railway (ed.) [1837] "Eighth Half-Yearly General Meeting of the Court of Proprietors," *Reports and Accoounts* (*RAIL1110/260 in the National Archives United Kingdom*), pp.25–28.

―――――――――――――――――――――――― [1839] "Eleventh Half-Yearly General Meeting of the Court of Proprietors," *Reports and Accoounts* (*RAIL1110/260 in the National Archives United Kingdom*), pp.40–43.

4. 株式年鑑(原本の他、「国立国会図書館デジタルコレクション (http://dl.ndl.go.jp/)」にて公開されている画像を用いた。)

野村商店調査部(編)［1920］『株式年鑑(大正九年度)』。
――――――――――――［1921］『株式年鑑(大正十年度)』。
――――――――――――［1922］『株式年鑑(大正十一年度)』。
――――――――――――［1923］『株式年鑑(大正十二年度)』。
大阪屋商店調査部(編)［1924］『株式年鑑(大正十三年度)』。
――――――――――――［1925］『株式年鑑(大正十四年度)』。
――――――――――――［1926］『株式年鑑(昭和元年度)』。
――――――――――――［1927］『株式年鑑(昭和二年度)』。
――――――――――――［1928］『株式年鑑(昭和三年度)』。
――――――――――――［1929］『株式年鑑(昭和四年度)』。

―――――――――――――――［1930］『株式年鑑（昭和五年度）』。
―――――――――――――――［1931］『株式年鑑（昭和六年度）』大同書院。
―――――――――――――――［1932］『株式年鑑（昭和七年度）』大同書院。
―――――――――――――――［1933］『株式年鑑（昭和八年度）』大同書院。
―――――――――――――――［1934］『株式年鑑（昭和九年度）』大同書院。
―――――――――――――――［1935］『株式年鑑（昭和十年度）』大同書院。
―――――――――――――――［1936］『株式年鑑（昭和十一年度）』大同書院。
―――――――――――――――［1937］『株式年鑑（昭和十二年度）』大同書院。
―――――――――――――――［1938］『株式年鑑（昭和十三年度）』大同書院。
―――――――――――――――［1939］『株式年鑑（昭和十四年度）』大同書院。
―――――――――――――――［1940］『株式年鑑（昭和十五年度）』大同書院。
―――――――――――――――［1941］『株式年鑑（昭和十六年度）』大同書院。
―――――――――――――――［1942］『株式年鑑（昭和十七年度）』大同書院。

5．その他

大藏省（編）［1956］『明治大正財政史』第 11 巻，経済往来社。
大藏省理財局（編）［1911］『金融事項参考書』印刷局（1988 年復刻，龍溪書舎）。
大阪鐵道局（編）［1935］『鐵道用語辭典』博文館。
衆議院事務局（編）［1906］『第二十二囘帝國議會衆議院帝國鐵道會計法案，官設鐵道用品資金會計法中改正法律案，韓國ニ於テ帝國ノ經營スル鐵道ノ會計ニ關スル法律案及鐵道國有法及京釜鐵道買收法ニ依リ買收シタル鐵道ノ出納官吏ニ關スル法律案委員會會議錄（筆記速記）第一囘』印刷局。
―――――――――――［1926］『第五十一囘帝國議會衆議院議事速記錄第三十二號（官報號外）』内閣印刷局。
―――――――――――［1927］『第五十二囘帝國議會衆議院議事速記錄第五號（官報號外）』内閣印刷局。
帝國鐵道協會（編）［1916］『帝國鐵道協會會報』第 17 巻第 8 号。
帝國鐵道大觀編纂局（編）［1927］『帝國鐵道大觀』運輸日報社。
遞信省（編）［1909］『鐵道國有始末一斑』（1983 年復刻，日本経済評論社）。
鐵道局（編）［1887］『鐵道局事務書類』第二巻（鉄道博物館所蔵）。
鐵道省經理局主計課（編）［1941］『帝國鐵道會計と減價償却』。
日本国有鉄道（編）［1969a］『工部省記録　鐵道之部　自巻十九至巻二十二（第五冊）』。
―――――――――――［1969b］『日本国有鉄道百年史』第 1 巻。
―――――――――――［1971a］『日本国有鉄道百年史』第 3 巻。
―――――――――――［1971b］『日本国有鉄道百年史』第 7 巻。

――――――――［1972a］『日本国有鉄道百年史』第 5 巻。
――――――――［1972b］『日本国有鉄道百年史』第 6 巻。
――――――――［1973a］『日本国有鉄道百年史』第 10 巻。
――――――――［1973b］『日本国有鉄道百年史』第 11 巻。
――――――――［1979］『工部省記録　鐵道之部　自巻三十五至巻三十八（第九冊)』。

Ⅱ．文献

1．和文

青木栄一・老川慶喜［1986］「軽便鉄道の普及」野田正穂・原田勝正・青木栄一・老川慶喜（編）『日本の鉄道―成立と展開―（鉄道史叢書 2)』日本経済評論社，148-156 頁。

青木栄一［2008］『交通地理学の方法と展開』古今書院。

青地正史［2014］『戦前日本の企業統治―法制度と会計制度のインパクト』日本経済評論社。

新谷　司［2015］「『資本論』に基づく減価償却論―ブライヤーの解釈に基づくマルクスの減価償却論の検討―」丸山惠也・熊谷重勝・陣内良昭・内野一樹・關智一（編著）『経済成長の幻想―新しい経済社会に向けて―』創成社，238-252 頁。

飯野利夫［1993］『財務会計〔三訂版〕』同文舘出版。

石川　業［2017］「出資者＝経営者間における利害調整のための事業別『拠出資本と留保利益の区別』―1794 年プロシア普通国法をつうじた GAAP としての位置づけ―（5)」『商学討究』（小樽商科大学）第 68 巻第 2・3 号，143-185 頁。

伊原　隆［1942］「會社固定資産償却規則に就いて」『原價計算』第 2 巻第 9 号，ダイヤモンド社，28-35,40 頁。

上田貞次郎［1917］「官業會計法一新の急務」『經濟時論』第 1 巻第 1 号，同文館，11-16 頁。

宇田　正［1976］「鉄道国有化」森川英正（編）『日本の企業と国家（日本経営史講座第 4 巻)』日本経済新聞社，77-110 頁。

内川菊義［1998］『引当金会計の基礎理論』森山書店。

大内兵衛［1974］『日本公債論（大内兵衛著作集第二巻)』岩波書店。

大川一司・野田孜・高松信清・山田三郎・熊崎実・塩野谷祐一・南亮進（編）［1967］『物価（長期経済統計　推計と分析 8)』東洋経済新報社。

大川周明［1944］『佐藤雄能先生傳』明治書房。

太田哲三［1935a］「國家の營利事業會計」『五十周年記念論文集經濟商業之部』中央大学，37-58 頁。

――――――――［1935b］「官廳會計と減價償却」日本會計學會（編）『會計理論（東奭五郎先生下野直太郎先生古稀記念論文集Ⅰ)』森山書店，159-180 頁。

――――――――［1938］「公營企業の減價償却」『一橋論叢』第 1 巻第 4 号，11-23 頁。

―――――［1951］『固定資産會計』中央経済社。
―――――［1968］『近代会計側面誌―会計学の六十年―』中央経済社。
大野靖三［1939］『帝國鐵道會計の知識』鐵道教育會。
大橋英五［1985］『独占企業と減価償却（現代資本主義叢書31）』大月書店。
小野武美［2008］「株式会社の所有構造と減価償却行動―戦前期わが国企業の計量分析―」『東京経大学会誌―経営学―』No.258, 145-155頁。
春日部光紀［2009］「アメリカ鉄道会社における複会計システム」『經濟學研究』（北海道大学）第59巻第1号, 55-66頁。
―――――［2011］「Atchison, Topeka and Santa Fe 鉄道会社の複会計システム」『經濟學研究』（北海道大学）第61巻第1・2号, 41-59頁。
―――――［2014］「Chicago Great Western 鉄道会社の複会計システム：1893-1907」竹田範義・相川奈美（編著）『会計のリアリティヴィゼーション』創成社, 93-118頁。
―――――［2016］「New York, Ontario and Western 鉄道会社の複会計システム」『經濟學研究』（北海道大学）第66巻第2号, 33-48頁。
―――――［2018］「Detroit and Milwaukee 鉄道会社の複会計システム」『経濟學研究』（北海道大学）第68巻第1号, 89-102頁。
片野一郎［1968］『日本財務諸表制度の展開』同文舘出版。
金戸　武［1991］『イギリス鉄道会計発達史（阪南大学叢書34）』森山書店。
―――――［1993a］「明治初期官営鉄道における複会計制度」『阪南論集（社会科学編）』第28巻第3号, 75-82頁。
―――――［1993b］「日本鉄道会社の財務と会計」『會計』第114巻第5号, 森山書店, 104-115頁。
釜江廣志［2016］『日本の公共債市場の数量経済史』同文舘出版。
亀井孝文［2006］『明治国づくりのなかの公会計』白桃書房。
―――――［2011］『公会計制度の改革（第2版）』中央経済社。
菊池祥一郎［1977］『アメリカ公会計論』時潮社。
北浦貴士［2014］『企業統治と会計行動―電力会社における利害調整メカニズムの歴史的展開』東京大学出版会。
北原信男［1932］『鐵道豫算の話』鐵道書院。
―――――［1935］「帝國鐵道の三勘定組織と減價銷却」『會計』森山書店, 第37巻第4号, 103-116頁。
―――――［1941］『國有鐵道の會計』ダイヤモンド社。
木村和三郎［1965］『新版　減価償却論』森山書店。
久保田秀樹［2001］『日本型会計成立史』税務経理協会。
熊谷重勝［1993］『引当金会計の史的展開』同文舘出版。

黒澤　清［1964］『近代会計学〈改訂増補版〉』春秋社。
桑原正行［2008］『アメリカ会計理論発達史―資本主理論と近代会計学の成立』中央経済社。
近藤禎夫［1992］『鉄道原価計算制度史の研究―国鉄民営化までの軌跡―』大月書店。
齊藤　直［2011］「戦間期日本企業の減価償却　1930年代における減価償却の定着」『国際交流研究（フェリス女学院大学）』第13号，131-157頁。
桜井　徹［1986a］「国有化問題の系譜」野田正穂・原田勝正・青木栄一・老川慶喜（編）『日本の鉄道―成立と展開―（鉄道史叢書2）』日本経済評論社，101-113頁。
―――［1986b］「鉄道国有化の実現とその意義」野田正穂・原田勝正・青木栄一・老川慶喜（編）『日本の鉄道―成立と展開―（鉄道史叢書2）』日本経済評論社，114-125頁。
佐合紘一［1986］『企業財務と証券市場―アメリカ株式会社金融の成立―』同文舘出版。
―――［1988］「アメリカ鉄道業における過大資本化と証券・資本規制―19世紀における州規制―」『経営研究（大阪市立大学）』第39巻第4号，21-36頁。
佐々木重人［2010］『近代イギリス鉄道会計史　ロンドン・ノースウェスタン鉄道会社を中心に』国元書房。
―――［2011］「鉄道業の会計―固定資産の維持・更新に留意された会計法規制の展開―」安藤英義・古賀智敏・田中建二（編）『企業会計と法制度（体系現代会計学第5巻）』中央経済社，399-439頁。
佐藤雄能［1917］『鐵道會計』同文舘。
―――［1928］『改訂増補　實用鐵道會計』同文舘。
―――［1929］『鐵道經營の理論と實際』同文舘。
―――［1933］「鐵道國有の經緯」清水啓次郎（編）『交通今昔物語』工友社，22-29頁。
―――［1937］『鐵道會計研究』森山書店。
―――［1943］『鐵道評價の諸問題』春秋社。
澤登千恵［2002］「19世紀英国鉄道会社における複会計制度の確立―L&B鉄道会社の会計報告書を中心に―」『高松大学紀要』第38号，1-34頁。
―――［2003］「1868年鉄道規制法の再評価」『高松大学紀要』第39号，1-16頁。
―――［2005］「London and North Western鉄道会社における資本勘定記入制限の問題」『国民経済雑誌』（神戸大学）第192巻第1号，99-118頁。
―――［2009］「一九世紀中葉イギリス鉄道会社の複会計システム」『會計』第175巻第4号，森山書店，77-92頁。
―――［2014a］「London and Birmingham鉄道における減価償却の議論と実務の変化」竹田範義・相川奈美（編著）『会計のリラティヴィゼーション』創成社，72-92頁。
―――［2014b］「株式会社制度確立期の財務報告実務―19世紀イギリスにおける鉄道会社の会計実務―」中野常男・清水泰洋（編著）『近代会計史入門』同文舘出版，177-194頁。

―――――［2015］「資本勘定閉鎖概念の変化と資本的支出と収益的支出の区別の精緻化：London and North Western 鉄道会社における固定資産の会計実務を中心に」『日本情報経営学会誌』Vol.35, No.3, 31-43頁。

島　恭彦［1950］『日本資本主義と國有鐵道』日本評論社。

清水泰洋［2005］「会計史を巡るヒストリオグラフィー：レビュー」『國民經濟雜誌』（神戸大学）第192巻第1号，83-97頁。

―――――［2015］「会計史研究における視点―伝統的方法の役割―」『会計史学会年報』第33号，1-11頁。

志村嘉一［1969］『日本資本市場分析』東京大学出版会。

神馬新七郎［1940］『減價償却の實務』ダイヤモンド社。

杉山　学［1994］「わが国における複会計思考の導入」小林健吾（編著）『日本会計制度成立史』東京経済情報出版，97-131頁。

醍醐　聰［1981］『公企業会計の研究』国元書房。

高寺貞男［1974］『明治減価償却史の研究』未来社。

―――――［1979a］「スタンダード石油会社における過小資本化とその修正」高寺貞男・醍醐聰『大企業会計史の研究』同文舘出版，3-23頁。

―――――［1979b］「減価償却会計の導入と定着」高寺貞男・醍醐聰『大企業会計史の研究』同文舘出版，239-256頁。

高橋亀吉［1930］『株式會社亡國論』萬里閣書房。

武田隆二［1982］「わが国の営業報告書の検討」増谷裕久（編著）『営業報告書の総合研究』中央経済社，225-239頁。

千葉準一［1991］『英国近代会計制度―その展開過程の探究』中央経済社。

―――――［1998］『日本近代会計制度―企業会計体制の変遷』中央経済社。

東條　正［1984］「明治二〇年代における九州鉄道会社の経営実態」『エネルギー史研究：石炭を中心として』（九州大学石炭研究資料センター）第13号，119-148頁。

東山栄次［1988］「イギリス複会計制のもとでの財務諸表について」『會計』第133巻第3号，森山書店，35-59頁。

中川正左［1936］『改版　最近鐵道論』巌松堂書店。

中野常男［2012］「会計史学の存在意義―『なぜわれわれは会計史を研究するのか』：会計史研究の意義と課題―」『会計史学会年報』第30号，1-5頁。

―――――［2014］「「会計」の起源と複式簿記の誕生」中野常男・清水泰洋（編著）『近代会計史入門』同文舘出版，3-22頁。

中村　忠［1993］「半発生主義考」『企業会計』第45巻第8号，中央経済社，17-21頁。

中村尚史［2004］「解題―日本鉄道会社」老川慶喜・中村尚史（編）『日本鉄道会社（明治期私鉄営業報告書集成(1)）』第1巻, iii-xvi頁。

中村将人［2011］「帝国鉄道会計の二重構造と複会計システム」『經濟學研究』（北海道大学）第61巻第1・2号，85-107頁。
─────［2014］「日本鉄道業における固定資産会計の史的展開」竹田範義・相川奈美（編著）『会計のリラティヴィゼーション』創成社，153-187頁。
─────［2016］「帝国鉄道会計における益金の資本勘定繰入実務─複会計システムとの比較─」『総合政策論叢』（中京大学）第7巻，75-97頁。
─────［2018a］「近代期日本の国有鉄道における固定資産会計─「補充費」を中心として─」『会計史学会年報』第35号，57-70頁。
─────［2018b］「「鉄道国有化」の会計」『総合政策論叢』（中京大学）第9巻，19-45頁。
中村萬次［1991］『英米鉄道会計史研究』同文舘出版。
─────［1994］『米国鉄道会計史研究』同文舘出版。
─────［1997］『恐慌と会計─鉄道会計史の視座』晃洋書房。
─────［2005］『会計史断章』萌書房。
西川孝治郎［1971］『日本簿記史談』同文舘出版。
西川義朗［1978］『改訂　公企業会計』国元書房。
野田正穂［1980］『日本証券市場成立史─明治期の鉄道と株式会社金融─』有斐閣。
橋本武久［2012］「日本会計史学会第30回大会大会記」『会計史学会年報』第30号，118-122頁。
花田七五三［1934］『官廳會計（會計學全集第廿巻）』東洋出版社。
馬場克三［1983］「減価償却論と私」『会計』第124巻第6号，森山書店，111-119頁。
濱沖典之［2005］『法人税における減価償却費の史的研究』泉文堂。
原口亮平［1919］「地方鐵道會計規程に就いて」『會計』第6巻第2号，明治大学出版部，63-73頁。
原田勝正［1984］『日本の国鉄』岩波新書。
久野秀男［1958］『官庁簿記制度論』税務経理協会。
─────［1971］「日本減価償却生成史の実証研究（2）」『學習院大學經濟論集』第8巻第1号，3-34頁。
─────［1972a］「日本減価償却生成史の実証研究（3）」『學習院大學經濟論集』第8巻第3号，3-34頁。
─────［1972b］「日本減価償却生成史の実証研究（4）」『學習院大學經濟論集』第9巻第2号，51-82頁。
─────［1975］「日本近代会計成立史論考（3）」『學習院大學經濟論集』第11巻第4号，3-37頁。
─────［1987］『わが国財務諸表制度生成史の研究』学習院大学（第一法規出版）。
平山　孝［1943］「國有鐵道會計」平山孝・藤川福衞『鐵道會計（改版）』春秋社，1-222頁。

星野誉夫［1986a］「鉄道の創業」野田正穂・原田勝正・青木栄一・老川慶喜（編）『日本の鉄道―成立と展開―（鉄道史叢書2）』日本経済評論社，15-25頁。

―――――［1986b］「日本鉄道会社の設立と幹線官設主義」野田正穂・原田勝正・青木栄一・老川慶喜（編）『日本の鉄道―成立と展開―（鉄道史叢書2）』日本経済評論社，37-46頁。

細野日出男［1934a］「非常時財政と國有鐵道（一）―鐵道益金の一般會計繰入を論ず―」『研究論集』（高岡高等商業学校）第7巻第1号，1-33頁。

―――――［1934b］「非常時財政と國有鐵道（二）―鐵道益金の一般會計繰入を論ず―」『研究論集』（高岡高等商業学校）第7巻第2号，41-98頁。

松岡均平［1914］「我邦國有鐵道運賃制度」矢作榮藏（編）『經濟論叢（和田垣教授在職二十五年記念）』有斐閣書房，541-723頁。

松下孝昭［2013］「井上勝」鉄道史学会（編）『鉄道史人物事典』日本経済評論社，52-54頁。

三代川正秀［1984］『営業報告書制度論』税務経理協会。

三和良一［2012］『概説日本経済史　近現代〔第3版〕』東京大学出版会。

村田直樹［1995］『近代イギリス会計史研究―運河・鉄道会計史―』晃洋書房。

―――――［2001］『鉄道会計発達史論』日本経済評論社。

―――――［2012］「株式会社会計における財務報告の源流」千葉準一・中野常男（編）『会計と会計学の歴史（体系現代会計学第8巻）』中央経済社，151-182頁。

―――――・相川奈美［2014］「インタビュー「人と学説」」竹田範義・相川奈美（編著）『会計のリラティヴィゼーション―村田直樹先生還暦記念論文集―』創成社，331-342頁（本稿は特装版にのみ所収）。

―――――［2016］「現金主義と発生主義の会計史」『経済集志』（日本大学）第86巻第2・3号，43-55頁。

百瀬孝［1990］『事典昭和戦前期の日本　制度と実態』吉川弘文館。

山田直匡［1968］『お雇い外国人④―交通』鹿島研究所出版会。

山田盛太郎［1977］『日本資本主義分析―日本資本主義における再生産過程把握―』岩波文庫。

山本政一［1974］『公企業批判（増補版）』ミネルヴァ書房。

吉田良三［1910］『會計學』同文館。

吉見宏［2008］「公的部門の会計と複式簿記」藤田昌也（編著）『会計利潤のトポロジー』同文舘出版，189-203頁。

和久田康雄［1981］『日本の私鉄』岩波新書。

渡邉泉［2016］『帳簿が語る歴史の真実―通説という名の誤り―』同文舘出版。

和田昌夫［1899］『教科適用鐵道簿記學』大阪高等簿記學校。

2．欧文

Brennan, T.F. [1919] "The Double Account System," *The Accountant : the Recognised Weekly Organ of Chartered Accountants and Accountancy throughout the World*, Vol.LX（New Series）, No.2323, Gee&Co., London, pp.509-515.

Brief, Richard P. [1966] "The Origin and Evolution of Nineteenth-Century Asset Accounting," *Business History Review*（Harvard Graduate School of Business Administration）, Vol.XL, No.1, pp.1-23.

Carnegie, Garry D. and Christpher J. Napier [1996] "Critical and interpretive histories : insights into accounting's present and future through its past," *Accoounting, Auditing & Accountability Journal*, Vol.9, No.3, MCB University Press, Bradford, pp.7-39.

Carter, R.N. [1939] *Advanced Accounts: A Manual of Advanced Book-Keeping and Accountancy for Accountants, Book-Keepers and Business Men, Revised Edition*, Sir Isaac Pitman & Sons, London.

Chatfield, Michael [1977] *A History of Accounting Thought*（*Revised Edition*）, Robert E. Krieger Publishing Company, New York（津田正晃・加藤順介（訳）[1978]『チャットフィールド会計思想史』文眞堂）.

Chiba, Junichi [1987] "British Company Accounting 1844-1885 and Its Influence on the Modernization of Japanese Financial Accounting," *Journal of the Faculty of Economics*（*Tokyo Metropolitan University*）, No.60, pp.1-27.

Dicksee, Lawrence Robert [1892] *Auditing: A Practical Manual for Auditors*, Gee & Co., London（reprinted in 1976）.

─────────── [1903a] *Advanced Accounting*, Gee&Co., London（reprinted in 1976）.

─────────── [1903b] *Depreciation, Reserves, and Reserve Funds*, Gee & Co., London（reprinted in 1976）.

Edwards, John Richard [1985] "The Origin and Evolution of the Double Account System: An Example of Accounting Innovation," *ABACUS: A Journal of Accounting and Business Studies*, Vol.21, No.1, Sydney University Press, Sydney, pp.19-43.

─────────── [1989] *A History of Financial Accounting*, Routledge, London and New York（岩崎勇（訳）[1995]「イギリス財務会計史―「公益企業と複会計制度」及び「自由放任主義思想の環境下での自主規制」を中心として―」『富士論叢』第40巻第2号, 191-216頁（部分訳））.

Hatfield, Henry Rand [1909] *Modern Accounting, Its Principles and Some of Its Problems*, D.Appleton and Company, New York and London（reprinted in 1976）（松尾憲橘（訳）[1971]『ハットフィールド近代会計学―原理とその問題―』雄松堂書店）.

Johnson, H. Thomas and Robert S. Kaplan［1987］*Relevance Lost: The Rise and Fall of Management Accounting*, Harvard Business School Press, Boston（鳥居宏史（訳）［1992］『レレバンス・ロスト―管理会計の盛衰―』白桃書房）.

Lardner, Dionysius［1850］*Railway Economy: A Treatise on the New Art of Transport, its Management, Prospects, and Relations, Commercial, Financial, and Social, with an Exposition of the Practical Results of the Railways in Operation in the United Kingdom, on the Continent, and in America*, Harper & Brothers, New York.

Littleton, Ananias Charles［1966］*Accounting Evolution to 1900*, Russell & Russell, New York（片野一郎（訳）［1978］『リトルトン会計発達史（増補版）』同文館出版）.

Meade, Edward Sherwood［1903］*Trust Finance ; A Study of the Genesis, Organization, and Management of Industrial Combinations*, D. Appleton and Company, New York.

Miranti Jr., Paul J., Daniel L. Jensen and Edward N. Coffman［2003］"Business History and its Implications for Writing Accounting History," Richard K. Fleischman, Vaughan S. Radcliffe and Paul A. Shoemaker（ed.）, *Doing Accouniting History: Contributions to the Development of Accounting Thought*, Elsevier Science, Amsterdam, Boston, London, New York, Oxford, Paris, San Diego, San Francisco, Singapore, Sydney and Tokyo.

Nakamura, Masato［2012］"An Inquiry into a Transformation of the Double Account System in Japan: *Yon-Kanjo Sei*（Four-Accounts System）in Japanese railway companies," *Business and Accounting Research*（International Conference on Business Management）, Vol.1, pp.61-70.

Napier, Christopher［1995］"The history of financial reporting in the United Kingdom," Peter Walton（ed.）, *European Financial Reporting: A History*, Academic Press, London, San Diego, New York, Boston, Sydney, Tokyo and Toronto, pp.257-283（野口昌良（訳）［1997］「イギリスにおける財務報告の歴史」久野光朗（監訳）『欧州比較国際会計史論』同文館出版, 343-376頁）.

Pollins, Harold［1956］"Aspects of Railway Accounting before 1868," Ananias Charles Littleton and Basil S.（ed.）, *Studies in the History of Accounting*, Sweet & Maxwell, London, pp.332-355.

Ripley, William Z.［1914］"Railroad Over-Capitalization," *The Quarterly Journal of Economics*, vol. XXVIII, New York, pp.601-629.

Smith, Adam［1976］*An Inquiry into the Nature and Cause of the Wealth of Nations*, Clarendon Press, Oxford.

事項索引

【英数】

1868 年鉄道規制法 ……… 8, 19-21, 24, 26, 27, 32, 33, 41, 46, 92, 93
1911 年鉄道会社法 ……………………… 24
Balance Sheet ………………… 67, 68, 72
London and Birmingham 鉄道 ……… 28-30, 32, 189
London and North Western 鉄道 ………… 33
Working Expenses ………………… 67, 70, 71

【あ】

一般貸借対照表 … 8, 14, 19-21, 23-26, 28, 41, 42, 49, 50, 75, 90, 185, 187
伊予鉄道 ………………… 187, 188, 190

受入・払出 …………………………… 75-77

営業費 ………………… 46, 48, 99, 175
益金 ‥ 14, 54, 57, 99, 101, 115-118, 120, 122, 127-129, 131, 132, 134, 138, 139, 155-160, 161, 169, 170

【か】

『会計史』のための会計史研究 ……… 5, 6
改良費 ……… 16, 114-117, 119-124, 127, 130-132, 139, 140, 166, 170
各庁作業費区分及受払例則 …… 14, 45, 46, 48, 99, 138
過大資本化 ……… 16, 124, 143-149, 161-163,
166, 167, 170, 171
価値移転・回収計算 ……… 37, 39, 42, 97, 101, 128
カレント・コスト ……………… 113, 122, 139
勘定 ……………………… 53, 54, 90, 200
官設鉄道会計法 …… 15, 35, 46, 48-50, 74, 75, 91, 104, 131
官設鉄道用品資金会計規則 ……… 47, 48
官設鉄道用品資金会計法 ……… 47, 48, 74
管理会計 ………………………………… 25

軌道会計規程 ………………… 176, 177
軌道法 ……………………………… 177
九州鉄道 …………… 151, 186, 187, 189

繰替払 ……………… 110, 112, 113, 121

京浜電気鉄道 ……………………… 193
軽便鉄道会計準則 ……………… 176, 177
軽便鉄道法 ……………………… 176, 177
減価償却 ……… 3, 7, 9, 13-16, 24, 32, 33, 35-39, 42, 97, 99, 115, 127-130, 132, 134, 137-140, 148, 171, 177-179, 192, 193, 196-198, 199, 201
減価償戻 ………………… 13, 99, 100, 138
原価配分 ……… 37, 39, 42, 97, 98, 101, 128, 196, 201
現金収支 ……… 52-54, 65, 90-92, 137, 138, 200

現金主義 … 13, 27, 28, 32, 39, 65, 112, 128

原簿 …………………………… 54, 58

興業費 …………… 14, 46, 48, 99, 138, 175
工部省鉄道会計条例主意書 …… 8, 46, 90
国有鉄道事業特別会計法 …… 48, 140, 171
固定財産 ‥ 103-105, 107, 110, 113-117, 120-123, 130, 133, 139, 140, 146, 149, 161, 163, 166, 169, 170
固定資産会計 …… 3, 6, 7, 9, 12, 14-16, 19, 32, 35, 42, 97, 101, 104, 124, 127, 131, 133, 137, 139, 140, 177, 192, 193, 199, 200

【さ】

財産評価 ………… 36, 37, 42, 130, 196, 201
財務会計 ……………………………… 25
作業及鉄道会計規則 …… 46, 48, 74, 104, 131
作業費出納条例 …… 14, 45, 46, 48, 99, 138
雑勘定 ………… 176, 184, 185, 187, 189, 191
三勘定制 …… 13, 14, 35, 45, 48, 52, 85, 86, 91, 137

「事業会計」…… 51, 52, 54, 56-58, 65, 75, 78, 85, 86, 89, 91, 92, 117, 137, 138
資産負債表 …… 78, 83, 107, 117, 120, 161, 163
私設鉄道株式会社会計準則 …… 176-179, 182, 183, 185, 188, 192, 200
私設鉄道条例 …… 175, 176, 178, 179, 182, 192, 200
私設鉄道法 …………… 175-177, 183, 192
実体資本維持 …… 40, 98, 102, 103, 113, 114, 122, 131, 132, 138-140, 166, 170
私鉄鉄道条例 …………………………… 177
資本維持 … 36, 37, 39, 40, 42, 97, 98, 101, 103, 128, 131, 139, 196, 201

資本勘定 …… 8, 19-25, 28, 41, 42, 49, 90, 180
資本勘定（日本）… 12-15, 35, 45-48, 53-55, 57, 73, 75, 78, 79, 86, 105, 116-120, 137, 175, 176, 184, 185, 187, 189, 190, 200
資本的支出 …… 8, 20, 21, 26, 27, 46, 47, 102-105, 116, 117, 122, 124, 138, 175, 180, 185, 187
資本的収支 …… 14, 23, 26, 90-92, 180, 185, 192, 201
資本的収入 ……… 20, 21, 26, 27, 180, 187
資本の有機的構成 …………… 6, 9, 22, 26
収益勘定 …… 8, 19-21, 23-25, 28, 41, 42, 49, 90
収益勘定（日本）……… 12-15, 35, 45-48, 53-55, 57, 73, 75, 78, 80, 86, 87, 105, 106-107, 109, 117, 120, 137, 175, 176, 184, 185, 187, 189, 190, 200
収益の支出 … 8, 20, 21, 24, 26, 27, 46, 47, 138, 180
収益的収支 ……… 14, 26, 90-92, 185, 192, 201
収益的収入 ……………… 20, 21, 26, 27, 180
純資産負債 ………………………… 75-77, 91
純収益勘定 …………………… 19-21, 49
昭和13年省令 ……… 62, 64, 110, 112, 121

総勘定表 ……………………… 74, 91, 182
損益計算書（表）……… 54-57, 78, 83, 87, 88, 90, 92, 103, 107, 109, 117, 137, 182, 183, 187, 195

【た】

貸借対照表 …… 14, 54-57, 78, 85, 87-89, 92, 137, 145, 182, 183, 186
大正11年省令 ……… 61, 64, 110, 112, 121

事項索引 | 255

地方鉄道会計規程 176-179, 188, 194-196, 200, 201
地方鉄道法 176, 177

積立金勘定 47, 48, 85, 176, 184, 185, 187-189, 191

帝国鉄道及同用品資金会計規則 48, 104, 116
帝国鉄道会計規則（1909年）..... 48, 105
帝国鉄道会計規則（1922年）...... 48, 52, 105, 117
帝国鉄道会計法（1906年）..... 12, 15, 35, 46-50, 54, 78, 91, 101, 104, 116, 132, 169
帝国鉄道会計法（1909年）.... 35, 48, 52, 85, 104, 116, 169, 171
帝国鉄道用品資金会計法 ... 47, 48, 54, 78
撤去・廃滅高 107, 110, 122, 124, 166, 170
鉄道会計条例 8, 12, 14, 15, 35, 46, 48-50, 72, 90, 138
鉄道国有化 16, 47, 124, 143, 144, 146, 149-151, 158, 161, 162, 166-168, 170, 171
鉄道国有法 47, 143, 146, 149, 151, 155, 158, 159, 164, 169, 170
鉄道買収公債 164, 167-169, 171
伝統的会計史 11, 12

当事者の内生的な着想 5, 6, 10
特有資本 13, 54, 101-103, 105, 107, 110, 112, 113, 120-123, 138
取替法 3, 7, 13, 14, 32, 33, 40, 42, 102, 130, 178, 179

【な】

日記簿 54, 58

日本鉄道 151, 179, 180, 193

【は】

廃棄法 3, 7, 40, 42, 102-104, 113, 122, 130
買収価額 143, 146, 151-155, 157-161, 164, 170
発生主義 7, 13, 27, 28, 39, 65, 97, 113, 128, 133, 140
半発生主義 13, 27, 28, 65
「費用処理法」 38-40, 42, 193, 196-199, 201

複会計「思考」 90-93, 138
複会計システム（制，制度）...... 3, 8, 9, 12-16, 19, 20, 22, 24-28, 32, 33, 41, 42, 45, 46, 49-51, 90, 92, 93, 115, 137, 138, 177-179, 182, 183, 186, 188, 200, 201
複記法 64
複式簿記 7, 52-54, 56, 58, 64, 90, 137, 185
部分的発生主義会計 28

報告・公表会計システム ... 8, 24, 50, 56, 64, 66, 90
補充費 14-16, 101-110, 112, 113, 122-124, 127, 130-132, 139, 140, 166, 170

【ま】

明治39年省令 ... 54, 58, 59, 112, 120, 122
明治42年省令 60, 64, 110, 112, 121, 122
名目資本維持 36, 40, 104, 132

【や】

用品勘定 13, 14, 35, 45, 48, 53-55, 57,

86, 87, 137

用品資（基）金勘定調表 …… 54-57, 85, 87, 89, 92

用品資金 ………………… 54, 78, 82, 120,

用品資金資産負債表 ………… 78, 84, 89

用品資金損益計算（勘定）表 …… 54-57, 78, 83, 87, 88, 90

「予算執行会計」…… 51-54, 56-58, 65, 78, 85, 86, 91, 92, 116, 117, 137, 138

「四勘定制」……… 184, 186, 188, 200, 201

【ら】

「利益処分法」…… 38, 40, 42, 113, 139, 178, 193, 196-198, 201

歴史援用型 ……………………… 5, 6

歴史探求型 ……………………… 5, 6, 9

人名索引

【英数】

Aldrich, Arther Stanhope 66
Brennan, T.F. 27
Brief, Richard P. 28
Carnegie, Garry D. 12
Chatfield, Michael 40
Coffman, Edward N. 10
Dicksee, Lawrence Robert 32
Edwards, John Richard 24, 26, 28
Hatfield, Henry Rand 22, 147
Jensen, Daniel L. 10
Johnson, H. Thomas 25
Kaplan, Robert S. 25
Littleton, Ananias Charles 35, 36
Meade, Edward Sherwood 145
Miranti Jr., Paul J. 10
Napier, Christopher J. 12
Ripley, William Z. 145
Smith, Adam 20

【あ】

池井啓次 130
石川業 5
井上勝 8, 66

上田貞次郎 131
宇田正 151
内田信也 128

太田哲三 12, 101, 128, 132, 140
大野靖三 54
大橋英五 178
小野武美 40, 197

【か】

春日部光紀 90
片岡直温 127
亀井孝文 58

木村和三郎 7, 36

黒澤清 13, 27, 102

【さ】

齊藤直 197
佐々木重人 15, 28, 41, 49, 102
佐藤雄能 38, 143, 152, 153, 158, 192, 194
澤登千恵 28, 42

島安次郎 131
清水徳太郎 128
志村嘉一 197

杉山学 14
図師民嘉 8, 35, 41, 46, 90

【た】

醍醐聰 13

高寺貞男 ……… 13, 41, 99, 145, 178, 192

千葉準一 …………………… 7, 22

【な】

中野常男 …………………… 4
中村萬次 …………… 39, 91, 145

西川義朗 ……………… 13, 132

【は】

馬場克三 …………………… 36
濵沖典之 …………………… 37

原口亮平 …………………… 188

久野秀男 …………………… 177

細野日出男 ………………… 115

【ま】

武藤山治 …………………… 127
村田直樹 …………………… 25

【や】

山田盛太郎 ………………… 143

<著者>

中村　将人（なかむら　まさと）
中京大学総合政策学部准教授

【経歴】
1987 年 3 月　北海道北見市に生まれる
2009 年 3 月　北海道大学経済学部経営学科卒業
2011 年 3 月　北海道大学大学院経済学研究科修士課程修了
2014 年 3 月　北海道大学大学院経済学研究科博士後期課程修了
　　　　　　博士（経営学）
2014 年 4 月　北海道大学大学院経済学研究科助教
2015 年 4 月　中京大学総合政策学部専任講師
2018 年 4 月より現職

平成 31 年 1 月 25 日　　初版発行　　　　　　　略称：近代鉄道会計史

近代日本鉄道会計史
―国有鉄道を中心として―

著　者　　中　村　将　人
発行者　　中　島　治　久

発行所　同 文 舘 出 版 株 式 会 社
　　　　東京都千代田区神田神保町 1-41　〒 101-0051
　　　　営業（03）3294-1801　　編集（03）3294-1803
　　　　振替 00100-8-42935　http://www.dobunkan.co.jp

Ⓒ M. NAKAMURA　　　　　　　　　　DTP：マーリンクレイン
All Rights Reserved.　　　　　　　　　印刷・製本：三美印刷
Printed in Japan 2019
　　　　　　　　　ISBN978-4-495-20891-2

JCOPY〈出版者著作権管理機構　委託出版物〉
本書の無断複製は著作権法上での例外を除き禁じられています。複製される場合は，そのつど事前に，出版者著作権管理機構（電話 03-5244-5088，FAX 03-5244-5089，e-mail: info@jcopy.or.jp）の許諾を得てください。